풍수 시간리듬의 과학

고전적 풍수지리와 그의 현대적 재해석

Pungsu : Science of Temporal Rhythms

Classical Pungsu and Contemporary Reinterpretation

Pungsu :

Science of Temporal Rhythms

Classical Pungsu and Contemporary Reinterpretation

풍수
시간리듬의 과학

고전적 풍수지리와 그의 현대적 재해석

옥한석 지음

이지출판

풍수지리의 현대적 재해석을 위해

인간은 다양한 관계를 맺으면서 살아가는 존재이다. 그 관계란 자신의 몸이 우주, 자연 및 사회 집단과 맺는 관계를 말하며 그 관계가 순조로울 때 행복을 느낀다고 말할 수 있다. 몸과 우주와 자연과 사회는 모두 운동하는 존재로서 각자 리듬을 가지며, 이들 리듬의 관계가 전체의 안정성을 유지하면 다행이지만 그렇지 못하여 서로 어긋나고 파열하며 충돌하여 부정 리듬성이 나타날 때 불행이 나타난다고 하겠다.

인류는 창조론 또는 출현 100만 년 이후 생체리듬, 우주리듬, 풍수리듬 세 가지의 조화 리듬성을 추구하면서 행복한 삶을 영위하여 왔지만 농경사회, 산업사회를 거쳐 포스트모던사회 속에서 '조화 리듬성'의 부조화로 말미암아 위기를 맞고 있다. 깨끗한 공기, 맑은 물, 편안한 잠자리, 균형 잡힌 식사 그리고 가족, 이웃, 친구와의 관계 등을 실현하기 위한 노력은 자연재해, 전쟁 등을 극복하여 많은 결실을 거두었다고 보지만, 도시화된 일상생활은 부정 리듬성을 가져와 우울증과 자기 파괴가 초래되고 있다. 특히 오늘날 발달된 교통과 통신이 자연스런 생체시간리듬을 교란하여 생리적인 기능에 부정적 영향을 주고 있다.

이 연구는 풍수가 다양한 생체리듬을 동시적으로 조화롭게 조절할 수 있도록 하여 보다 행복한 삶이 영위될 수 있도록 하는 관계 조절자라고 하는 전제 아래 고전적 풍수를 재해석해 보고자 한다. 이는 이미 「풍수지리의 현대적 재해석」(2013) 「풍수는 시간리듬을 어떻게 조절하는가」(2016)라는 연구 결과물에서 논의한 내용을 보다 정교하게 체계화하면서 얻게 된 하나의 아이디어이며, 궁극적으로는 이들 성과를 널리 확산시키기 위하여 기획된 결과물이다.

빅뱅이론에 의하여 우주가 탄생하고 불덩어리의 행성이 식어 가면서 태양 주위를 공전하며 자전하는 지구, 그것도 23.5도 기울어진 지구 환경이 이루어 낸 대기대순환과 판지각에 대한 지식이 무지하였던 동아시아인의 전통시대에 인류는 천체의 운행, 이른바 태양과 달과 별의 운행을 통하여 시간과 계절의 변화를 관측하였고, 이것이 지상에도 영향을 미친다고 생각한 사고가 바로 풍수의 지식체계다. 밤하늘의 별자리 분포와 같은 형태가 나타난 곳으로 이주하고 그러한 곳에 살면 자신이 행복해진다는 것은 당시의 과학기술 수준을 감안하면 수긍할 만하다.

당시 어느 곳에 살아야 하는가, 그곳에 살면 언제 어떻게 행복해지는가, 그의 실현을 위한 곳은 어디인가 하는 질문을 하게 되면서 시간과 계절을 관장하는 천체의 운행을 살펴보지 않을 수 없고, 천체가 작용하는 산천을 찾아 나서게 된 것이 동아시아의 '천지인' 합일사상이었다. 그 뿌리는 '기화우주론'에 있다는 것이 밝혀지고, 동기감응론 역시 그 연장선상에 있다고 본다. 즉 이것이 다양한 철학 및 사고체계로 분화 발전하게 되면서 풍수(혹은 지리)가 자리 잡게 되어 오늘에 이르게 되었다. '천지인' 합일사상은 '기화우주론'의 도가사상으로 발전하고, 이는 다시 동기감응론으로 분화하게 되었다고 본다.

이 책은 풍수가 기본적으로 '천지인' 합일사상에 근거를 두고 있으며 생체시간, 우주시간의 리듬과의 관계를 보다 조화롭게 하는 조절자로서 관계 맺기에 도움이 되는 과학체계로서 재해석해 보려고 한다. 우주는 천체 운행의 계절리듬에 의하여, 자연은 풍수리듬에 의하여, 인간은 생체리듬에 의하여 각각의 시계가 작동되고 있으며 이들 삼자의 일체, 즉 시간리듬의 일치가 바로 '천지인' 합일사상이라고 보았다.

인간은 태어날 때부터 고유의 생체리듬을 가지며 이 리듬이 인간관계, 사회관계를 이루어 가는 데 중요한 역할을 하고 있음은 이미 알려져 있다. 생체리듬은 살거나 일하고 있는 곳의 환경, 특히 풍수리듬의 영향을 받게 되며 풍수리듬은 다시 우주를 조절하게 되므로 생체리듬이 잘 이루어질 수 있는 풍수리듬의 구명이 중요하다. '발복'이란 자신의 생체리듬과 우주리듬이 잘 조절되어 어떤 일이 좋은 방향으로 이루어지는 것을 의미한다.

이 연구는 1부, 2부, 3부로 나누어 서술하였다. 제1부에서는 제1장 형세론, 제2장 물형론과 비보론, 제3장 이기론과 선택론을 소개한 후, 제4장 이들의 적용 사례 등을 제시하여 고전적 풍수에 관한 전통적 해석이론이라는 관점에서 논의하고, 제2부에서는 고전적 풍수를 다시 제5장 경관론, 제6장 환경론, 제7장 양생론, 제8장 길흉의 의미와 시간리듬이라는 과학적 관점에서 재해석하여 토론해 보고자 한다. 제3부에서는 고전적 풍수지리가 경관론, 환경론, 양생론의 관점에서 재해석될 때 이들의 적용 가능 분야를 제시하였다. 제9장 적용 대상과 시간리듬 분석, 제10장 풍수지도 작성에 의한 환경 평가, 제11장 지속가능한 도시계획, 제12장 도시재생과 신도시 건설 및 건축설계 등이 그것이다. 제10장 풍수지도 작성에 의한 환경 평가, 제11장 지속가능한 도시계획은 이미 출판되었으며, 나머지 장은 모두 새로 저술하였다.

경관론, 환경론, 양생론, 길흉의 의미와 시간리듬이 '풍수지리의 현대적 재해석'의 내용이라고 하는 이 책의 시도는 이를 널리 확산시키고자 하는 '한국연구재단'의 저술지원사업의 최종 결과물이지만 하나의 시론이며, '천지일 합일' '동기감응' 사상이 오늘날에도 유효한 인식체계임을 강조하고자 하며 후일 보완될 기회가 있다고 본다.

특히 사례 해석의 예 중에서「종택마을 입향조의 주거관과 입지관에 나타난 풍수지리 사상 고찰」(박재락 · 정병섭, 2016),「외암리 민속마을 양택의 풍수이기론적 접근」(김덕동 · 천인호, 2016),「장기읍성의 공간구성원리와 실제」(김상태, 2016),「지리오결로 본 주자 시조묘」(정경연, 2016),「하륜의 풍수와 신도안 입지의 비판적 검토」(지종학, 2014)는 직접 인용할 수 있게 되어 지면을 빌려 감사를 표한다. 양생론이 적용될 수 있는 가능성 중「친환경 건축 · 도시계획론으로서의 풍수지리」(장동국, 2016)와 관련하여 직접 인용하였다.

끝으로 풍수지리 선후배, 동학들에게 감사드리며 이 글이 풍수학계 발전에 작은 초석이 된다면 큰 기쁨이 되겠다.

2017년 12월
원당에서 필자 씀

풍수 시간리듬의 과학 _ 차례

서론
Preface

1. 연구 목적과 방법

중국, 인도, 한국 등 동양 사회는 '천지인' 합일사상이 전통사상의 하나를 이루어 온 것임을 부인할 수 없다. '천지인' 합일사상은 인간과 우주와 자연이 일체를 이루려는 사상으로 풍수의 '동기감응론' 도 그 연장선위에 있다. 오늘날의 환경론이나 양생론과 어떤 점에서는 상통하며 이의 고대적인 표현이라고도 볼 수 있다. 오늘날의 과학이 분석적이고 가설을 세워 증명하려는 설명이 '예측' 이라고 한다면, '천지일' 합일사상은 천문을 관측하고 풍수를 관찰하여 인간의 행불행을 '예견' 하려는 시도이다. 이러한 '예견' 을 예측의 수준으로 끌어내려 논하고자 한다.

그 예측은 '시간리듬' 의 분석에 의하여 가능하다. 규칙적으로 변화하는 환경에서 살아가는 생물들에게 시간구조에 적응하고 규칙적인 변화에 대비하여 그 변화를 예측하는 것은 그들에게 도움이 되기 때문이다(틸 뢰네베르크, 2011, 35). 인간은 누구나 출생으로부터 사망에 이르기까지 신체 내부의 다양한 리듬의 지배를 받고 각 리듬의 곡선에 따라 행불행이 결정되므로 그 리듬의 곡선을 알아둠으로써 사고를 당하기 쉬운 날, 질병 상태가 악화되기 쉬운 날 등을 예측할 수 있다(김린, 1989, 206). 그러므로 자신의 리듬을 잘 읽고 일을 도모하는 것이 중요하다.

우주는 천체의 운행에 의한 우주 시계에 따라, 인간은 생체 시계에 따라 각각의 시간리듬이, 지구는 풍수에 의한 자연 시계에 따라 작동되고 있다. 지구는 자전을 하면서 태양 주위를 공전하게 되므로 23.5도 기울어진 지축 위의 북극성과 북두칠성, 지구에서 관측이 쉬운 행성, 이른바 목성, 금성, 수성, 화성, 토성 등의 운행이 계절에 따라 변화하며 기본적으로 밤과 낮, 봄·여름·가을·겨울의 계절리듬이 나타나게 된다.

인간은 태어날 때부터 고유의 생체리듬을 가지며 이 리듬이 인간관계, 사회관계를 이루어 가는 데 중요한 역할을 하고 생체리듬은 살거나 일하고 있는 곳의 환경, 특히 풍수리듬의 영향을 받게 되며, 풍수리듬은 다시 우주(계절)리듬에 따라 결정되므로 생체리듬을 조화롭게 이루어 낼 수 있는 풍수, 혹은 지리가 중요하다. 이 세 리듬의 '조화 리듬성', 즉 시간리듬의 일치가 바로 '천지인' 합일사상이라고 보았다.

오늘날 풍수, 풍수지리 혹은 지리에 관한 연구는 다수가 있으며, 이 연구는 전통적 해석과 현대적 재해석으로 구분하여 체계화시키고자 한다. '천지인' 합일사상과 예견에 기초를 둔 형세론, 물형론, 비보론, 이기론, 선택론을 전통적 해석이라고 하며, 이들에 대한 과학적 관점인 경관론, 환경론, 양생론을 현대적 재해석이라고 일컫는다. 환경론, 경관론, 양생론의 재해석은 궁극적으로 시간리듬의 분석으로 귀결시켜 보려고 한다.

이러한 재해석은 풍수 연구자의 연구 이정표를 세우는 데 도움이 될 것으로 본다. 최근 풍수 연구에 따르면 고전적 풍수에 관한 전통적 해석이나 현대적 재해석은 나름대로의 가치와 입장을 가지면서 풍수 연구의 내용과 방향을 더욱 풍성하게 하고 있다.

연구 내용은 다음과 같다. 첫째, 고전적 풍수지리는 그 내용이 무엇이며 전통적으로 어떻게 해석되어 왔고 그 이론이 어떻게 적용되었는가. 둘째, 그 내용은 오늘날 과학적인 관점에서 어떻게 재해석될 수 있으며 풍수리듬의 분석 내용이란 무엇인가. 셋째, 어떤 분야에 어떻게 적용될 수 있는가가 구체적인 연구 목표이다. 이를 자세히 말하면 다음과 같다.

풍수가 과학이 되기 위해서는 무엇보다도 '담론' 보다는 '이론' 체계가 되어야 한다고 보고 먼저 풍수의 고전적 이론을 살펴보았다. 풍수는 수많은 고문헌상에 서술되어 있는데 그것이 상당히 전승되어 오늘날 다수의 풍수사들이 하나의 이론체계로 정립하여 형세론, 형국론, 이기론, 선택론 등으로 파악하고 있다.

첫째, 이들 이론은 전통적 해석이론이라고 부르며 '천지일' 합일이나 '동기감응' 사상에 비추어 소개, 정리하고자 한다.

둘째, 전통적 해석 이론을 과학적 이론으로 재해석하고자 한다. 이른바 경관론, 생태론, 양생론이 그것인데, 이들 이론은 '리듬분석'의 차원에서 재해석하게 되며 현대적 재해석 이론이라고 부르게 된다.

셋째, 이렇게 재해석된 '과학적 이론으로서의 풍수' 가 구체적으로 적용되는 분야를 소개한다. 도시재생이라든가 신도시 건설 분야는 획지(lot) 선정, 블록(block) 상의 건축으로 귀결되므로 이에 대하여 나름대로 논의하였다.

무엇보다도 이 연구는 우주(계절)리듬과 풍수리듬 및 인간의 생체리듬이 조화롭게 일치하게 될 때 화평과 발복이 이루진다는 점에 주안점을 두고 결론을 도출하고자 하였다. 시간구조 안에서만 자신의 의사 결정에 따라 행불행이 예견될 수 있기 때문이다.

2. 연구 동향과 방법

이 연구는 이미 진행된「풍수지리의 현대적 재해석」(2013)이라는 연구 주제를 보다 더 체계화하고 정교화하기 위하여 다수의 저작, 박사학위 논문, 학술지, 세미나 및 심포지엄 자료를 수집 분석하였으며 실제 참가하여 논의하였다. 동방대학원 등의 다수 박사학위 논문을 분석하였으며, 최근 발족된 풍수연구회, 예를 들면 '동아시아풍수연구회'나 '한맥풍수지리학회' 그리고 학술지『대한풍수연구』, 한양대와 세경대 등의 풍수세미나 자료집, 그리고 최근의 단행본『동아시아 풍수지리의 미래를 읽다』(2016),『유가의 풍수지리』(2016) 등을 정리하였다. 한양대, 영남대, 대구한의대, 세경대, 원광디지털대 등의 관련 학과가 개최한 세미나나 심포지엄 발표 자료가 그것이다. 이들은 최근 3년간에 발표된 자료이지만 어떤 자료는 10년간에 걸친 자료집이기도 하다. 이들의 연구 결과를 전통적 풍수해석과 현대적 재해석이라고 하는 관점에서 정리해 보았다(옥한석, 2016).

전통적 풍수 해석 내용은 형세론, 물형론, 비보론, 이기론, 선택론이 주를 이룬다. 풍수지리의 형기론, 이른바 형세론은 다수의 학자에 의하여 주장되어 왔고, 형세론이란 표현은 조인철에 의하여 문헌상으로 제기, 정리되었다. 조인철은『우리 시대의 풍수』(2011)」에서 풍수이론은 형세·형국론과 이기론으로 구분되며『청오경』,『금낭경』(이른바 장경),『인자수지』,『설심부』,『지리오결』,『지리신법』등의 고문헌을 인용하여 서술하였다.

물형론, 비보론은 형세론의 연장선 위에 놓여 있다. 최근 형세를 이루는 '용혈사수향'의 각론, 예를 들어「사격의 역사와 풍수적 해석 : 사격 측정과 관련한 이기풍수의 문제제기를 중심으로」(박정해, 2016) 등의 연구가 이루어지고 있다. 형세론은 형기론, 형국론 등으로 불리며 '형세', '형기',

'형국' 등에 대한 일치된 의견이 아직 없다.

형국론은 물형론이라는 이름으로 옥한석에 의하여 구체적인 연구가 이루어졌다. 옥한석은 『안동에서 풍수의 길을 묻다 : 안동의 풍수와 인물』(2012)에서 19개의 물형이 나타난다고 하였으며, 오상학은 '풍수갈형론'이란 이름으로 「알레고리의 지형학」(오상학, 2015)이라는 제주도의 사례를 소개하였다. 비보론은 최원석에 의하여 「영남지방의 비보」(2000)에서 자세히 연구되었으며, 풍수의 특징적 모습과 관련해 풍수와 밀교의 만남의 결과 '비보풍수론'이 성립되었다며 현장 연구를 소개하였다. 비보론이 사실 형세론적 해석의 선구적 연구 결과물이라고 보아야 할 것이다. 밀교와 풍수의 관련성에 관해서는 「관촉사의 정치지리적 입지와 풍수적 특성 연구」(김규순, 2016) 등이 있어 그 내용을 자세히 알 수 있다.

이기론은 형세론과 달리 경관보다는 공간과 시간을 방향, 이른바 '향법'에 의하여 설명하는 이론이다. 즉 나침반, 이른바 나경의 방위에 따라 길흉과 시간의 예견이 이루어진다는 이론이다. 풍수에서 형세론이 뭔가 부족하고 구체적인 실행단계에서 자주 갈등을 하게 되어 이기론이 등장하게 되었다고 하여 이기론이 '인간 · 공간 · 시간의 관계'를 설명하는 이론이라고 하였다(조인철, 2011).

이기론의 세부 이론은 『한맥풍수』 창간호에 잘 정리되어 있다. 기획 학술논문인 「풍수향법 정음정양법의 논리 체계와 적용에 관한 연구」(김종철, 2015), 「팔십팔향법 정음정양법의 모순과 음택 적용의 한계에 관한 연구」(류재백, 2015), 「현공풍수의 이론적 체계에 관한 연구」(편은범, 2015), 「주역으로 논한 팔괘풍수 연구」(민병삼, 2015), 「지리신법의 논리체계와 문제점에 관한 연구」(남오우, 2015) 등이 그것이다.

선택론은 김혜정이 『풍수지리학의 천문사상』(2008)에서 주장하였으며 풍수지리학은 천문사상과 밀접한 관계를 맺는 학문이라고 하면서 '때를 선택하는 택일이 중요하다'는 주장이다. 무엇보다도 풍수학자에 의하여 연구된 풍수지리학의 내용은 자연과 우주와 인간이 일체를 이루려는 사상, 즉 '천지인' 합일사상으로 귀결되며 이는 양택과 음택에 적용된다고 보았다. 음택은 이를 동기감응론으로 표현하였다. 이기론과 선택론은 아직 과학적으로 재해석될 여지가 많음에도 이 분야에 대한 실증적 연구 성과가 부족하다.

음택의 형세론적 연구는 「주자 시조묘」(정연경, 2016), 「숙빈 최씨묘」(이형윤·성동환, 2010), 물형론적 연구는 『안동에서 풍수의 길을 묻다』(옥한석·이한방, 2012) 등의 연구사례, 이기론적 연구는 「하륜의 선대 묘소」(지종학, 2014)가, 양택의 형세론적 연구 사례는 「종택마을 입향조의 주거관과 입지관에 나타난 풍수지리 사상 고찰」(박재락, 정명섭, 2016), 「장기읍성」(김상태, 2016), 양택의 이기론적 연구는 「외암리 민속마을」(김덕동·천인호, 2016) 등이 학술지에 보고되어 이를 소개한다.

이러한 풍수지리학의 연구는 현대적으로 재해석이 시도되었는데(옥한석·정택동, 2013) 일차적으로 경관론이 등장하였으며, 이어서 환경론, 양생론에 대한 논의로 이어지게 된다. 경관론은 형세론과 형국론, 비보론의 중심 내용을 이루는 용·혈·사·수·향이 풍수경관의 요소가 될 수 있다고 보고 현대지리학의 경관지리학과 일맥상통할 수 있다고 보았다. 그렇게 된다면 형세론은 풍수경관의 형태와 유형, 그 특징에 대한 연구가 되고, 풍수연구는 경관론(landscape theory)에 대한 연구라고 하는 과학적 이론으로 정립될 수 있게 되는 것이다.

'형세', '이기', '선택'의 중국적 이론풍수와 달리 조선은 '명당풍수'가 발전하게 되고 일제강점기를 거치면서 풍수담론으로 해석하는 풍수경관에 대한 논의가 나타나게 되어 '규약체계로서의 풍수담론 → 사회적 관계' 등의 순으로 관심이 이루어졌다. 권선정(2003)은 「풍수의 사회적 구성에 기초한 경관 및 장소 해석」을 시도, 경관론의 단서를 제공하였다. 그 후 경관론은 박재락, 지종학 등에 의해 연구되었으며, 계량화 지표라고 하는 형식으로 정리되었다(박종민, 2015).

환경론은 매크로한 스케일로부터 마이크로한 스케일에 이르기까지 그 범위가 다양하고 계절의 변화까지 아우르게 되므로 환경론은 이기론과 일맥상통한다고 보여진다. 즉 나침반의 동심원상에 표시된 8방위나 24방위가 시간뿐 아니라 공간의 특징을 보여 주고 있어 이기론은 환경론과 일맥상통하는 점이 있는지도 모른다. 환경론은 '생기와 풍수의 환경순환 사이클'의 메커니즘으로 간주하여 이에 대한 구명이 요청된다고 하였으며 (이도원·박수진·윤홍기·최원석, 2012), '기는 수의 근본이며 기가 있다는 것은 수가 있다'는 단서로부터 지기의 생리기후적인 근거가 주장되기도 하였다(옥한석, 2005). 전통적 이론 분야인 양택론과 음택론 중에서 죽은 시신이 살아 있는 자손과 상호 영향을 주고받는다는 이론인 '동기감응론'이 현대사회에 적용되기란 불가능하고 보고 건강과 풍수와의 관련성(최원석, 2012)이 제기되어 경관론, 환경론과 함께 양생론이 대두되었다.

양생론은 생명론이라고 하는 이름으로 김지하에 의하여 제시되었으며 (김규순, 2012), 이를 우주의 리듬과 자연의 리듬, 그리고 태어날 때부터 갖게 된 신체적 리듬, 이른바 생체리듬이 어느 정도 일치를 보일 때 화평과 발복이 이루어진다는 점에 초점을 두고 정리하고자 한다. 최원석은 「조선 후기의 주거관과 이상적 거주환경 논의 : 건강장수 도시의 한국적 원형 탐구를 위한 문헌고찰」이라는 논문에서 거주환경과 건강장수 조건에 대하여 논하였다(최원석, 2012, 백재권, 2009). '리듬분석'에 관해서는 『시간을 빼앗긴 사람들』(틸 뢰네베르크, 2011), 『리듬분석』(앙리 르페브르, 2013)이 이에 대한 통찰력을 제공해 주었고, 『생체리듬과 신경내분비 시스템』(손기훈 · 정수영 · 김경진, 2010), 『생체리듬과 정신장애』(김린, 1989), 『천계와 생체리듬의 주기성에 관한 연구』(전미혜 · 박영선 · 김동철, 2009) 등이 '풍수의 조화리듬성'이라는 개념으로 발전되게 하였다.

현대적인 재해석의 적용분야는 전통적으로 양택과 음택으로 나누어 소개되고 있으나 최근 양기와 음택으로 나누고(조인철, 2016) 부동산 풍수, 인테리어 풍수, 건축 풍수를 추가하려는 시도가 이루어지고 있다. 음택에 관한 연구는 드물며 풍수이론을 통해 전통마을 거주환경의 조성원리를 탐색하거나(이학동, 2003), 전통생태학이라는 이름으로 마을의 거주환경에 관한 현대적 조명(이도원 외, 2008) 등이 있다. 풍수의 조화리듬성은 구체적으로 인간이 거주하는 건축에서 실현되므로 건축을 위한 획지(lot) 선정과 평가, 단지(block) 계획에 대한 논의가 이루어지게 된다. 최근 「친환경 도시건축계획론으로서의 풍수지리」(장동국, 2016)가 이루어져 리듬이론의 양생론을 위한 기초 연구 가능성이 이루어졌다.

3. 기화우주론과 풍수지리의 전개

형세, 이기의 고전적 풍수는 그 사상적 근원이 『청오경』, 『금낭경』이라고 대개 알려져 있는데, 최근 이는 다시 도가사상의 『회남자』와 관련을 맺고 있다(김규순, 2016)고 주장하고 있어 『회남자』를 살펴보지 않을 수 없다. 『금낭경』(AD 276~324)은 『회남자』(BC 179~122)보다 훨씬 후대에 저술되었기 때문에 그 영향에 관하여 살펴보는 일은 타당하다고 본다.

『회남자』는 중국 역사에서 최초로 '기화우주론'을 바탕으로 한 '우주

생성론'을 주장하고 있고(이석명, 2010, 31), '기화우주론'이 풍수의 사상적 연원이라고 볼 수 있다. 『회남자』「천문훈」은 우주의 생성에서 기(氣)가 기본적인 단위라고 설명하고 있다. 『회남자』는 "우주가 기를 낳는다"[1]고 다음과 같이 기술하고 있다.

> 하늘과 땅이 아직 형성되지 않았을 때는 단지 어지럽게 뒤엉킨 기운만 무성할 뿐 아무런 형상도 존재하지 않았다. 그러므로 이를 태소라고 말한다. 도(道)는 허확에서 시작되는데, 허확은 우주를 낳고 우주는 기를 낳는다. 기는 일정한 구별이 있으니 맑고 가벼운 기운은 위로 얇게 퍼져서 하늘이 되었고 탁하고 무거운 기운은 아래로 가라앉아 땅이 되었다. 맑고 은미한 기운은 하나로 합치기 쉽고 무겁고 탁한 기운은 응결되기 어렵다. 때문에 하늘이 먼저 이루어지고 땅은 나중에 안정되었다. 하늘과 땅의 정기가 집적되어 음양이 되었고 음양의 정기가 어느 한쪽으로 치우침으로써 사계절의 현상이 나타나게 되었으며 사계절의 정기가 분산되면서 만물이 형성되었다.[2]

오늘날의 자연과학자들이 주장하는 원자나 원소가 아니라 기(氣)가 우주만물의 가장 기본적인 단위이며 기로부터 우주가 생성되었다는 주장이 기화우주론이다. 기화우주론은 도가사상의 입장이며, 유가에서는 12세기가 되어서야 유불선의 통섭과정을 거쳐 기론을 흡수하였으며, 기의 개념이 송대 성리학에서 기철학의 기본틀이 되었다(김규순, 2016).

---

[1] 『회남자』 천문훈 "宇宙生氣"
[2] 『회남자』 천문훈 "天墜未形 馮馮翼翼 洞洞灟促 故曰太昭 道是于虛霩 虛霩生宇宙 宇宙生氣 氣有涯垠淸陽者薄靡而爲天 重濁者凝帶而爲地"

『회남자』의 우주생성론은 우주에 충만한 기의 생성과 작용을 매개로 우주만물의 형성을 설명하고 있다. 천지에는 맑은 기운과 탁한 기운이 대비되고 있는데, 이것이 하늘과 땅을 만들었고, 양기와 음기로 작용하여 사계절이 생겼으며, 사계절의 정기가 조합되어 만물이 형성되었다고 한다. 사계절의 정기란 분류하면 목화금수의 오행의 기운으로 작용하여 만물의 정기로 변화했다는 것이다. 『회남자』의 기화우주론이 『청오경』, 『금낭경』에 다음과 같이 서술되어 있다.

> 기를 토하는 것은 드러내는 것이고 기를 머금는 것은 변화하는 것이다. 하늘의 기가 한쪽으로 치우쳐 노하는 것이 바람이 되고, 땅이 기를 머금고 화합하는 것은 비가 된다. 음양이 서로 다가가 감응하면 우레가 되고 부딪히면 번개가 되고 어지러우면 안개가 된다. 양기가 지나쳐서 흩어지면 비와 이슬이 되고 음기가 지나쳐서 응고되면 서리와 눈이 된다.[3]

> 땅에는 사방의 형세가 있고 기는 팔방으로 나아간다. 음양의 기가 내뿜어지면 바람이 되고, 올라가면 구름이 되며, 내려오면 비가 되고, 땅 속에서 돌아다니면 생기가 된다.[4]

기가 바람이 되고 비가 된다는 『회남자』의 내용을 『금낭경』이 수용하고 있다. 단지 『금낭경』은 기가 바람, 구름, 비 그리고 생기로 변화하면서

---

[3] 『회남자』천문훈, "吐氣者施 含氣者化 是故陽施陰化 天之偏氣 怒者爲風 地之含氣 和者爲雨 陰陽相薄 感而爲雷 激而爲霆 亂而爲霧 陽氣勝則散而爲雨露 陰氣勝則凝而爲霜雪"
[4] 『금낭경』 "夫陰陽氣噫而爲風 升而爲雲 降而爲雨 行乎地中 則而爲生氣"

자연이 순환하고 있다고 덧붙였다. 『회남자』에서는 기의 작용으로 나타나는 자연현상으로 바람과 비, 우레, 번개, 안개, 이슬, 서리 그리고 눈(雪) 등을 추가로 묘사하고 있다. 즉 보이지 않는 공간에서 나타나는 현상을 기의 운행으로 보았다. 천지에는 기가 충만해 있어서 항상 작용이 일어나고 있으며, 자연현상은 기의 운행 결과라고 생각했다. 공기가 눈에 보이지 않지만 공기의 흐름인 바람도 눈에 보이지 않으므로 그 본말을 살피기가 쉽지 않으나, 기의 작용으로 나타나는 현상으로 바람이 일어나고 비가 온다고 기술했다. 이러한 기화우주론이 『금낭경』에서는 다음과 같은 풍수의 관념으로 전개되었다(김규순, 2016).

장사를 지내는 것은 생기에 의지해야 한다.[5]

음양의 기운이 혹 불면 바람이 되고 올라가면 구름이 되며 내리면 비가 되고 땅속에 있으면 생기가 된다.[6]

무릇 기가 내뿜어지면 바람이 되는데 이것은 능히 생기를 흩어 버릴 수 있으니, 청룡과 백호는 구혈을 호위함으로써 그 소용됨이 있는 것이다. 첩첩중부(疊疊中阜)이어도 좌공우결(左空右缺)하고 전광후절(前曠後折)하면 생기는 회오리바람에 흩어져 버리는 것이다.[7]

---

[5] 『금낭경』, "葬者乘生氣也"
[6] 『금낭경』, "夫陰陽之氣噫而爲風升而爲雲降而爲雨行乎地中則爲生氣"
[7] 『금낭경』, "夫噫氣爲風能散生氣龍虎所以衛區穴 疊疊中阜左空右缺前曠後折生氣散於飄風經曰騰漏之穴敗槨之藏也"

살아 있는 기운 또는 살아 있게 하는 기운인 생기가 죽은 기운, 즉 사기(死氣)와 상호작용하므로 생기가 사라져 죽은 시신에 생기를 불어넣어 후손이 조상의 음덕을 받고자 하려는 행위가 '葬者乘生氣也'인 것이다. 특히 죽은 시신에 넣어 줄 생기는 어디에 있는가를 알아야 하는 단계인데, '우주에 산재한 음양의 기가 땅속에 있으면 생기가 된다'(地中則爲生氣) 하여 풍수지리가 좋은 땅을 찾는 이유를 밝혀 주고 있다. 생기가 시신을 통해서 음덕을 갖게 해 주는 순기능이 있지만, 크나큰 약점이 있다. 그것은 바로 바람이다. '기가 훅 뿜어져서 변신하는 것이 바람인데 생기는 이 바람에 약하다'(夫噫氣爲風能散生氣) (김규순, 2016)고 한다. 용호주작이라 부르는 흙이 쌓여서 형성된 능선으로 좋은 자리를 감싸게 하여 바람으로부터 보호받아야 한다고 다음과 같이 말하고 있다.

> 무릇 흙이란 기의 몸체이므로 흙이 있는 곳에 기가 있으며, 기는 물의 모체이니 기가 있으면 물이 있는 것이다.[8]

이렇게 기가 자연의 사물에 따라 다르게 존재하고 있음을 말하고 있다. '기화우주론'이 풍수지리학으로 전개된 것이다(김규순, 2016). 흙은 고체이고 물은 액체이므로 전혀 다른 실체임에도, 흙은 기의 몸체이고 물은 기의 낮은 물질이니 물을 품은 흙에는 생기가 있는 것이다. 흙은 몸체이고 물은 혼과 같은 것으로 보아 흙에 씨를 뿌리면 농작물이 자라서 식량을 만드니 이것을 생기라고 일컬은 것이다. 음양설에서 보면, 흙은 양이고 물은 음이니 음과 양이 합하여 생기(生氣)를 낳은 것이다.

---

[8] 『금낭경』 "夫土者氣之體 有土斯有氣 氣者水之母 有氣斯有水"

이는 물리적 변화가 아니라 화학적 변화를 의미한다. 마치 사람에게 육체와 정신이 있는 것처럼 만물 속에도 이와 같은 이중구조로 이해하려는 노력을 보여 주고 있다(김규순, 2016). 한편, 기화우주론은 동기감응이라고 하는 논리체계로 다시 발전하게 되어 우주는 기로 만들어졌고, 우주에 가득한 기는 같은 기운끼리 반응한다는 것이다. 사람이 살아가는 데는 음식 섭취와 호흡을 통해 외부에서 에너지원을 공급받아 신체 내부에서 소화를 시키고 산화작용을 통해 에너지를 만들어야 생존이 가능하다는 동기 감응론은 이러한 생체원리를 기초로 발전한 이론이다(김규순, 2016). 이에 대하여 『금낭경』은 다음과 같이 말하고 있다.

> 기가 감응하면 화복이 사람에게 미치니, 이는 서쪽에 있는 구리광산이 무너지면 동쪽에 있는 신령스런 종이 반응하고, 봄에 나무가 꽃을 피우면 밤이 방안에서 싹이 트는 것과 같은 이치이다. 털끝만한 차이라도 천리 밖은 화와 복이 된다.[9]

『금낭경』은 자연의 작용을 기의 관점에서 기술한 것이다. 동기감응이 조상의 유골과 후손 간의 작용으로 이야기해 놓고, 뒷 문장에서는 자연의 한 요소인 산(구리광산)과 종(구리로 만든 종)이 서로 반응한다고 설명하고 있다. 이는 조상과 후손 간의 감응뿐만 아니라 자연에서도 같은 기운끼리 감응한다는 것을 말한다.

동기감응은 땅속을 흐르는 기, 즉 생기(生氣)가 유골에 감응하면 후손에게 복을 전달한다는 것이다. 이러한 관념은 유골과 후손에만 국한된 것이

---

[9] 『금낭경』 "氣感而應 鬼福及人 是以銅山西崩 靈鐘東應 木於華春 栗芽於室 毫釐之差 禍福千里"

아니라 보다 광범위하게 작용하여 하늘과 땅 사이, 하늘과 사람 사이, 하늘과 사물 사이, 땅과 사람 사이에도 작용하며, 땅과 사물 사이, 사람과 사물 사이, 사물과 사물 간에도 작용하는 것을 통틀어 말한다(김규순, 2016).

『회남자』「천문훈」은 자연과 사물 간에 나타나는 현상의 상응관계를 이미 설명하고 있으며, 사물은 같은 종류끼리 서로 움직인다고 하여 유유상종을 의미하고, 뿌리와 가지는 서로 반응한다고 하여 형태는 다르지만 같은 기운을 가졌음을 말하고 있다.

사물은 같은 종류끼리 서로 움직이고 뿌리와 가지는 서로 반응한다. 그러므로 볼록렌즈가 햇빛을 받아 연기가 나면서 불이 타고, 대합이 달빛을 받으면 진액이 흘러 물이 생기며, 호랑이가 포효하면 골짜기에서 바람이 불고, 용이 오르면 상서로운 구름이 무리짓는다. 기린이 싸우면 일식과 월식이 생기고, 고래가 죽으면 혜성이 나타난다. 누에가 고치를 지으면 상현이 끊어지고, 큰 별이 떨어지면 발해가 넘친다.[10]

대개 사물들이 상응하는 것은 현묘하고 은미하여 아는 것만으로 논할 수 없으며, 조리있는 말로도 해결하지 못한다. 고로 동풍이 불어오면 술이 끓어 넘치고, 누에가 고치를 치면 현악기의 상현줄이 끊어지는 것이 어떤 경우에는 감응하는 것이다.[11]

---

10) 『회남자』 천문훈 "物類相動 本標相應 故陽燧見日 則燃而爲火 方諸見月 則津而爲水, 虎嘯而谷風 龍擧而景雲屬 麒麟鬪而日月食 鯨魚死而彗星出 蠶珥絲而商弦絕 賁星墜而勃海決"

11) 『회남자』 남명훈 "夫物類之相應 玄妙深微 知不能論 辯不能解 故東風至而酒湛溢 蠶咡絲而商絃絕 或感之也"

『회남자』「태족훈」에서는 "하늘에서 바람이 불려고 하면 초목이 흔들리기 전에 새들이 먼저 날아오르고, 비가 오려고 하면 비구름이 몰려오기도 전에 물고기들이 물 위로 입을 내밀고 뻐끔거린다. 음양의 기운이 상대방을 서로 자극하기 때문이다"[12]라며 자연현상과 생물의 반응을 동기감응으로 설명하고 있다. 이러한 부류의 설명은 『회남자』의 여러 곳에서 발견된다. 『회남자』「남명훈」에서는, "이제 현악기의 현을 조율하는 사람이 궁을 치면 다른 현악기의 궁음이 울리고, 각을 타면 다른 거문고의 각음이 울리는 것은 같은 음이 서로 호응하는 것이다"[13]라며 거문고의 음률 동조현상을 가지고 동기감응을 설명하고 있다(김규순, 2016).

『회남자』「설산훈」에서는 "하늘에 있는 달이 차거나 이지러지면 조개는 바닷속에서 호응한다. 같은 기운이 동조할 때는 먼 거리도 상관없다"[14]고 동기상동(同氣相同)을 말하면서 천지만물이라도 같은 기운을 갖고 있으면 같은 반응을 보인다고 했다. 동기감응은 천인합일사상에서 발전했는데, 『회남자』의 천인합일(天人合一)은 천지우주와 인간의 신체구조를 동일하게 인식하는 데서 출발했다.

> 그러므로 머리가 둥근 것은 하늘을 닮은 것이요, 발이 모난 것은 땅을 닮은 것이다. 하늘에 사시, 오행, 구해, 366일이 있으면 사람에게도 사지, 오장, 구규, 366마디가 있으며, 하늘에 폭우·한서가 있으면 사람에게도 취하고 주는

---

12) 『회남자』 태족훈 "故天之且風, 草木未動而鳥已翔矣；其且雨也, 陰曀未集而魚已噞矣" 以陰陽之氣相動也 故寒暑燥濕, 以類相從；聲響疾徐, 以音應也"
13) 『회남자』 남명훈 "今失調弦者, 叩宮宮應, 彈角角動, 此同聲相和者也"
14) 『회남자』 설산훈 "月盛衰於上 則嬴蛖應於下 同氣相同 不可以爲遠"

것과 희노가 있다. 또한 담낭은 구름, 폐는 기(氣), 간장은 바람, 신장은 비, 비
장은 우레에 해당되어 천지에 함께하고 마음이 이들을 주관한다. 이런 까닭
으로 귀와 눈은 해와 달이요, 혈기는 바람과 비다.[15]

하늘의 형태와 사람 머리가 원형으로 닮았고, 발이 모난 것과 땅이 모난
것이 닮았다는 것은 모양이 같으면 기운도 같다는 논리로 발전한다. 이런
방식은 사람을 하늘과 땅과 동일선상에서 인식하려는 노력이다. 천지의
기운이 인간을 만들었기에 인간은 천지의 기운을 품고 있으며, 천지조화
의 결과로 나타난 존재로 파악된다. 천지우주와 인간은 동일성을 가지고
있으므로 천인상응(天人相應)을 설명하고 있다(김규순, 2016).
  더구나 『회남자』「지형훈」에서는 동아시아 풍수의 유기체적 관점에서
산의 형이상학적 작용이나 기운을 언급하고 있다.

이런 까닭으로 산세의 기(氣)에는 남자가 많이 태어나고, 연못의 기에는 여자
가 많이 태어난다. 장기(障氣)에는 벙어리가 많이 태어나고, 풍기(風氣)에는
귀머거리가 많이 태어난다. 임기(林氣)에는 곱사등이가 많이 태어나고, 목기
(木氣)에는 허리가 굽은 사람이 많이 태어난다. 습한 기에는 종기가 많이 나
고, 석기(石氣)에는 힘센 자가 많이 태어나고, 험한 기에는 혹이 있는 자가 많
이 태어난다. 서기(暑氣)에는 요절하는 자가 많이 태어나고, 한기(寒氣)에는 장
수하는 자가 많이 태어난다. 곡기(谷氣)에는 신체가 마비되는 자가 많이 태어

---

15) 『회남자』, 정신훈 "故頭之圓也象天 足之方也象地 天有四時五行九解三百六十六日 人亦有四支五臟
九竅三百六十六節 天有風雨寒暑 人亦有取與喜怒 故膽爲雲 肺爲氣 肝爲風 腎爲雨 脾爲雷 以與天
地相參也 而心爲之主 是故耳目者日月也 血氣者風雨也"

나고, 구기(邱氣)에는 미치광이가 많이 태어나고, 연기(衍氣)에는 인(仁)한 자가 많이 태어나고, 능기(陵氣)에는 탐욕스런 자가 많이 태어난다. 경토(輕土)에는 빠른 자가 많이 태어나고, 중토(重土)에는 둔한 자가 많이 태어난다. 청수(淸水)의 사람은 목소리가 작고 탁수(濁水)의 사람은 목소리가 크다. 단수(湍水)의 사람은 경박하고 지수(遲水)의 사람은 듬직하다.[16]

땅을 기의 성향에 따라 분류하고, 땅의 기운이 어떤 영향을 끼치는지 어떤 결과로 나타나는지 기술하고 있어서 종래의 영토 개념의 지리관에서 땅과 인간과 깊은 연관성을 기라는 매개체를 통하여 설명하고 있다. 지리적·지형적인 형태에 특별한 기운이 서려 있으며, 이 특정한 기운이 영향을 미쳐서 그곳 사람들이 그러한 기질을 타고난다고 보았다. 당시에 자연과 사람 간의 관계를 설정하는데 자연현상과 사람의 기질을 연관시키고 있다는 점이다. 이러한 관점은 광범위한 동기감응의 작용에 해당된다(김규순, 2016).

풍수지리의 고전인 『금낭경』은 고대인의 천지인 삼재사상을 더욱 정교하게 설명하고 있다. 하늘의 운행은 변동이 심하여 사람이 알기가 쉽지 않지만, 땅은 사람이 살아보고 선택할 수 있어서 삶을 의지하는 대상으로 여겼던 것이다. 의지의 대상이 믿음이 되었고 자연히 감정이입을 통하여 땅을 유기체로 인식하였으며, 자기 욕구를 충족해 줄 수 있는 지원자로 인식하는 단계에 이르렀다(김규순, 2016).

---

16) 『회남자』 지형훈 "是故山氣多男 澤氣多女 障氣多嚇 風氣多聾 林氣多癃 木氣多傴 岸下氣多腫 石氣多力 險阻氣多癭 暑氣多夭 寒氣多壽 谷氣多痺 邱氣多狂 衍氣多仁 陵氣多貪 輕土多利 重土多遲 淸水音小 濁水音大 湍水人輕 遲水人重"

"장사를 지냄에 있어서는 생기에 의존해야 한다", "군자는 신이 할 바를 빼앗고 천명을 고쳐야 하는 것이다"[17] 등의 내용이 이를 말해 준다. 천명은 하늘이 주는 사람에게 부여하는 운명인데 '이를 고칠 수 있다' 라고 하는 것은 사람의 가장 적극적인 태도이다. 땅이 지리적·물리적 환경을 떠나서 사람의 운명과 궤를 같이 하며 심지어 운명을 바꿀 수 있는 차원까지 끌어올렸다. 삶의 변화를 주도할 수 있다는 인간의 적극적인 인식의 토대를 마련함으로써 땅이 인간의 운명을 바꿀 수 있다는 관념이 형성되기에 이르렀다. 이러한 관념은 자연환경과 인간과의 관계를 설명하는 환경가능론과는 차원을 달리하는 것이다(김규순, 2016).

모든 우주는 기로 이루어져 있다는 '우주기화론' 을 바탕으로 천인합일(天人合一)에서 동기상응(同氣相應)과 동기감응(同氣感應)으로 분화하여 발전하고(이석명, 2010), 이는 다시 풍수지리 관념으로 전개된 것이다. 이러한 풍수지리의 관념은 곽박의 『금낭경』 이후 400년이 지난 다음 당대(618~907)에 이르러 다수의 풍수사가 배출되고 더욱 정교하게 다듬어졌다. 이른바 중국 강서성을 중심으로 하여 배출된 양균송, 요금정, 증문천, 유강동, 뢰포의, 서선계·서선술 등의 풍수사는 형세파라고 지칭되었다. 형이란 산의 형세를 살폈기 때문에 붙인 이름이며 강서파 또는 형세파로 불린다.

반면에 나침반의 사용을 즐겨하는 이기론은 복건성을 위주로 배출되었기 때문에 복건파 혹은 이기파로 불린다. 표 1을 보면 당대의 이순풍, 일행선사, 양균송 등이, 송대에는 오경란, 호순신, 장자미, 채원정 등이, 원대에는 오징, 명대에는 서선계·서선술 등이 활약하였으며 이들의 주장이

---

17) 『금낭경』 "奪神工改天命"

표 1. 중국 주요 풍수사의 저서와 출신지역 연표 (출처 지종학, 2016, 64, 필자 재작성)

시기	이름	저서	출신지역	한국
한나라	청오자	청오경		삼국시대
동진	곽박(276~324)	장경(금낭경)	산서성	
당나라	이순풍(602~670)	혼천의 제작	사천성	통일신라시대
	일행선사(683~727)	장서(주석)	하남성	〃
	복응천(복측의)	설심부		
	양균송(양구빈) (834~906)	의룡경 · 감룡경	강서성	후삼국시대 도선국사 활동
	요금정	설천기	강서성 樂平	
	증문천	청랑서	강서성 寧都	
	유강동		강서성	
송나라	오경란			고려시대
	호순신	지리신법		〃
	뢰문준(뢰포의) (양균송 제자)	최관편(催官篇)	강서성	〃
	장자미	옥수진경		〃
	채원정(채목당) (1161~1237)	발미론		〃
	채성우	명산론		〃
원나라	오징(1249~1333)	장서, 재편집		〃
명나라	서선계 · 서선술	인자수지	강서성 德興	조선시대
청나라	조정동	양택삼요, 지리오결		〃
	심호(1712 무렵)	지학		〃

형세론, 물형론, 이기론 등으로 현대에 들어와 정리되었다고 볼 수 있다. 요금정, 증문천, 유강동 등은 양균송의 제자이다. 모두 형세파든 이기파든 간에 사상의 기저에는 동기상응과 동기감응이 자리하고 있음은 부인할 수 없다.

조선시대에 들어와 잡과라는 이름으로 과거시험에 응시할 때 이들 중국 풍수학파의 저작을 암송하거나 적용시켜야 하였기 때문에 한국도 풍수의 영향을 받았음을 알 수 없다. 다만 고려 초 승려 도선이『도선비기』라는 저술을 중심으로 한국의 풍수가 독자적으로 발전하였다는 주장도 제기되고 있으나, 불교와 관련된 사상도 외래사조이므로 독자 기원설을 주장하기에는 한계가 있다. 사실 도선의 연구 저작은 풍부하며 '도선의 풍수'가 비보풍수라는 미명 아래 도선의 풍수를 전개하고 있다(민병삼, 2015). 민병삼은『조선왕조실록』,『고려사』,『고려사절요』등의 국가기록과 전라남도 광양의 옥룡사 도선국사 탑비의「백계산옥룡사증호선각국가비명」에 기록된 도선 관련 자료를 근거로 하여 '도선의 전통풍수'의 내용을 다음과 같이 정리하였다.

> 도선의 전통풍수 사상은 땅의 형상에 맞는 물형을 정하고 오행을 정하여 대수에 부합되도록 집을 짓고, 대수에 해당하는 명궁을 가진 인물이 그 땅에 주인이 되고, 그 땅에 태어날 인물의 출생과 명궁을 대수를 통하여 알아내고, 그 땅의 물형에 맞도록 이름을 짓는다. 이는 땅이 살아 있는 생물로 인식하여 풍수적인 물형을 정하고, 그 땅의 성정은 내룡을 통하여 인식한다는 것이다(민병삼, 2015, 416).

이러한 내용의 '도선의 전통풍수'와 다르게 전개되어 내려온 또 다른 내용이 있으니 도선의 이름을 가탁한 '도선의 풍수담론'과 구별하여야 한다. '도선의 전통풍수가' 후대에 영향을 미쳐 오늘에 이른 점을 부인할 수 없고, 한국과 달리 중국의 풍수는 공산 혁명 이후 배척되었기 때문에 '기화우주론'을 중심으로 한 동아시아의 풍수는 한국에서 잘 계승되고 발전되어 오히려 풍수의 원형이 잘 보전되었다.

한국의 풍수는 일본인 무라야마 지준이 『조선의 풍수』라는 책에서 한국의 풍수를 잘 정리하였고, 이것이 풍수학자에게 영향을 주었다고 보여진다. 하지만 조선시대의 지관과 일부 사대부 지사의 도제교육을 받은 풍수사의 활동은 계속되었으며 해방 이후 풍수사가 활동하였다. 그중에서 지창룡, 손석우, 장용득 세 명이 풍수의 붐을 크게 조성했으며, 질적 수준 또한 풍수학자들의 노력과 맞물려 해방 전에 비해 크게 향상시키는 계기가 되었다(지종학, 2016).

이들은 모두 고인이 되었지만 후학들이 현재 재야 풍수계에 다수를 차지하고 있다(표 2). 그들의 생전 활동을 간단히 살펴보면, 지창룡은 이승만, 박정희 대통령 시절 동작동 국립묘지와 대전 국립묘지 등을 선정하면서 1950~1970년대의 풍수계를 선도했으며, 대전 정부청사를 옮기는 데도 참여하였다. 손석우는 『터』라는 책에서 김일성의 죽음을 예언하며 풍수의 붐을 조성하였고, 김대중 대통령후보의 선영을 하의도에서 용인으로 이장 후 대통령에 당선되자 더욱 인기를 구가하게 되었다. 장용득은 어려운 풍수이론을 쉽고 간결하게 풀이하여 대중적 강의를 하면서 큰 반향을 일으켰으며, 정재계 유력자들의 풍수 자문 역할을 하며 이름을 떨치게 된다. 그리고 노태우 대통령 시절에는 청와대 이전 프로젝트에 참여하기도 하였다(지종학, 2016).

이들은 동시대를 살면서 재야 풍수계에 각각 뚜렷한 발자취를 남겼지

표 2. 풍수사 세 명의 특징과 주요 활동 (지종학, 2016, 120)

호 성명	생·몰년	특징 및 장점	주요 활동
청오 지창룡	1922~1999 (78세)	관상, 역학	동작동 국립묘지 선정 대전 국립묘지 선정 대전 정부청사 선정
육관 손석우	1928~1999 (72세)	신비주의적 연출 자칭 神眼의 경지	김일성 죽음 예언 풍수책 『터』 베스트셀러 김대중 대통령후보 선영 이장 후 당선
하남 장용득	1925~1995 (71세)	현장 경험을 통한 길흉화복 추리	이병철 회장 풍수 자문 풍수의 대중적 강의 청와대 이전 프로젝트 참여

만, 풍수 방법과 이론에 대해서는 많은 차이가 있었다. 지창룡은 관상과 역학의 안목을 풍수에 접목하였고, 손석우는 독특한 외모와 특유의 언변을 바탕으로 풍수에 대해 신비적 측면을 연출했으며, 장용득은 현장 경험을 통한 길흉화복 추리에 뛰어난 감각을 보이면서 대중적 명성을 얻었다. 이 재야 풍수인들은 제도권 풍수학자들의 노력과 맞물려 1950~2000년까지는 근대 풍수의 르네상스라 해도 과언이 아닐 정도로 풍수에 대한 관심이 높았던 시기였다.

하지만 이러한 뛰어난 활동에도 불구하고 각각의 후세 평가는 공과가 따르면서 비판적 시각도 적지 않다. 이는 풍수에 대한 패러다임의 급속한 변화와 세간의 부정적 인식이 표출된 것이지만, 한편으로는 무비판적 추종에서 벗어나 풍수에 대한 논리적 시각이 그만큼 향상된 것이라 할 수 있다(지종학, 2016).

세 사람 가운데 하남 장용득의 풍수가 형세파의 특징을 잘 계승하고 있으면서 중국의 풍수를 탈피한 점이 돋보인다(지종학, 2016). 무엇보다도 장용득은 이전까지 중국 고서에만 의존하던 주관적이고 거시적인 풍수를 탈피하여 객관적이고 미시적인 분석의 틀을 제공하였다. 이는 우리의 산천에 적합한 방향제시라 할 수 있다. 그는 복잡하고 난해한 풍수이론을 간편하고 평이하게 변화를 시도하였고, 교육방법은 도제식 전수를 탈피해 대중화된 강의식 방법을 통해 많은 제자와 후학을 양성하였다. 그로 인해 현재는 풍수가 건축, 환경, 도시계획, 조경, 인테리어 등으로 저변을 확대할 수 있었으며, 웰빙 방법으로까지 응용되는 추세에 있다.

이러한 현상은 기복적인 개인주의를 넘어 기업과 관공서, 학교, 군부대, 신도시 개발 등으로 확산되면서 우리 풍수가 더욱 세련되고 이타적인 수준으로 성장할 수 있는 발판을 제공하였다. 풍수에 대한 인식 또한 미신으로 취급하던 식민사관에서 벗어나 경험적 통계학으로 자리매김할 수 있었다(지종학, 2016).

형세파의 정체성에 대해서는 적지 않은 혼란을 초래하고 있는데, 패철(나경)을 사용한 이분법적 흑백논리는 이기파 풍수보다 더 패철을 중시하는 모순을 초래하고 있다고 보았으며, 또 황골이 발견된 곳은 곧 명당이라는 자의적 판단은 대표적인 일반화의 오류라 할 수 있을 뿐만 아니라 검증이 부족한 동·서사택론에 대한 과도한 의존 역시 보완되어야 할 문제이고, 암석을 지나치게 선호하는 점 또한 개선의 여지가 필요하다고 보았다.

이들 3인 이외에 여산 장지환(1917~2005)은 현직 대학교수들에게 물형론을 전수시켜 이를 다수의 논문으로 표출되게 하였다.

4. 시간리듬의 분석과 풍수

인간은 다양한 시간체계의 결합 속에서 살아간다. 개인적 생체시간, 태양을 중심으로 한 우주(계절)시간, 자연(풍수)시간, 사회적 시간 등이 그것이다. 생체시간은 발생, 생리, 행동 등 생명현상이 항상성(homoestais)을 유지하려는 경향과 더불어 다양한 형태의 주기적 특성을 나타내고 이 때문에 다양한 생체리듬이 관찰된다. 생체리듬은 그 주기에 따라 약 24시간의 일주기 리듬, 아일주기 리듬, 월주기성, 연주기성, 인프라디언(infradian) 리듬 등이 있다(손기훈 · 정수영 · 김경진, 2010, 249). 일주기성 생체리듬을 가져오는 내인성 기작을 협의의 생체시계라고 정의하지만, 이 모두를 광의의 생체시계라고 할 수 있다.

이들 생체리듬은 근본적으로 지구가 자전하며 공전하게 되면서 이루어지는 밤과 낮, 계절에 오랫동안 적응한 결과이다. 다시 말해 사람이나 동물은 모두 하루에도 몇 번씩, 한 달이나 한 계절, 한 해에도 계속 변화하며 생체시계, 생체리듬에 의하여 생명활동이 조절되므로 생체리듬의 흐름에 맞추어 생활하는 것이 필요하다. 생체리듬은 신체리듬, 감성리듬, 지성리듬의 하나로서 인간은 세 가지 리듬의 지배를 받는다는 이론에 입각해 있다. 생체리듬은 수면 패턴, 특정한 시간에 활성화되는 유전자 및 체온변화, 호르몬 배합, 인지능력 등의 모든 신체 기능에 영향을 미친다. 이들 리듬 모두 고조와 저조의 사이클이 모두 동일하지 않고 일치하지도 않기 때문에 곡선의 위치를 알거나 조절할 필요가 생긴다.

최근 생체리듬에 따라 생활해야 함은 한의학이나 서양의학에서 연구되고 있으며 남녀의 생리적 현상의 주기성을 '천계(天癸)'라고 일컬어 왔다(전미혜 · 박영선 · 김동철, 2009, 48). 생체리듬을 가져오는 생체시계가 밤낮이

순환되는 세계에 사는 생물들에게 도움이 되도록 개발되었지만 우주시간, 특히 24시간 주기의 태양시간에 맞지 않게 돌아가거나 개체마다 상이할 수 있어 생체시계는 계속 새로이 조정되어야 한다. 이에 한의학에서는 우주의 구성 원리와 인체의 구성 원리를 동일하게 여겨 우주의 자연법칙에 맞게 생리, 병리, 치료규정을 마련하였다. '생체리듬'과 '우주리듬'을 맞추려는 노력이 상당한 성과를 거두고 있다고 보여진다.

풍수 연구도 이러한 점에서 의의가 있다고 본다. 풍수도 '풍수리듬'이 있어 어느 때에 어디에 사는가, 혹은 어디에서 어느 때를 기다리는가 하는 문제가 길흉화복의 인간사를 푸는 문제라면 풍수가 '생체리듬'이나 '우주리듬'에 어떤 제한점을 갖고 자극을 준다고 볼 수 있다. 포유류가 갖고 있는 분자시계의 배후에는 특정 유전자가 있고 이 유전자에 돌연변이가 생기면 체내시계 역시 더 빨리 혹은 더 느리게 돌아간다는 것을 확인해 주는 실험을 통해 빛-어둠의 교대 가운데 '심겨'져 있는 그 시계가 풍수와 연관이 있지 않을까(틸 뢰네베르크, 2010, 93) 생각된다.

이 연구는 인간의 길흉에 영향을 주는 산·수·향의 풍수 3대 요소가 기온과 습도와 바람, 태양의 고도에 의한 빛이며 이들이 인간 생체리듬을 조절해 주는 것으로 재해석해 보는 것이다. 형세론, 이기론으로 표현된 고전적 이론을 풍수리듬의 측면에서 새롭게 재해석하고자 한다. '용혈사수향'으로 표현된 형세론도 언제 어떻게 발복하는가가 모두의 관심이며 '예견' 능력 때문에 풍수가 오늘날까지 전승되어 왔다는 점을 생각할 때 이를 보다 과학적으로 설명하려는 시도가 필요하다고 본다.

형세론에 있어서 혈장의 크기나 보각(步脚)에 따라 미래를 예견하고 있음은 최근 알려진 사실이며, 이 연구는 그 근거를 산수가 '생체리듬'이나 '우주리듬'을 제한하거나 상승시키는 기능이 있을 수 있다고 보는 가설에 따라 추론해 보고자 한다. 산수가 산과 물과 향의 배치라고 한다면 그 배치와 관련된 기온과 습도, 바람 및 태양의 고도가 '생체리듬'에 영향을 주게 되고 이는 다시 '우주리듬'과 관련을 가지게 되는 것이다.

바람의 방향과 속도도 중요하다. 일주기 혹은 일중리듬은 체온리듬이나 수면각성리듬의 상호관계 속에서 주기성을 갖게 되고 이를 벗어날 때 장애가 나타나게 되어 우울증이나 조울증, 수면장애에 걸리게 된다. 특히 계절적 정동장애(seasonal affective disorder)는 일조량의 감소와 관련이 있다고 보고된 점을 상기할 때(김린, 1989, 213) 이에 영향을 주는 '풍수리듬'의 고려가 요청되는 것이다. '풍수리듬'은 일조량이나 풍향·풍속, 물의 양에 따라 일주기·계절적 리듬을 당연히 갖게 된다.

르페브르는 이러한 리듬분석의 유용성을 제안한 학자이며 그는 시계가 발명된 이후 사회적 관행이 된 추상적·양적 시간이 자연의 리듬과 생체리듬을 억압한다고 보았다. 또 '시간들이 맺는 관계'에 주목하는 리듬분석을 통하여 자본주의 노동시간 조직에 의해 우리 신체와 삶의 시간이 억압받는 지점이 어디인지를 밝혀 신체와 감각의 리듬을 중시하였다(앙리 르페브르, 2013, 33). 즉 "모든 리듬은 공간과 시간의 관계, 장소화된 시간 혹은 시간화된 공간을 함축한다" 하고 이에 덧붙여 리듬분석을 통하여 도시를 좀 더 잘 이해할 수 있다고 하였다.

도시에 살고 있는 사람과 사물의 리듬분석은 "우리가 살고 있는 도시가 단지 토지와 건물로 구성된 물리적 도시, 부동산의 교환가치와 자본의 이익을 위해 작동하는 도시가 아니라 육체와 감각을 가진 사람들의 생활 장소이자 집합적 작품임을 일깨워 준다"고 하였다. 따라서 풍수가 도시나 건축에 적용될 수 있는 가능성이 충분하게 된 셈이다.

전통적 해석의 이론

Part Ⅰ Theories of Contemporary Interpretation

형세론

Shape Theory

'형세론'이란 오늘날 한국의 풍수학자, 풍수사들이 즐겨 사용하는 표현이다. 형세론은 바로 '형기론'을 말하며 두 용어를 한국의 누가 최초로 사용하였는지에 관해서는 연구가 미진하다. 풍수연구자 최창조(1984)는 풍수를 장풍론, 득수론, 좌향론, 소주길흉론, 형국론 등으로 분류하여 분석한 바 있으며, 형세론이란 용어는 당시 제시되지 않은 것으로 보인다.

형세 또는 형기는 그 내용이 『영성정의』, 『금낭경』 등에서 형기편, 형세편(최창조, 2004, 164)으로 소개되고 있어 '편'이라고 하는 표현으로 보아 풍수 내용의 하나였다고 볼 수 있다. 세·형·기를 고려한 형기론의 단초는 곽박(276~324)의 『금낭경』에 다음과 같이 언급되어 있다. 세(勢)로 와서 형(形)으로 모인 곳이 음양이 화합한 곳이라는 표현으로부터 '형세'라는 용어가 등장한 것으로 보인다.

지세는 지맥을 근원으로 하고 산세는 내룡을 근원으로 한다. 구불구불 동서로 가거나 혹은 남북으로 간다. 천척 정도면 세가 되고 백척 정도면 형이 되는데, 세로 나아오다 형으로 그치면 그것을 기가 온전하다고 한다. 기가 온전한 곳은 그 멈춘 곳이 장지로 마땅하다. 기가 온전한 곳은 구불구불 거듭되고 겹겹이 둘러 감쌌는데 마치 웅크리고 앉아서 기다리거나 있으라고 끌어당기는 듯하다. 세로 와서 형으로 그쳐 모인 곳은 음양이 화합된 곳이다.[18]

풍수의 중국 측 고전을 연구한 김혜정은 명초(明初)의 『지리사탄자』의 내용이 형기 · 이기 · 선택 세 가지 이론으로 체계화되어 있어 풍수는 오늘날 형기론, 이기론, 선택론으로 나누어지게 되었다(김혜정, 2008)고 하였다. 이 중에서 형기론이 오늘날 한국 지리학자들이 자주 언급하는 형세론이라고 볼 수 있다. 현대 중국 풍수학자도 형기론은 형세론 · 형법론 · 만두 · 만체 · 형가 · 강서풍수 · 장파풍수 등으로 부르고, 이기론은 이법론 · 종묘지법 · 법가 · 방위 · 괘의 · 복건풍수 · 충파풍수 등으로 불린다고 소개하였다(高友謙, 2006; 王玉德, 2003). 한국의 풍수학자 지종학(2010)은 『풍수지리 형세론』에서 형세론을 다음과 같이 정의하였다.

형세론은 눈에 보이는 현상만을 논할 뿐, 보이지 않는 현상을 말하지는 않는다. 그러나 빙산의 일각을 보고 보이지 않는 크기를 유추할 수 있듯이, 산의 겉에 드러난 형태를 보고 그 내면을 정확히 파악하고자 치열하게 고뇌할 따름이다.

더 이상의 언급은 없다. 다만 주산론, 용론, 과협론, 체용론, 혈상론,

---

18) 『금낭경』 "地勢原脈 山勢原骨 委蛇東西或爲南北 千尺爲勢 百尺爲形 勢來形止 是謂全氣 全氣之地 當葬其止 全氣之地 宛委自復 回環重複 若踞而候也 若攬而有也 欲進而却 欲進而深 來積止聚 沖陽和陰"

청룡, 백호론, 안산론, 조산론, 수세론, 좌향론 등이 형세론의 내용이라고 소개하고 있을 뿐이다. 형세론은 조정동의 『지리오결』에서 그 내용이 체계화되었으며, '형'과 '세'는 어떤 힘에 의하여 이루어지는가 하는 질문에 이르게 되면 '기'가 바로 그것이라는 것이다. 형기론에서의 산수는 형·세·기의 종합체로서 인사에 영향을 주고 별의 정기 및 천상의 방위와 밀접한 관계를 가진다고 보았으며 특히 양균송의 견해를 강조했다 (김혜정, 2008, 130 ; 158).

즉 양균송(834~906)이 찬한 『감룡경·의룡경』에 "여섯 방위에 있는 산봉우리가 하늘의 육기와 상응하여 형성되었고"[19]라는 표현으로 미루어 고대 중국인은 지상의 산천이 천상의 별자리와 관련하여 이루어졌다는 관념을 가졌다는 사실은 부인할 수 없다.

산천은 아래에, 별은 위에 있으나 이들은 모두 한 가지 기운을 공유하는 것으로 한두 가지가 아니다. 자연의 모습은 기가 녹고 맺혀서 이루어진 것인데, 땅에서는 모양(形)으로, 하늘에 있으면 '별자리의 모습(象)'으로 존재한다. 무릇 만물 각각이 모양(形)을 갖는 것은 기가 뭉침으로 인해서인데, 이렇게 기가 맺혀 형(形)을 이루는 솜씨가 그 어떤 장인보다도 빼어나다. 바로 이러한 모양(形)과 기(氣)는 절로 생겨난 것으로 머리를 굽어 마땅히 땅의 모양을 살펴야 하고, 우러러 하늘의 별자리를 보아야 한다. (중략) 도읍지가 될 만한 세 가지 큰 혈처는 마땅히 하늘에서 뭇 별들이 받들어 모시는 자미원, 태미원, 천시원의 삼원(三垣)을 본받아 생긴 것이며, 청룡·백호·주작·현무 네 짐승 모양의 별자리가 사방으로 나뉘어 삼원을 호위하는데 이것이 땅에

---

19) 『감룡경·의룡경』 "出逢六秀方位上 上與六氣橫天下"

이르러서 또한 같은 모양이 된다.[20]

형과 상의 관계를 논한 양균송의 주장을 근거로 하면 형은 별자리의 모습과 운행이 밀접한 관계를 갖고 있음을 알 수 있다. 형은 형(形) 그 자체로만 완결되지는 않는다는 사실이다. 또한 서선계·서선술(1564)이 저술한 『인자수지(人子須知)』의 오성총론에서 이에 대해 다음과 같이 언급하고 있다.

오성은 오행을 말하는 것인바 금을 태백, 목을 세성, 수를 진성, 수를 진성, 화를 형혹, 토를 진성이라고 한다. 오성은 하늘에서는 상을 이루고 땅에서는 형을 이루는 것이니 정은 하늘에 매어 있고 형은 땅에 나타나 천지를 메우고 있으니 세상의 만물만사가 모두 이것에서 근본되지 아니한 것이 없는 것이다. 지리의 묘리도 같다. 경에 왈, 하늘은 숙성으로 나뉘고 땅은 산천을 벌여 놓았다 하였으니 참으로 연유가 있는 말이다.[21]

산과 물이 하늘로부터 연유한다는 견해가 성립되고 제왕의 도읍지 선정이 하늘의 자미원, 천시원, 태미원에 상응하도록 중국의 함양궁, 장안성 등을 건설하였다는 사실은 『인자수지』의 역대제왕도에서 확인해 볼 수 있다 (그림 1, 그림 2). 그림 1은 밤하늘에 별자리를 중심으로 나타난 별자리의 분포이며, 그림 2는 산과 봉우리 및 물의 흐름을 자미환이라고 부르고 있다.

---

20) 『감룡경·의룡경』 "山川在下星在上 同此一氣無兩樣 自然形氣融結成 在地有形天有象 凡有形者因氣凝 氣結成形巧于匠 此是形氣自然生 俯當察形仰觀象 形象相感一理通 請以穴法觀星宮 三垣當法衆星供 四獸分垣到處同"
21) 『인자수지』, 322

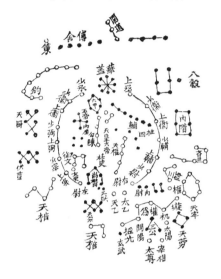

그림 1. 자미환 천성지도 (출처 『인자수지』, 89)

그림 2. 자미환 지형지도 (출처 『인자수지』, 91)

산수가 하늘로부터 연유한다는 이러한 관념을 기초로 하여 양균송은 『감룡경·의룡경』에서 원국, 탐랑[22], 거문, 녹존, 문곡, 염정, 무곡, 파군, 좌보, 우필 등의 특성을 제시하고 있고, 그 후 조정동은 『지리오결』에서 용결(龍訣), 혈결(穴訣), 사결(沙訣), 수결(水訣), 향결(向訣) 등으로 체계화시켰다. 이에 형세론은 용·혈·사·수·향을 기본적인 해석 논리로 한다는 점을 주목하여야 하며 이들에 대한 해석도 천문과 관련하여 이루어지고 있다. 특히 '향'은 어떤 방위에 언제 성수가 전개되는가에 달려 있어 형세론은 천문 현상과 불가분의 관계를 맺게 되었다.

---

[22] 예를 들어 '탐랑은 산이 홀연히 솟아 죽순과 같은 봉우리를 만드는데 만약 이것이 몸통 그대로 이면서 산의 얼굴 부분이 한쪽만을 향하고 있는 모습을 하기만 해도 달라진다'고 표현하고 있다. 『감룡경·의룡경』 "貪狼頓 起筍生峰 若是斜技便不同"

제2장

물형론과 비보론

Physical Shape Theory and Complementary Theory

1. 물형론

용 · 혈 · 사 · 수 · 향의 형세를 보는 '형세론'과 같은 입장에 있지만 이를 종합적인 견해에서 바라본다는 점에서 서로 구분되는 이론인 '물형론'이라는 것도 있다. 최근 '갈형론'이나 '형국론'으로도 불리는 물형론은 만물에 차이가 나는 것은 그것이 지니고 있는 '기'의 차이 때문으로 보고, 이러한 기는 형상으로 표출되는데 이를 물형이라고 한다(오상학, 2015)고 한 데서 유래한다. 특정 형세의 모습이 특정 사물의 형상과 유사하다면 특정 형세는 특정 사물의 성질을 지닌 것으로 판단하여 혈처를 결정하고 그에 따른 길흉을 판단한다는 이론이다.

'물형' 또는 '갈형'은 형태를 분별 또는 갈파한다는 의미를 가지고 있는데, 그 기원은 『금낭경』의 우부봉귀(牛富鳳貴), 등사흉위(騰蛇凶危) 등의 표현에서 단서를 찾을 수 있고, 양균송의 『감룡경 · 의룡경』에서 본격적으로 언급하고 있음을 알 수 있다.

만약 형세를 식별하지 못하면 혈을 찾기가 어려우며 이렇게 되면 재혈을 할 때 왼쪽으로 잡아야 할 것인가 오른쪽으로 해야 할 것인가 혹은 높게 잡아야 할 것인가 등을 어떻게 침을 놓듯 정확하게 할 수 있겠는가? 또한 전설상의 짐승인 용에도 몇 가지 모습이 있는데 물과 산을 가까이 하는 것은 그 용의 모습을 따르는 것에서이다. 예컨대 뱀과 호랑이 형상의 땅에도 그에 상응하는 혈이 있는데 뱀과 호랑이 형상이 참되면 그에 상응하는 혈의 모습도 충분히 상상할 수 있을 것이다.[23]

그는 또한 무릇 용으로 분류되는 땅들은 모두 하늘의 청룡 기운이 맺혀서 된 것이며, 호랑이로 분류되는 땅들은 모두 백호 기운이 엉겨서 된 것이며, 물에 사는 동물과 관련시켜 분류되는 땅들은 모두 현무 기운 안에서 이루어진 것이며, 날짐승으로 분류되는 땅들은 모두 하늘의 주작 기운에 감응되어 만들어진 땅들이다(『감룡경·의룡경』, 356) 하여 '물형론'의 기본 아이디어가 어떻게 연유되었는지 이해할 수 있다.

이러한 물형론은 명대의 서시가가 편집한 『지리천기회원』에 수록된 '갈형취류'의 '요우갈형명목', '장자미갈형도격'에서 그 폐해를 지적할 정도로 종류가 많아지고 이론이 발달하였다. 요우갈형명목에서는 97종의 사물을 사용하여 총 287개의 물형 이름을, 장자미갈형도격에서는 192개의 물형이 산도와 함께 수록, 소개되어 있다(오상학, 2015, 29~30).

우리나라의 경우 『안동의 풍수와 인물』에서 구체적으로 조사 보고된 바 있다. 안동의 경우는 봉·학·꿩 등의 날짐승, 모란·연꽃·칡넝쿨 등의

---

23) 『감룡경·의룡경』 "若不識形穴難尋 左右高低如何針 且如龍形有幾樣 近水近山隨物象 如蛇如虎各有穴 形若眞時穴可想"

꽃, 닭 등의 길짐승, 거북·뱀 등의 들짐승, 등잔·가마솥·밥상 등의 물건, 기타 용·달 등이 나타나며 안동 부근의 형태는 모두 33가지 중 그 빈도수를 보면 모란 네 곳, 봉 네 곳, 제비 두 곳, 가마솥 두 곳, 밥상 두 곳, 꿩 두 곳, 칡넝쿨 두 곳 등이 나타난다. 이러한 빈도로 보아서 안동의 경우 모란형과 봉형이 많다는 것을 알 수 있다. 늙은 쥐가 밭으로 내려오는 형(老鼠下田形), 장군이 앉아서 군졸들을 살펴보는 형(將軍對坐形) 등은 나타나지 않지만 대부분의 유형이 나타나, 음택 명당의 일반적인 특징을 알 수 있기에 충분하다.

이들의 형태적(morpological) 특성은 전후타원형, 원만형, 높은 좌우타원형, 낮은 좌우타원형 등으로 분류할 수 있으며(옥한석, 2011), 안동의 음택 명당은 학이 하늘로 날아오르는 형, 봉이 둥지를 튼 형, 용이 하늘로 올라가는 형, 제비가 둥지를 튼 형 등의 전후타원형, 모란이 반쯤 피어 있는 형, 등잔불이 등잔에 달려 있는 형, 닭이 알을 품고 있는 형, 구름 속에 달이 떠 있는 형, 칡넝쿨에 꽃이 피어 있는 형 등의 높은 원만형, 가마솥이 뒤집혀 있는 형, 밥상에 음식을 차려놓은 형, 뱀이 머리를 든 형, 큰 뱀이 숨어 있는 형 등의 낮은 원만형, 연꽃이 물 위에 떠 있는 형, 거북이 물 속에 들어가는 형, 꿩이 매를 피해 숨는 형, 벌이 집을 지은 형 등의 좌우타원형이 나타난다고 하였다.

전후타원형의 하나인 봉소형 그림 4는 예천군 지보면 익장에 위치하며 동래정씨 11세 직제학 정사(鄭賜)의 묘소이다. 중앙의 혈처로부터 안산까지가 길게 트여 있어 타원형이라고 하였으며, 『손감묘결』에 나오는 그림 3은 그 형태가 좌우타원형으로 비봉포란으로서 양주시 남산면에 위치한다.

둘 다 봉이라고 하는 새의 형상을 보여 주며 그림 3, 4를 비교하면 ○으로 표시된 중앙의 혈처와 이를 에워싼 사신사 및 조산이 유사함을 알 수

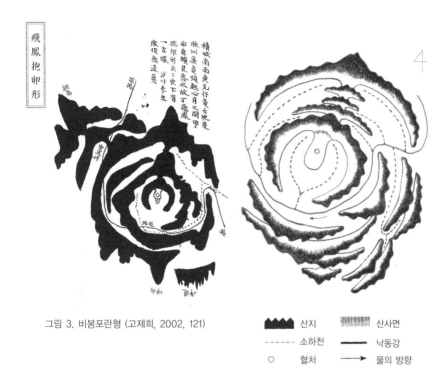

飛鳳抱卵形

橫城南面庚見行龍七次度
脈似廉貞頓起心月之間甲
卯無暇見落水故丁飛鳳
抱卵形云之克下肓
「古塚汾川李生
底復無遺哭

그림 3. 비봉포란형 (고제희, 2002, 121)

▲▲▲ 산지	▓▓▓ 산사면
------ 소하천	── 낙동강
○ 혈처	→ 물의 방향

그림 4. 비봉형 (옥한석, 2010, 86)

있다. 이러한 연구로 미루어 물형론(형국론)은 한국 풍수의 중요한 특징이
며, 한국의 풍수가 중국의 풍수가 아닌 우리 고래의 자생 풍수의 중요한
면이라고 간주하였다(이은식, 2010).

이러한 주장을 보다 잘 뒷받침하기 위하여 물형론을 갈형론이라고 부
르면서 그 기원과 이론적 특성, 논리적 구조에 대하여 연구가 진행 중이
다. 갈형론은 풍수 형세론의 한 분야로 이론적 엄밀성은 떨어지지만 형세
를 전체적으로 조망하고 이해하는 데 강점이 있다고 하며 풍수사에 따라
달라질 수 있다(오상학, 2015).

물형론의 약점은 풍수사에 따라 동일한 대상이 다르게 상징화될 수 있다는 비판인데, 이는 물형론의 내용을 자세히 모르는 데서 오는 편견이다(옥한석, 2016). 혈−만두−사신사−주변 수세와 용세의 관계를 물형론만큼 체계적으로 보여 주는 경험체계도 없다. 혈이 맺힌 높이, 안산과 조산과의 거리, 청룡 백호 간의 거리, 주변 수세와 용세의 특징 등을 중심으로 하여 명명하게 되는데, 예를 들어 제일 높은 지점에 학(鶴), 다음으로 봉(鳳)과 연(燕), 비슷한 지점에 모란(牡丹), 그 다음 낮은 지점에 사(巳)와 서(鼠) 등의 형태가 입지하게 된다(표 3).

이와 함께 갈형론의 주된 내용은 '혈처+대안(對案)' 구조로 되어 있으며 대안을 통해 특정 형태를 알 수 있어 대안이 갈형론에서만 볼 수 있는 독특한 것이라고 보았다. 산천의 형세를 특정 물형으로 판단하였다면 그곳의 핵심이 되는 곳, 이른바 혈은 대안과 관련지어 정한다(오상학, 2015, 32). 이는 그 후 송대의 『옥수진경』이나 명대의 『지리인자수지』에서 계승되고

표 3. 대표적인 물형의 특징 (옥한석, 2016, 61)

물형	입수처의 길이	혈처의 높이	사신사의 배치형	대안	물의 양
학	길다	아주 높다	아주 길죽한 타원형 (전후타원형)	하늘이나 계곡	많다
봉	짧다	높다	타원형	죽실, 거미	적다
모란	짧다	보통이다	원만형	선인, 군자	적다
연꽃	짧다	낮다	아주 넓적한 타원형 (좌우타원형)	군자	많다
생쥐	길다	아주 낮다	타원형	곳간	아주 적다

우리나라 조선에서 『손감묘결』에서도 나타나고 있어 서로 영향을 주고받았는지, 아니면 독자적으로 체계화되었는지는 아직 알 수가 없다.

물형론과 함께 전통적인 풍수지리에서 명당은 대개 그림지도, 이른바 산도(山圖)라는 형식으로 표현되어 왔다(양보경, 2011). 무수히 많은 산도 중에서 '숙빈최씨묘소도형여산론(淑嬪崔氏墓所圖形與山論)'이 최초로 이형윤과 성동환(2010)에 의하여 연구되었다. 이러한 명당 표현 방법의 전통을 이어받아 산도로서 표현하는 동시에 현대적인 지형도상의 산세를 이학동(2000)이 구체적이며 실제적으로 보여 주고 있다.

한편, 형국론 이른바 물형론의 전개로 말미암아 '비보론'이 자연스럽게 등장하게 되고 비보론이 풍수연구의 대중화에 일조하는 계기를 마련하게 되었다. 비보론은 최원석이 「영남지방의 비보」(2000)에서 자세히 소개했다. 『금낭경』은 풍수가 다음과 같이 비보를 포함한 개념으로 보았다.

> 눈으로 잘 살피고 인공의 방법으로 잘 구비하여, 완전함을 좇고 결함됨을 피하되, 높은 곳은 부드럽게 하고 낮은 곳은 돋우는 것이 삼길이다.[24]

2. 비보론

형세론이나 물형론은 명당 길지가 어디인지 '택지'에 관한 이론이라고 한다면, 비보론은 지리적 조건의 결함을 보완하고 적지를 구성하는 논리 체계로서 용맥비보법, 장풍비보법, 수구비보법, 득수비보법, 형국비보법,

24) 『금낭경』 "自力之巧 工力之具 趨全避闕 增高益下 三吉也"

흉상처수법(凶相嫌蔽法), 화기방어법 등이 있다(최원석, 2002, 163).

이러한 비보가 중국에서 주변 국가로 전파된 것인지 한국에서 자생된 것인지는 아직 논란의 여지가 많으나, 특히 중국·한국·일본 3국의 비보 수단 및 방법, 기능이 유사하며 민간 신앙과 복합되어 나타난다는 점이 동일하다. 비보의 유형에는 사탑, 조형물, 조산, 숲, 못, 지명과 놀이 등이 있다(표 4). 민속학 분야에서의 비보풍수 연구도 활발하여 김의숙은 비보의 사례로서 지명변경형, 지형변경형, 수계변경형, 보완장기형, 행위형, 사찰건립형, 안산설정형 등이 있다(김의숙, 2003)고 하였고, 마을 입지유형별 비보풍수의 형태(이영진, 2010)도 보고된 바 있다.

형세론이나 물형론이 어떤 형세, 물형을 온전히 갖추지 못한 경우 '형'을 보완하여 적지를 구성한다는 점에서 비보론은 형세론이나 물형론과 같은 사고의 연장선 위에 놓여 있다고 할 수 있다. 절, 탑, 불상, 장생포, 선돌, 솟대 등과 같은 조형물, 흙무지형의 조산, 조산숲, 연못, 지명 등의 비보가 풍수리듬에 영향을 주는 온도, 습도, 태양의 고도에 의한 빛에 어떤

표 4. 비보의 형태 (최원석, 2002, 168, 필자 재작성)

비보유형	비보의 구성요소 및 형태
사탑	절, 불상, 탑, 당간 등
조형물	장생표, 선돌, 솟대, 장승, 남근석, 돌거북, 돌자라 등
조산	흙무지형, 돌무지형, 임수형, 혼합형, 고분 및 유적 전용형, 천연산 호칭형
숲	조산숲, 비보숲
못	연못
지명과 놀이	쇠머리대기, 줄다리기 등

영향을 주는지는 경험적 사례 연구가 필요하다.

한편, 비보론의 논리적 근거가 물형론에 있는 것이 아니라 관념적인 종교에 있다는 점도 최근 보고되고 있다(김규순, 2016). 도선의 풍수가 비보론을 특징으로 하고 있지만 불교라는 테두리 안에서 밀교를 고려하지 않을 수 없다는 것이다. 사실 신라 후대의 교종과 선종 모두 밀교의 영향을 많이 받았고(서윤길, 2006, 37) 고려 불교도 밀교사상이 비중을 크게 차지하고 있었으므로 도선 또한 교학적인 면이나 신앙적인 면에서 밀교에(서윤길, 1976, 176) 침윤되어 있었다고 보여진다. 즉 도선도 밀교에 바탕을 둔 선문구산 중 동리산문파의 도통을 이어받았으므로 밀교의 택지법(擇地法)을 습득했을 것이다.

밀교의 택지법은 밀교 경전에 수록되어 있는 수행처나 기도처를 선정하는 방법론이다. 밀교에서는 수행 성취가 가능한 곳을 길지라고 하고 불가능한 곳을 흉지라고 한다. 밀교의 택지법은 수행이나 기도를 위한 장소 선정에서 매우 신중했던 비보풍수와 관련하여 고려되어야 하는 것이다.

밀교의 택지법은 관지상법, 관지질법, 치지법 세 가지로 나누어진다. 관지상법(觀地相法)은 외형적인 지형지세를 관찰하여 길지와 흉지를 구분하는 방법으로 지금의 풍수적인 지상법과 그 방법론은 동일하나 기준은 다른데, 그 이유는 종교적인 관점에 따른 것으로 여겨진다(서윤길, 1976, 178~182). 밀교에서 길지를 판단하는 지형적 기준은 밀교 경전에 열거되어 있다(서윤길, 1976, 182~183).[25]

---

25) 「梵天擇地法」이란 "入山石窟中深 四面有石中心有土, 入山高頂上見有大石其淸如磨處, 山中見有五色石 靑黃赤白黑各在本方, 山中有石室內 獅子及孟獸居 無草木生處, 入山中見蛇頭上有角盤石"이다. 서윤길, 1976, 181(재인용).

관지질법(觀地質法)은 특정 자리에 있어서 흙의 특성에 따라 길지 여부를 판단하는 방법이다. 먼저 흙의 양으로 판단하는 방법은 가로, 세로, 깊이를 각각 30cm 정도로 파낸 후 잡석이나 나무뿌리를 제거한 뒤 다시 구덩이에 흙을 메운다. 메운 후 흙이 알맞거나 남으면 길지이고, 흙이 모자라면 흉지이다. 둘째, 흙의 맛이 매운 맛이나 단맛이 나고 향기로우면 길지이고 맛이 역하고 악취가 나면 흉지이다. 셋째, 흙의 색깔이 백·황·청·백·적색 중 단색이면 길지이다.

치지법(治地法)은 길지를 찾지 못할 경우 길지가 아닌 장소에서 밀교적인 의식을 행하여 흉지를 길지로 승격시키는 방법으로 건립만다라급간택지법(建立曼多羅及揀擇地法)(서윤길, 1976, 177)에서 설명하고 있다. 그 내용을 살펴보면, "우선 제불보살(諸佛菩薩)과 지신(地神)에게 공양을 하고, 그 다음 중심부의 땅을 파서 이물질을 제거하고 흙을 다시 넣어 평평하게 만든다. 세 번째 향수와 우유를 뿌려 청량하게 한 뒤 만다라를 건립한다. 마지막으로 오곡과 보물, 향, 영약을 묻으면 제불보살의 수호에 힘입어 흉지라도 길지로 바뀐다"(서윤길, 1976, 183~184) 하였다. 흉지를 길지로 변하게 할 수는 있지만, 일정한 밀교적 의식을 거행해야만 가능한 일이다.

밀교의 택지법은 생활장소가 아닌 종교적 수행처를 정하는 방법이므로 그 차원과 기준이 다르다. 밀교에서는 불력(佛力)을 동원하여 수행 장소를 성역화하는 방법이므로 신앙심이 바탕이 된다. 도선국사도 사탑의 건립을 통하여 전 국토의 기운을 북돋우고자 하는 것이 사탑비보설(寺塔裨補說)인데, 전 국토를 하나의 장소로 보았을 때 사탑(寺塔)이 만다라와 같은 기능을 하여 부처님의 가피로 국토를 길지로 바꾸고자 한 것이며, 이것이 국역풍수이다. 도선국사의 비보사탑설은 밀교의 치지법에서 방법론을 원용한 것으로 보인다(김규순, 2016).

밀교의 택지법을 받아들인 도선은 이를 더욱 발전시켜 전 국토의 균형적인 활용 가능성을 도모하고 그의 사탑비보설이 비보풍수로 발전하는 토대가 되었다. 도선의 비보풍수는 불교적 신앙심에 바탕을 둔 비보풍수임을 짐작할 수 있으며 당시에는 조산(造山)이나 식재(植栽)에 의한 비보풍수는 적용되지 않았다. 이러한 비보는 동아시아 각국의 지리적·환경적 요소에 따라 각기 다른 이론을 선호하게 되었다(천인호, 2016).

제3장

이기론과 선택론

Compass Theory and Selective Theory

1. 이기론

　형세론과 함께 '이기론'은 길지(吉地)의 내적 기능에 대한 판단이론으로
'향법(direction theory or compass theory)'으로도 불리며 풍수이론의 또 다른
축을 이룬다. 형세론만으로는 예견에 대한 해석이 뭔가 부족하고 설득을
하기에 갈등이 생기므로 이기론이 등장하였다고 본다.

　이기론의 기본은 음양오행설과 나침반의 등장이다. 세상은 목금수화토
의 오행 상승원리에 의하여 일어나는 것이며 이에 의하여 역사의 추이나
미래에 대한 예견이 일어난다고 한 추연(鄒衍)의 오행설이 천상과 지리, 인
간에게 적용된 것이다. 오행설은 아마 천문의 목성 · 금성 · 수성 · 화성 ·
토성의 운행으로부터 연유하지 않았는가 추론되며 '형세론'이 오성과 관
련하여 『인자수지』는 다음과 같이 말하고 있다.

　　오성은 즉 오행을 말한다. 邵子가 말하기를 '태극이 나뉘어 음양이 되고 음양
　　이 播하여 오행이 되고 오행이 흩어져 만물이 되었다 하나 오행의 정이 하늘

에 매여 五星이 되고 형은 지에 근본을 두고 五材가 되며 기는 세에 거느려 五辰이 되며 사람에게는 五藏이 있고 물에는 오색, 오음, 오미가 있고 행실에 비추면 오상이 되는 것이다.[26]

오행이 땅에 나타난 모습은 그림 5의 각각의 모양이며 이와 같이 배치될 때 인간은 기를 받아 행복을 누릴 수 있게 된다고 보았다. 오행의 모습을 가진 산들은 여러 가지로 배령될 수 있는데 그중 하나인 그림 6은 수-화-금-목-토 순서의 배열을 가져 오행의 상생 · 상극에 따라 인간의 미래

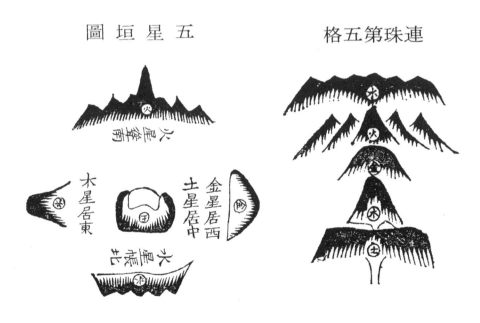

그림 5. 오성원도 (출처 『인자수지』, 338)   그림 6. 오성의 연주 (출처 『인자수지』, 337)

가 예견된다고 보았다.

또한 오행설의 등장과 함께 형세론에서 방향을 어떻게 정해야 하는지에 대한 견해가 중요시되어 길지의 산세와 수세의 방위와 범위를 파악하고 과연 이것이 자신에게 길국으로 작용하는지 아닌지를 판단할 수 있어야 하는데 이기론은 이 점에서 도움을 준다. 즉 이기론의 요점이 나침반 상에서 나타나게 된 것이다. 이에 대하여 『금낭경』은 다음과 같이 언급하고 있다.

> 그런 까닭에 사세지산은 팔방지룡을 생하는데 사세지산에 기가 돌면 팔방지룡에 생이 들어가는 것이니 그곳에 한 자리를 얻으면 길경영귀할 것이다.[27]

나침반에 360도 원을 그린 다음 45도씩 8방위와 15도씩 24방위를 구분한 다음 8방위는 '팔괘(八卦)'의 방위와 24방위는 '인신사해(寅申巳亥)', 이른바 사세를 일컫도록 하였다. '사세지산'과 '팔방지룡'이란 바로 두 개의 원이 동심원 상으로 중첩되어 있을 때 나침반이 정치된 다음 방향을 두고 일컫는 말이다.

음(--)과 양(--)은 한번 결합하면 4개의 조합이 이루어지고 세 번 결합하면 8개의 조합이 이루어지게 되는데, 여섯 번 결합하면 64개의 조합이 나타나게 되는 바 이것이 주역의 원리이다. 주역의 음양오행설로부터 비롯된 팔괘는 목금수화토의 어느 하나에 해당되고 천간과 지지도 목금수화토의 어느 하나에 해당되도록 고안한 것이다.

---

26) 『인자수지』, 322
27) 『금낭경』 "是故 四勢之山 生八方之龍 四勢行氣 八龍施生 一得其宅 吉慶榮貴"

인간사의 길흉화복을 예견하는 8개의 조합이 나침반의 중앙 원으로 배치된 다음 시간의 변화, 특히 봄·여름·가을·겨울을 의미하는 24개의 방위가 바깥 동심원으로 그려진 것이 나반 혹은 나경인데 8개의 방위는 북, 북동, 동, 남동, 남, 남서, 서, 북서이며 이들은 음양의 세 번 결합에 의한 것으로 감방, 간방, 진방, 손방, 이방, 곤방, 태방, 건방이라고 이름을 붙였으며, 24개의 방위는 8방위의 각 방위를 3개의 방위로 세분된 것이다. 15도씩 나누어진 24방위는 시계 반대 방향으로 목(묘와 갑) → 화(인과 간) → 금(축과 계) → 수(자와 임) → 목(해와 건) → 화(술과 신) → 금(유와 경) → 수(신과 곤) → 목(미와 정) → 화(오와 병) → 금(사와 손) → 수(진과 을)의 순서로 배열하였으며, 이러한 배열은 봄(목) → 여름(화) → 가을(금) → 겨울(수)의 순서와 일치하며 계절이 세 번 순환하는 것이다.

천간 중 갑을은 봄, 병정은 여름, 경신은 가을, 임계는 겨울이며 지지와 짝을 이루도록 하였다. 8방위와 24방위의 용도는 차치하고라도 이러한 방위의 배열이 왜 이러한 위치에 이루어졌는지에 대한 의문은 쉽게 해소되지 않는다. 다만 8방위 중 동쪽은 목, 서쪽은 금, 남쪽은 화, 북쪽은 수를 의미하도록 배치해 놓았으니 공간이 시계방향으로 배치되고 24방위는 계절을 의미하도록 하였다(그림 7).

아무튼 야외에서 남북 방향으로 나경을 정치시켜 놓은 다음 눈으로 관찰된 주변의 산세와 방향을 해석해 내게 되는데, 천간과 짝을 이루는 12개의 지지를 대표하는 '寅申巳亥'는 '화수금목'에 해당되고 이들은 북두성의 오행 또는 팔괘의 오행과 영향을 상호 주고받음을 기본적인 구조로 하고 있다. 북두성의 녹존은 토, 탐랑은 목, 문곡은 수, 무곡은 금, 거문은 토, 염정은 화, 파군은 금에 해당된다(표 5).

표 5는 산줄기의 흐름과 형상, 방위 및 천문이 상호 작용을 하고 있다는

그림 7. 나경에 표시된 팔괘, 북두성, 24방위
(필자가 홍콩에서 구입한 나경을 촬영한 그림)

표 5. 이기론과 예견 (필자 작성)

구분/계절	봄	여름		가을	겨울
오행	목	화	(토)	금	수
십간	갑을	병정	(무기)	경신	임계
십이지	인묘	사오	(진술축미)	신유	해자
방위	동	남	(중앙)	서	북
팔괘	진	리		태	감
쌍산 삼합	건해 갑묘 정미	간인 병오 신술		손사 경유 계축	곤신 임자 을진
삼합	해묘미	인오술		사유축	신자진
북두성	탐랑	염정	녹존, 거문	무곡, 파군	문곡

※팔괘에는 손·간·곤·건 방위도 포함된다.

관념이 나침반의 발명과 주역의 원리 보급으로 예견 능력을 보다 풍부하게 체계화되었음을 보여 주는 것이다.

다시 말해 AD 22년경 중국에서 발명된 나침반은 지구의 북쪽을 향하는 자석의 성질을 이용한 것인데 단순하게 방위만을 알기 위하여 사용한 것이 아니라 음양오행을 표시하여 방위와 시간, 방위와 공간과의 관계를 음양오행으로 설명할 수 있도록 고안된 사실이다. 우주와 삼라만상의 변화를 음과 양의 소멸·성장·변화, 음양에서 파행된 오행, 즉 수·화·목·금·토의 움직임으로 해석하려는 음양오행설과 나침반의 결합은 풍수의 이론적 기반을 이루어 설명을 풍부하게 할 수 있도록 기여하였다.

이러한 오행에 의한 방위의 배치는 공간 상의 방위가 시간, 즉 계절 상의 길흉으로 해석되는 길을 열어두게 된 것이다. 이에 대하여『지리오결』에서 자세히 언급하고 있다.『지리오결』은 이기론이 용혈사수의 형세 상에서 사국과 수구의 위치를 자세하게 설명하고 있으니 풍수의 대상인 산과 물, 즉 지기와 수기와 함께 방위가 인사의 길흉을 좌우하는 대표적 요소로 간주하였다. 나아가 '이기론'의 주요 이론이자 수구를 매우 중시하는 향상오행이 강조되는 향론으로 발전하게 되었다.

> 물이 산이며 집의 혈맥정으로서 사람을 이롭게도 하고 해롭게도 하는 신속한 신과 같으니 용혈은 사와 더불어 유용하며 수구에서의 정도가 하진을 보여 주며 때를 따르는 만두를 중심으로 용수의 배합을 알지 못하고서는 음양 배합과 발복을 알지 못한다.[28]

---

[28]『지리오결』"水是山家血脈精 利人害人速如神 龍血與砂各有用 都於水口定假眞 時師單設彎頭好 孤陰不長唯幕到 不知龍水要配合 陰陽配合乃發福"

『지리오결』은 지기와 수기와의 관계를 지기와 천기와의 관계로 보고 그 조화를 중시하였으며, 특히 수기는 사람을 해치거나 이롭게 할 수 있는 가장 신속한 것으로 보아 수구의 방위가 혈처의 진가(眞假)로 구분할 수 있는 중요한 수단으로 간주함을 위와 같이 말하였다. 즉 수구의 방위가 오행에 합당해야 한다는 주장이다. 그림 8, 그림 9, 그림 10, 그림 11, 그림 12(『지리오결』 참고)는 오결이 음양배합에 의한 행운을 설명하고 있다. 원의 내측이나 바깥 측에 표시된 천간과 지지가 오행으로 표시되어 있다.

한편, 이러한 풍수 이기론은 이기를 상수(象數)로 이해하는 입장과 상통하게 되어 음양오행, 팔괘, 구궁의 기를 바탕으로 전개될 수 있게 하였다. 용수배합의 원리가 오행법, 12포태법, 구성수법, 천좌선과 지우선의 원리를 바탕으로 전개되고 있음은 주지의 사실이다. 이기론은 관찰된 지형 형세, 점성술, 주역이 혼합된 체계로 발전하여 오늘날에 이르고 최종 목표는 그곳에 사는 사람이나 죽은 자의 후손이 어떠한 길흉을 갖게 되는가를 예견하는 일이다. 이기론은 풍과 관련지어 수의 방위가 중시되는 것처럼 풍을 팔방에서 불어오는 것으로 세분하게 되었다. 나아가 팔방풍은 팔절기 및 12개월의 절기 관념과도 혼재되어 12방위의 풍으로도 인식되었다.

결과적으로 천문과 지리를 일치시키는 이론인 '형세론'은 당시의 천문 관측 자료를 쉽게 이용할 수 없는 사정이 고려되어 방위에 의하여 천문과 지리를 일치시키는 '이기론'과 결합된 것은 자연스럽다고 보겠다. 다시 말해 아무리 형세에 의하여 혈처가 맺어졌더라도 방위가 좋지 않으면 발복하지 못한다는 관념은 나침반의 발명으로 이기론이 등장하게 된 것이다.

형세론에 의하여 결정된 방위가 이기론에 의하여 미래가 예견된 내용을 소개하는 사례는 찾기 쉽지 않다. 『손감묘결』은 이에 대하여 "자연의 흐름은 손사방에서 득수해 좌선한 다음 술방으로 소수한다. 갑묘룡은

그림 8. 용

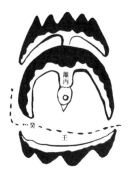

그림 9. 혈

그림 10. 사

그림 11. 수

그림 12. 향

(출처 『지리오결』 85, 134, 179, 219, 311)

그림 13. 물형론과 이기론 (출처 고제희, 2002, 84)

화국의 임관룡이고 손사수는 향상으로 금국의 장생수이다. 따라서 『지리
오결』에 의하여 화국의 자왕향인 묘좌유향을 놓으면 금국의 손사 장생수,
정미 관대수, 곤신 임관수가 회합하여 상당한 뒤에 쇠방인 술방으로 소수
하니 생래회왕하여 발부발귀하고 오래 살고 인정이 흥왕할 것이다"[29]라
고 해석하고 있는 점이 그 하나이다(그림 13).

　이러한 이기론은 개념적 발전을 거듭하여 지리신법, 88향법, 양택삼요
및 민택삼요 등에 더욱 체계화되었다.

　첫째로 지리신법은 송나라 때 호순신(12세기 중엽)이 저술한 풍수지리

---

29) 『손감묘결』, 84

이기론이다. 지리신법은 주산에서 내려오는 용(龍)의 방위를 나경의 병오침(丙午針)으로 측정하여 내룡[坐山]의 방위로 오산(五山)을 결정하고 4대국으로 분류한다(김두규, 2001, 168). 내룡은 주산에서 내려오는 입수룡(入首龍)을 말하며, 입수룡의 방위가 혈처(터)의 좌(坐) 방위가 된다. 자계(子癸)를 시작으로 축간(丑艮), 인갑(寅甲), 묘을(卯乙)과 같은 방식으로 24방위를 각 지지(地支)와 그 다음에 오는 천간(四維八干)을 짝지어 12동궁으로 분류한 쌍산 동궁을 하며, 내룡의 오행은 대오행을 사용한다고 하였다. 음양 구분은 "모든 산은 음양으로 나누어지는데, 8괘의 정방위는 양(陽)이며, 8괘 정방위를 제외한 나머지는 음(陰)으로 분류한다"고 산론에서 주장하였다. 즉 양국(陽局)은 포태법을 순행(시계방향)시키고, 음국(陰局)은 포태법을 역행(시계 반대방향)시킨다는 것이다.

지리신법의 수론에서는 물이 들어오고 나가는 방위가 중요한데, 기본적으로 물은 길한 방위에서 들어와 흉한 방위로 나가야 한다(吉方來 凶方去)는 원칙이다. 지리신법의 길흉 판단 순서는 오산에 구성을 대입하여 파구[去水]로 길흉을 판단한 후 좌와 향, 좌와 파구의 상생상극으로 길흉 판단을 하게 된다. 『지리신법』에서 "좌는 향(向)보다 더욱 친근한 것으로 좌(坐)를 중요시하였다"(김두규, 2001, 222). 구성(九星)으로 길하고, 좌(坐)의 오행이 향과 파구의 오행을 극하는 것을 가장 좋은 것으로 보았으며, 향과 파구 오행이 생해주는 것이 다음이며, 향과 파구 오행의 극 받는 것을 싫어하여 오행의 상극관계로 나를 이기는 것(克我)을 만나는 것을 크게 꺼려하였다. 이와 같이 지리신법은 구성(九星)이 위치한 방위로 물의 오고 나감을 구성(九星) 본연의 성정(性情)으로 길흉을 판단하는 방법이다. 구성과 포태법 배속관계는 좌선양국(左旋陽局)의 표 6과 우선음국(陰局)의 표 7과 같다.

둘째로 '88향법'은 청나라 조정동의 저서 『지리오결』에 나오는 향법으

표 6. 좌선양국의 포태법 구성 및 길흉표 (출처 『지리신법』)

九星	祿存		貪狼		文曲		武曲		右弼	巨門	左輔	廉貞		…
胞胎	胞(絶)	胎	養	長生	沐浴	冠帶	臨官	帝旺	衰			病	死	墓
金山	寅甲	卯乙	辰巽	巳丙	午丁	未坤	申庚	酉	辛	戌	乾	亥壬	子癸	…
水土山	巳丙	午丁	未坤	申庚	酉辛	戌乾	亥壬	子	癸	丑	艮	寅甲	卯乙	…
木山	申庚	酉辛	戌乾	亥壬	子癸	丑艮	寅甲	卯	乙	辰	巽	巳丙	午丁	…
火山	亥壬	子癸	丑艮	寅甲	卯乙	辰巽	巳丙	午	丁	未	坤	申庚	酉辛	…
자리 길흉	4(凶)		4(吉)		4(凶)		3(吉)		1(吉)	1(吉)	1(吉)	4(凶)		2…

표 7. 우선음국의 포태법 구성 및 길흉표 (출처 『지리신법』)

九星	祿存		貪狼		文曲		武曲		右弼	巨門	左輔	廉貞		…
胞胎	胞(絶)	胎	養	長生	沐浴	冠帶	臨官	帝旺	衰			病	死	墓
金山	卯乙	寅甲	丑艮	子癸	亥壬	戌乾	酉辛	庚	申	坤	未	午丁	巳丙	…
水土山	午丁	巳丙	辰巽	卯乙	寅甲	丑艮	子癸	壬	亥	乾	戌	寅甲	卯乙	…
木山	酉辛	申庚	未坤	午丁	巳丙	辰巽	卯乙	甲	寅	艮	丑	子癸	亥壬	…
火山	子癸	亥壬	戌乾	酉辛	申庚	未坤	午丁	丙	巳	巽	辰	卯乙	寅甲	…
자리 길흉	4(凶)		4(吉)		4(凶)		3(吉)		1(吉)	1(吉)	1(吉)	4(凶)		2…

로 '88'이라는 숫자는 360도의 수많은 향(向) 중에서 길한 향의 수를 의미
한다(천인호, 2012, 345). 88향법은 주택이나 묘의 좌향을 정할 경우 물의
수구를 보고 향을 정하는 이른바 의수립향(依水立向, 김두규, 2005, 543)법을
말한다. 88향법은 정오행과 삼합오행, 사장생(四長生) 오행, 4대국수법과

십이운성법, 쌍산오행을 종합하여 물의 흐름을 파악한 후 향을 결정한다.

나경의 24방위를 천간(四維八干)과 다음의 지지(地支)를 하나로 묶어 12쌍산 동궁으로 분류하며, 물(水)과 향(向)은 양(陽)이므로 순행시키고, 혈처로 유입된 용(龍)은 음(陰)이므로 역행시켜 무슨 용(龍)인가를 파악하여 길룡(吉龍)을 선택한다. 4국(四局)수법의 분류는 십이운성법을 기본으로 하며, 십이운성법의 장생(長生), 제왕(帝旺), 묘(墓)는 삼합을 이루게 되며, 이 삼합 오행의 묘(墓)와 다음에 오는 운성 절(絶), 태(胎) 등 3개의 운성을 묶어 하나의 국(局)으로 분류하게 된다. 이와 같이 각국의 묘(墓), 절(絶), 태(胎)로 파구(破口)가 이루어지면 그 국(局)의 명칭으로 4국(四局)을 결정한다. 4국이란 목국(木局), 화국(火局), 금국(金局), 수국(水局)을 말한다. 각국의 묘(墓), 절(絶), 태(胎) 방위로 나가는 물의 흐름에 따라 천간으로 물이 나가는 경우 48개의 정향(正向)과 40개의 변국향(變局向)을 사용할 수 있어 합이 88향이 된다(신평, 2008, 213~216).

세 번째로 지리신법과 88향법 이외에 '양택삼요'와 '민택삼요'가 있다. 양택삼요는 18세기 청나라 건륭제(1735~1795) 때 조정동의 『회도양택삼요(繪圖陽宅三要)』(천인호, 2012, 349)에서 비롯된 것으로 알려져 있다. '양택삼요'는 용맥의 흐름을 분간하기 어려운 도시와 같은 지역에서 문(門)·주(主)·조(灶) 3방위만으로 양택의 길흉 관계를 판단하는 이기론의 한 방법이다. 양택삼요에서 제시한 문·주·조 3방위를 측정하는 방법은 조선시대 홍만선의 『산림경제』에도 나타나 있어 삼요의 방법은 이미 광범위하게 사용되고 있었음을 알 수 있다. 조정동의 양택삼요는 "기본적으로 정택일 때 안마당 가운데에서 문·주·조의 방위를 측정하여야 한다"[30]고 하였다.

하지만 조선 말기 죽눌 손유헌에 의해 출간된 『민택삼요』에는 "문(門)·

주(主)의 방위는 안마당 중심에서 측정하고 조(灶)의 방위만은 대들보 중심 아래에서 측정해야 한다"[31]라고 하였다. 민택삼요는 양택삼요와 내용과 간법이 유사하지만 조(灶)의 방위를 측정하는 기준점을 달리 하고 있다.

양택삼요와 민택삼요의 차이를 살펴보면, 삼요의 판단 기준으로 먼저 대문(門)을 보고 다음으로 주방(主房)을 보고 다음으로 부엌문(門廚)을 보라 하여 대문·주방·부엌을 삼요로 규정하는 것과 주(主)와 방(房)에 대한 견해는 동일하다. 그러나 양택삼요에서 "주방의 위치는 정해져 있는 것이 아니고 높고 큰(高大者卽是) 것"이라 하였으며[32], 민택삼요에서는 "조선의 가택에서 고대방자(高大房者)라 하는 것은 고대방지두방(高大房之頭房)이라 하여 필히 정침(正寢)으로 고대방이 되게 하여 정침이 당연히 고대방(高大房)이다"[33]라고 하였다.

양택삼요에서 고대자(높고 큰 것)가 어느 방을 의미하는지는 분명하지 않으나 정성현·김성우는 상류주택의 경우 가장 위주로 판단하여 사랑방 또는 안방이 고대방(主房)의 역할을 하는 것으로 판단하였으며, 가부장적 가족제도 하의 조선시대에는 안방보다 사랑방이 고대방의 개념과 더 가깝다(정성현·김성우, 211~212). 그러나 민택삼요에서는 고대방을 정침으로 설명하고 있어, 주(主)에 대한 해석의 차이를 보이고 있다. 민택삼요 간법으로는 정침의 사전적 의미를 감안하여 주택의 고대방을 안채의 가운데나 거실(마루)에 해당되는 대청마루방의 중심을 기준할 것이며, 별도의

---

30) 『陽宅三要』 陽宅三要卷一 靜宅一盤看法. "凡看靜宅干天井用尺分淸 正中下十字紙 將羅盤放干天井十字正中心 定準二十四山向 看主在某宮某字 門在某宮某字 灶在某宮某字 直斷吉凶萬無一錯."
31) 『民宅三要』 卷一 "靜宅一盤看法".
32) 『陽宅三要』 陽宅三要論, "而主房却無定位 高大者卽是."
33) 『民宅三要』 卷一 "高大房論條".

마루방이 없고 방만 두 칸일 경우 큰방의 정 중심을 기준할 것이다.

조(灶)의 위치 측정에 양택삼요는 부엌이 속한 마당의 중심에서 부엌문을 측정하라[34] 하였으며, 민택삼요에서 "조의 방위만은 마당 한가운데에서가 아닌 정침의 대들보 중심(樑中心)에 나경을 놓아 조가 앉은 자리를 살펴야 한다"(류창남 · 천인호, 2012, 506) 하였다. 또한 양택삼요에서 조방문(灶房門)으로 주방(廚房)의 위치를 정하는 것에 반하여, 민택삼요에서는 조좌(灶座)와 조구(灶口=아궁이)로 나누어 구분하고 있다. 조좌(灶座)는 부엌이 있는 별도의 집(건물)으로 볼 수 있으며, 조구(灶口)는 실질적인 부엌을 의미하는 것으로 볼 수 있다.

2. 인도의 향법론

동양사상 중에서 특히 중국은 '목화수금토'의 음양오행을 사상적 기반으로 하고 있는 것과 같이 인도는 지(지구) · 수(물) · 화(불) · 풍(공기) · 토(공간)의 다섯 가지 요소가 바스투(Vastu)의 기본 원리로 사용되고 있다. 우주나 사람은 이 다섯 가지 요소로 이루어졌다는 인도 사상은 그 역사가 오래되기 때문에 해양 루트를 따라서 일찍 중국에 전래되었다는 주장도 할 수 있다. 아무튼 이 요소들이 균형을 유지하면 행복해지고 평화롭게 되지만, 반대로 균형이 맞지 않으면 건강이 약화되고 가난해지고 정신적 안정이 이루어지지 않는다고 하여 동아시아의 풍수와 일맥상통하는 점이 있다.

나아가 이 다섯 가지 요소는 사람뿐 아니라 자연을 조절하는데, 자연의 불균형은 태풍, 폭풍, 지진, 화산, 폭우 등과 같은 재앙이 생긴다고 여겼

---

34) 『陽宅三要』 "動宅變宅化宅三盤要看法 看灶房門某宮某字".

표 8. 인도 풍수 Vastu Shastra의 향법 (출처 이진삼, 2015, 12, 필자 재작성)

북서쪽 신 : Vayu 천체 : 달	서쪽 신 : Varun 천체 : 토성	남서쪽 신 : Nairity 천체 : Rahu
북쪽 신 : Kuber 천체 : 수성	중앙	남쪽 신 : Yam 천체 : 화성
북동쪽 신 : Shiv 천체 : 목성	동쪽 신 : Indra 천체 : 태양	남동쪽 신 : Fire 천체 : 금성

다. 특히 사람이 거주하는 집에도 적용된다고 하여 인도 풍수의 구성원리
로 활용되었다(Pramod Kumar Singa, 2009).

다섯 가지 요소를 활용하는 인도의 풍수는 바스투 사스트라(Vastu shastra)라고 일컫는데, 이는 신(神), 방위, 행성 등 다섯 가지 원소로 구성된
점이 특징이다.

바스투 사스트라는 방향의 에너지에 근거를 두고 방위가 행성, 신, 우주
의 에너지 및 다양한 광선 등의 결합이라고 보았다. 동쪽은 태양과 인드
라 여신을, 서쪽은 토성과 바룬 여신을, 북쪽은 수성과 쿠버 여신을, 남쪽
은 화성과 얌 여신을, 남동쪽은 금성과 아그니 여신을, 남서쪽은 라루 별
과 나리티 여신을, 북서쪽은 달과 파완데브 여신을, 북동쪽은 파라마피타
파메쉬와라 여신을 각각 상징하게 된다(표 8).

표 8의 북쪽이 건강, 지성, 부, 운명, 행복을, 서쪽은 성공, 명성, 번영,
밝은 미래를, 북쪽은 행복을, 남쪽은 성공, 영광, 지위, 명성, 용기, 인내

표 9. 8괘와 북두9성 (필자 작성)

북서쪽 8괘 : 건(乾) **염정, 녹존, 문곡**	서쪽 8괘 : 태(兌) **거문, 무곡, 염정**	남서쪽 8괘 : 곤(坤) **파군, 보필, 염정**
북쪽 8괘 : 감(坎) **파군, 파군, 문곡**	중앙	남쪽 8괘 : 이(離) **무곡, 문곡, 탐랑**
북동쪽 8괘 : 간(艮) **문곡, 탐랑, 무곡**	동쪽 8괘 : 진(震) **보필, 염정, 녹존**	남동쪽 8괘 : 손(巽) **무곡, 거문, 파군**

※ 거문 등의 표시가 북두9성을 가리킨다.

심을, 남동쪽은 건강을, 남서쪽은 악마와 잔인한 활동을, 북서쪽은 손님, 적, 친구를, 북동쪽은 지성, 정신적 안목, 인내심, 용기 등을 의미한다고 보았다. 이러한 인도의 점성술과 같은 맥락에서 보는 별자리와 길흉을 양택에 적용한 것이 8괘 수법이다(표 9).

이와 달리 중국은 북서쪽은 건과 염정ㆍ녹존ㆍ문곡, 북쪽은 감과 파군ㆍ문곡, 북동쪽은 간과 문곡ㆍ탐랑ㆍ무곡ㆍ서쪽은 태와 거문ㆍ무곡ㆍ염정, 동쪽은 진과 보필, 염정, 녹존, 남서쪽은 곤과 파군ㆍ보필ㆍ염정, 남쪽은 이와 무곡ㆍ문곡ㆍ탐랑, 남동쪽은 손과 무곡ㆍ거문ㆍ파군을 지시한다(표 9).

중국은 북두9성의 녹존, 탐랑, 문곡, 무곡, 거문, 염정, 파군, 좌보, 우필의 9성이라고 하는 별 중에서 보필, 무곡, 탐랑, 거문의 괘가 이루어지면 길하고 파군, 녹존, 문곡, 염정 괘를 얻으면 흉하다고 하는 것은 별자리의 길흉과 방위가 서로 상호 관련을 맺고 있다는 생각이다(김종철, 2015, 23). 인도의 경우와 마찬가지로 이들 북두성은 생양, 탐랑, 목욕 · 문곡, 관대 · 문창, 임관 · 무곡, 왕 · 무곡, 쇠 · 거문, 병사 · 염정, 묘 · 파군, 절태 · 녹존과 같은 대응 관계를 지니고 있어 각각의 별자리는 만물의 생장수장이 내재된 것으로 대응시키고 있다.

중국은 특정 지방이나 지역이 별자리의 기운이 영향을 끼쳐 제왕이나 군주가 거주하기에 합당한 것으로 해석을 하고 있다는 점이 상이하다(『감룡경 · 의룡경』, 320).

이기론은 우주의 운행, 특히 계절의 운행에 따라 목금수화를 나경에 배치하고 이들을 절기나 육십갑자와 관련시킨 점은 형세를 우주리듬에 따라 설명해 보려는 시도로 보인다. 오늘날도 점성시계를 활용하여 태양, 달, 목성, 화성, 금성, 수성, 토성 등의 위치를 확인해 볼 수 있고 장소와 시간에 따라 이들의 위치가 바뀌는 것을 확인해 볼 수 있다(그림 14). 그림 14의 바깥 원은 은하계의 여러 별자리를 가리킨다. 이들 은하계가 어떤 별인지 알 수 없으나 아마 북두9성이 포함되리라고 본다.

3. 선택론

형세론, 이기론과 함께 '선택론'이 발달하였는데 이는 길한 시일을 선택하여 일을 행하여야 한다는 이론이다. 양택, 음택 모두 음양오행의 기와 사령관에 입각하여 특정한 날의 선택을 중시하는 내용이『사고전서술수 · 택경』이나『장서』등에서 소개되었지만 당나라 시절 양균송이 체계를 갖춰 선택론이 본격적으로 응용되었다(김경희, 2008, 276). 양균송은『감룡경 · 의룡경』에서 다음과 같이 말하였다.

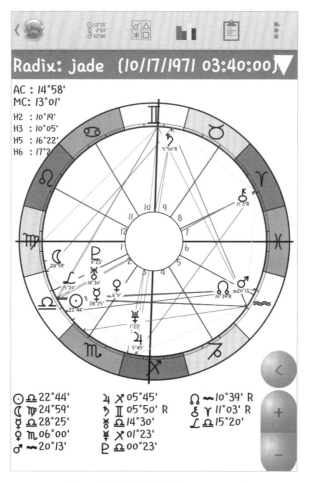

<‹ ☉ 12°15'
      2°33'
    ♂ 92°00'   ♂□△
               ✱□   ▮▮▮   📋   ⋮

Radix: jade (10/17/1971 03:40:00)▼

AC : 14°58'
MC: 13°01'

H2 : 10°19'
H3 : 10°05'
H5 : 16°22'
H6 : 17°2

☉ ♎ 22°44'   ♃ ♐ 05°45'   ☊ ♒ 10°39' R
☿ ♍ 24°59'   ♄ ♊ 05°50' R   ☇ ♈ 11°03' R
☿ ♎ 28°25'   ♅ ♎ 14°30'   ⚷ ♎ 15°20'
♀ ♏ 06°00'   ♆ ♐ 01°23'
♂ ♒ 20°13'   ♇ ♎ 00°23'

그림 14. 현대 점성시계 (출처 Aquarius2GO)

음택이나 양택의 축조와 조장에 있어서 길성이 비치는 시기를 선택하여야
하고, 설령 길지에 조장하더라도 그 조장 시기가 길하지 않으면 화가 닥치는
법이니 그것은 마치 시신을 버리는 것과 같다.[35]

사람이 죽으면 그 사람에게 길한 시기를 선택해서 망인 사후의 생이 길하게 되도록 해야 한다는 이론이 발달하였음을 보여 준다. 그러면 언제 선택해야 하는가? 이에 대해서는 다양한 의견이 있고 총진법, 녹명법, 천성법, 운기법, 삼원법 등이 대표적이다. 택일법은 기본적으로 천문역법과 간지가 활용된 것인데 이것이 풍수학의 선택론에 그대로 적용, 응용된 것이다(김경희, 2008, 278~279).

간지(干支)와 역법(曆法)의 기초 위에서 팔괘, 9성, 28수, 오행론을 통하여 연월일시 및 방위의 길흉을 판단하는 구체적인 방법의 하나인 선택론이 형세론이나 이기론과 길흉의 예견에 대하여 상반된 의견을 보여 줄 수 있다. 용혈사수에 의한 형세론이 수구를 향해 정해진 방위가 이기론의 방위나 선택론의 방위와 서로 다를 수 있는데, 이들 이론 모두 다가올 미래의 길흉에 대한 다중적인 고려라고 보아야 할 것이다.

---

35) 『감룡경 · 의룡경』 "大凡修造與葬理 수 要星辰年月催 地吉葬凶禍先發 名曰棄屍福不來 此時前賢
景純說 景純유說無年月 後來年月數十家 一半有頭無結尾"

제4장

전통적 해석 이론의 적용 사례

Instances Application of Contemporary Theories

형세론, 이기론, 물형론, 비보론 등으로 이루어진 전통적 해석 이론이 적용된 구체적인 사례 연구는 많지 않다. 이들 연구는 크게 음택과 양택으로 구분되며 음택은 주자 시조묘(정경연, 2016), 하륜의 선대 묘소(지종학, 2014), 숙빈 최씨묘(이형윤·성동환, 2010), 안동의 분묘(옥한석·이한방, 2010) 등, 양택은 영해지역 종택마을(박재락·정명섭, 2016), 외암리 민속마을(김덕동·천인호, 2016), 장기읍성(김상태, 2016) 등이 학술지에 보고된 대표적인 사례이다.

1. 음택

1) 주자 시조묘에 대한 형세론적 해석

(1) 용(龍)

주괴 묘의 태조산은 우이산이며 장시성과 푸젠성을 가로지르는 산으로 중국 10대 명산으로 이름이 나 있다. 우이산맥으로부터 주괴 묘까지 주룡

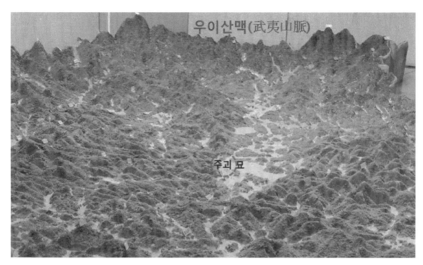

그림 15. 모형 지형도에 표시된 주괴 묘의 입지 (출처 정경연, 2016, 57)

이 내려오는데 높고 험한 산이 점차 낮고 순하게 변함을 알 수 있다. 이러한 현상을 용의 박환(剝換)이라고 한다. 글자 그대로 산이 험한 허물을 벗고 새롭게 변한다는 뜻이다. 용이 혈을 맺으려면 박환은 필수이다. 박환의 방법에는 개장천심(開帳穿心), 기복(起伏), 과협(過峽), 굴곡(屈曲) 등 수많은 방법이 있으며, 용이 변화를 한다는 것은 살아 있다는 뜻이다. 그 변화가 활발하면 상격룡으로 대혈을 맺게 된다. 주괴 묘는 조종산들의 변화 모습으로 보아 대혈이라는 것을 짐작할 수 있었다(정경연, 2016).

주괴 묘의 입수룡은 현장에서 확인할 수 있다. 나지막한 야산 아래의 평지룡으로 변화가 활발한 용이다. 마치 커다란 용이 솔밭 사이를 좌우로 꿈틀거리며 달려오는 모습이다. 이러한 현상을 굴곡(屈曲), 위이(逶迤)라고 한다. 먼 거리를 달려온 용이 혈에 이르기 전 마지막 남은 살기를 털어내는 과정이다. 마치 뱀이 허물을 벗는 이치와 같은 것이다. 주괴 묘의 입수룡

그림 16. 입수룡 (출처 정연경, 2016, 58)

이지만 주괴 묘가 있는 자리는 섬으로 이루어져 있어 산은 물을 건너지 못하므로 자연적이었다면 이곳 땅은 퇴적토가 되어야 한다. 퇴적토는 생기가 전달되지 않는 땅이기 때문에 용의 변화가 있을 수 없다. 옛 수로를 감안하여 용맥이 어디로 연결되었는지 추정은 하지만 정확하지는 않다. 맥이 물을 건너는 것을 도수맥(渡水脈)이라고 하며, 맥을 사이에 두고 물을 두 갈래로 갈라지게 한다(그림 16).

(2) 혈(穴)

주괴 묘가 진혈이냐 아니냐를 판단하기 위해서는 이를 뒷받침할 수 있는 혈증이 있어야 한다. 혈증이란 혈이라는 것을 입증할 수 있는 증거를 말한다. 하지만 지형이 많이 변형되어 혈증을 찾기는 쉽지 않았다. 주괴가 당나라 말기 천우(天祐, 904~907) 때 사람으로 묘가 조성된 지도 약 1100년의 세월이 지났다. 그동안 수많은 보수와 정비가 있었을 것이므로 온전한 자연지형을 기대하는 것은 애초 무리이다. 그렇지만 남아 있는 흔적들을 종합해 보면 기가 모여 있는 혈이 분명하다고 할 수 있다(그림 17).

우선 혈에서 가까운 혈장부터 살펴보았다. 혈장은 혈을 두는 장소로 뒤에는 입수도두, 양옆으로는 선익, 앞에는 순전, 그 가운데에서는 혈토를 혈장의 4요소라고 한다. 사람의 얼굴에 비유하자면 입수도두는 이마, 선익은 양쪽 광대, 순전은 턱, 혈토가 나오는 혈의 중심은 코에 해당된다. 주괴 묘의 입수도두는 묘 바로 뒤에 있는 볼록한 부분이다. 입수룡으로부터 전달된 생기가 모여 있어서 땅이 단단하면서도 유연하다. 선익은 매미 날개처럼 생겼다 하여 붙여진 이름으로 기가 옆으로 빠져나가는 것을 막아 주는 역할을 한다. 입수도두 양쪽에서 옆으로 뻗은 작은 선익이 주괴 묘를 감싸듯 하고 있다. 앞의 순전은 묘역 바닥에 벽돌을 깔아 놓는 바람에 확인이 어려웠다. 혈토는 묘를 직접 파보지 않고서는 확인하기 어렵지만 주변 흙 상태로 보아 홍황자윤(紅黃紫潤)한 혈토가 있을 것으로 짐작하였다(정경연, 2016).

혈의 사상은 와겸유돌(窩鉗乳突) 중 와혈로 보인다. 와혈은 입수룡보다 낮은 위치에 있으면서 새둥지처럼 움푹하게 생긴 형태이다. 혈이 오목한 곳에 있으므로 사방으로부터 불어오는 바람을 막기에 용이하다. 와혈에 들어서면 아늑한 느낌을 받는 것은 장풍이 잘 이루어지기 때문이다. 이곳은 비교적 크고 두꺼운 선익이 양팔을 벌려 묘지를 감싸듯 있어 길한 형태이다. 다만 앞부분이 진입로와 바닥 공사 등으로 깎여 나가는 바람에 완전한 와혈의 형태를 잃었다(그림 18).

그림 17. 혈장 (정연경, 2016, 58)

그림 18. 혈처에서 바라본 전안 (정연경, 2016, 59)

(3) 사(砂)

사격이란 혈의 전후좌우에 있는 모든 산과 바위를 말한다. 사의 역할은 먼저 용과 혈을 바람으로부터 보호하는 데 있다. 생기는 바람을 타면 흩어지는 성질이 있다. 생기가 오랫동안 보전되어 발복도 오래 가려면 주변에 감싸주는 산이 있어야 한다. 산들이 한 겹보다는 두 겹, 세 겹으로 감싸고 있으면 더욱 좋다.

내청룡과 내백호는 매우 가까이서 적당한 높이로 감싸고 있어 이곳이 평지혈임에도 바람을 타지 않는다. 백호는 낮은 구릉으로 입수룡과 혈을 보호하고 있다. 눈여겨볼 만한 것은 수청룡이다. 입수룡을 중심으로 백호 거리만큼 떨어진 곳에 작은 하천이 흘러간다. 그곳에 산줄기로 된 청룡이 없으니 물이 대신하여 청룡 역할을 한다. 이를 수이대지(水以代之) 또는 수청룡이라고 말한다. 산만큼은 아니지만 불어오는 바람을 완충시켜 주기 때문에 있는 것이 용과 혈의 기를 보전하는 데 훨씬 유리하다(정경연, 2016).

또 하나 눈여겨볼 만한 것은 하천 가운데에 있는 나성(羅星)이다. 나성은 강이나 하천 상류로부터 운반되어 온 흙, 자갈, 모래 등이 퇴적되어 만든 모래톱을 말한다. 나성이 있으면 물의 유속을 느리게 하고, 일정한 수량을 유지시켜 준다. 유속이 느리면 물길 따라 부는 바람의 속도가 느려지므로 주변이 안정된다. 모래톱은 생태적으로도 매우 중요하다. 어류 자원을 풍부하게 할 뿐 아니라 수질 정화에 필터 역할을 한다.

사의 또 다른 역할은 혈의 발복 방법에 있다. 주변에 있는 산의 모양에 따라 혈의 발복 방법이 결정된다. 주변에 문필봉이 있으면 문장가, 일자문성이 있으면 후학의 종사(宗師)를 배출한다고 했다. 후손 중에 주희 같은 대학자를 대출하였으니 이곳 어디엔가 끝이 문필봉이나 일자문성이 있을 것 같다는 생각이 들었지만 날씨가 흐려 확인할 수 없었다. 주괴 묘를 내청룡 내백호가 가까이서 감싸며 바람을 막아 주고 있다. 백호는 입수룡과 혈을 잘 보호하고 있으며, 청룡은 물로 이루어진 수청룡이다. 진사천에는 나성이 있어 물의 흐름을 조절한다.

(4) 수(水)

주괴 묘를 지나는 큰 물줄기는 진사천(Jinsha Brook)이다. 백호 안쪽에서 입수룡을 보호하며 따라온 물이 묘 앞에서 우측으로 돌아 수청룡을 이루는 물과 합수한다(그림 19). 두 물이 합수하므로 두 물 사이에 있는 입수룡은 더 이상 나가지 못하고 멈추었다. 용이 물을 만나 멈추었으니 기가 모여 혈을 맺게 되는 것이다. 이곳의 입수룡은 평지를 달려온 천전맥(穿田脈)

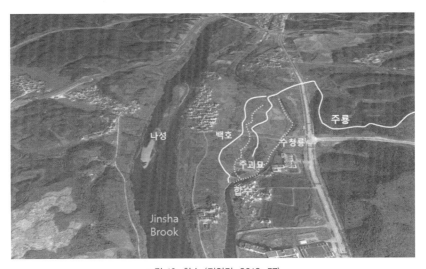

그림 19. 합수 (정연경, 2016, 57)

이다. 이러한 곳에서는 용맥이 잘 보이지 않으므로 먼저 물을 보고 맥을 찾으라고 했다. 맥은 양수지간(兩水之間)에 있기 때문이다(정경연, 2016).

강 사이에 있는 곳은 대도시, 하천 사이에 있으면 소도시, 시냇물 사이에 있으면 마을, 계곡 사이에 있으면 묘지로 알맞은 터가 된다. 주괴 묘는 일반적인 묘지보다는 큰 수세로 보여진다. 그만큼 기세가 있는 땅이라고 할 수 있다. 진사천은 우이산맥 북단 끝에서 발원하여 먼 거리를 흘러내려 오며 무위안현을 환포하고 지나간다. 남서쪽으로 흘러내려가는 하천은 리핑시를 거쳐 장시성 성도인 난창(南昌) 가까이 위치한 포양호(鄱陽湖, 파양호)로 흘러간다. 포양호는 중국의 5대 담수호에 해당될 만큼 광대한 호수로 창강(長江)과 연결된다. 진사천은 전체 길이가 200km가 넘어 보이는데 주괴 묘는 입수룡과 백호 사이로 흐르는 물과 수청룡을 이루는 물이 합수하는 사이에 위치한다. 대개 좋은 터는 두 물줄기 사이에 있다(정경연, 2016).

(5) 향(向)

주괴 묘의 좌향은 계좌정향(癸坐丁向)이다. 비석에는 계산정향(癸山丁向)이라고 적혀 있다. 묘 뒤는 계(癸) 방향이고, 앞은 정(丁) 방향이라는 뜻이다. 입수도두에서 패철을 꺼내 묘를 향해 들어오는 입수 절룡을 측정하니 미(未) 방위였다. 패철의 24방위를 팔괘로 나누면 임자계(壬子癸)는 감룡(坎龍), 축간인(丑艮寅)은 간룡(艮龍), 갑묘을(甲卯乙)은 진룡(辰龍), 진손사(辰巽巳)는 손룡(巽龍), 병오정(丙午丁)은 이룡(離龍), 미곤신(未坤申)은 곤룡(坤龍), 경유신(庚酉辛)은 태룡(兌龍), 술건해(戌乾亥)는 건룡(乾龍)이 된다. 이들에게는 각각 음양오행이 있으니 감룡은 양수, 간룡은 양토, 진룡은 양목, 손룡은 음목, 병룡은 음화, 곤룡은 음토, 태룡은 음금, 건룡은 양금이다(정경연, 2016).

주괴 묘의 입수룡은 미(未)이기 때문에 곤룡에 해당되고 음토에 해당된다. 토를 극하는 오행은 목이며 특히 음목은 관살인 편관에 해당된다. 12지지에서 음목에 해당되는 것은 묘(卯)이므로 묘방으로 향을 해서는 안 된다는 뜻이다. 이를 팔요황천살(八曜黃泉殺)이라고 하는데 매우 중요해서 나경 패철 1층에 표시를 해 놓았다. 4층 임자계의 1층에는 진(辰)·술(戌), 축간인은 인(寅), 갑묘을은 신(申), 진손사는 유(酉), 병오정은 해(亥), 미곤신은 묘(卯), 경유신은 사(巳), 술건해는 오(午)이다. 주괴 묘는 묘방에 황천살이 있는데 정향이므로 황천살을 피했다고 할 수 있다.

묘 앞으로 흐르는 물은 우측에서 좌측으로 흘러 사(巳) 방향으로 나가고 있다. 향이 정향이므로 88향법으로 따지면 정양향(正養向)에 해당되어 매우 길한 향이 된다. 향을 정하고 해석하는 방법에는 여러 이법이 있지만 전통적으로 가장 많이 쓰이는 법이 '88향법'이다. 이 법은 청나라 사람 조정동이 용혈사수(龍穴砂水) 4과에 향법을 강조하여 『지리오결(地理五訣)』을 만든 데서 비롯되었다. 물론 조정동의 독창적인 것은 아니고 당나라 양균송의 『청낭경(靑囊經)』을 참고로 하였다. 조정동은 『지리오결』에서 입향수수법(立向收水法)의 중요성을 거듭 강조하였다. 주괴 묘를 조성할 당시 88향법은 존재하지도 않았지만 결과적으로는 좋은 곳으로 향하고 있었다.

2) 안동의 주요 분묘에 대한 물형론적 해석

안동에는 다양한 분묘가 분포한다. 수많은 묘지들 중에서 비교적 거주 역사가 오래되고 주요 씨족이며 과거시험에 합격한 인물들의, 이른바 명문 씨족들의 분묘에 대해 『안동의 분묘』에 잘 소개되어 있다(서주석, 1995). 『안동의 분묘』에 보면 가장 오래된 묘는 안동권씨 시조 묘소이다. 문헌상으로 고려시대에까지 소급된다. AD 1300년경(고려 충렬왕 26년)의 김방경,

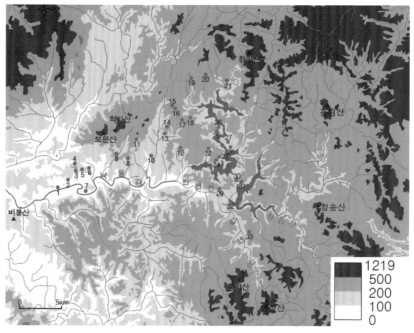

그림 20. 안동지역에서의 명당 분포 (옥한석 · 이한방, 2012, 67)

AD 1413년과 AD 1439년의 배상지 부부의 분묘도 이때 것이다(옥한석, 2003a).

이들 분묘 중에서 형기론에 의한 명당, 소위 국(局)이 작으며 산수가 잘 짜여지고, 하나의 형태 또는 체형(體形)으로 형상화되는 명당은 소수이다. 형기론의 형국에 의한 명당의 형태에는 주로 날짐승, 들짐승, 길짐승, 사람, 물건 등이 등장한다(최창조, 1992). 날짐승에는 또다시 봉 · 학 · 제비 · 기러기 · 꿩 등이, 길짐승에는 소 · 닭 · 말 등이, 들짐승에는 호랑이 · 사자 · 쥐 · 뱀 등이 있다. 사람에는 선인(仙人)이 있으며 여자의 경우 옥녀라고 불렀다. 선인과 옥녀가 어떤 사람이었는지는 알 수 없다. 물건에는 등 · 병 · 의복 등을 가지고 비유하였다. 이들 이외에 용 · 꽃 · 물고기 등도 있을 수 있다.

안동의 산세는 큰 하천과 그 지류, 낮은 구릉, 완만한 사면 및 높은 배후 산지로 이루어져 있으므로 명당을 수십 가지 형태로 상징화시킬 수 있다. 안동의 경우는 봉·학·꿩 등의 날짐승, 모란·연꽃·칡넝쿨 등의 꽃, 닭 등의 길짐승, 거북·뱀 등의 들짐승, 등잔·가마솥·밥상 등의 물건, 기타 용·달 등이 나타난다. 안동 부근에 나타나는 형태는 모두 33가지인데, 그 빈도수를 보면 모란꽃이 네 곳, 봉이 네 곳 나타난다. 그 외 제비가 두 곳, 가마솥이 두 곳, 밥상이 두 곳, 꿩이 두 곳, 칡넝쿨이 두 곳 등이다. 이러한 빈도로 보아 안동의 경우 모란형과 봉형이 많다는 것을 알 수 있다. 늙은 쥐가 밭으로 내려오는 형(老鼠下田形), 장군이 앉아서 군졸들을 살펴보는 형(將軍對坐形) 등은 나타나지 않지만 대부분의 유형이 나타나, 음택 명당의 일반적인 특징을 알 수 있기에 충분하다.

이들 형태의 분포는 그림 20과 같으며 묘지 위치는 번호로 표시되어 있다[36](옥한석, 2003a). 이들의 분포를 살펴보면 크게 낙동강 본류 이북 쪽에 집중한다. 지형적으로 보면 낙동강 본류의 남쪽이 등고선이 조밀하여

---

[36] 번호별 매장자와 물형은 다음과 같다. ① 鄭陽 ② 金淮 ④ 鄭琢 ⑤ 權建 ⑥ 金係權 ⑦ 柳雲龍 ⑨ 柳復起 ⑩ 張興孝 ⑪ 權幸 ⑬ 李滉 ⑭ 洪宇定 ⑮ 金綠 ⑯ 金垓 ⑰ 金洔 ⑲ 金富仁 ⑳李墕 ㉑ 李滉 ㉒ 黃氏 ㉓㉔㉕ 柳氏 ㉖ 具鳳齡 ㉗ 柳正源 ㉘ 權氏 ㉙ 金禮範 ㉚ 柳復起 ㉛ 林樸, ㉜ 金璡이며, 봉이 둥우리를 친 형(鳳巢形)(① ⑯), 제비가 등우리를 친 형(燕巢形)(② ③),뱀이 머리를 든 형(巳頭形)(④), 가마솥이 걸려 있는 형(伏釜形)(⑤ ㉓), 밥상에 음식을 차려놓은 형(金盤形)(⑥ ⑮), 연꽃이 물 위에 떠 있는 형(蓮花浮水形)(⑦ ⑧), 학이 하늘로 날아오르는 형(飛鶴翔天形)(⑨ ㉚), 꿩이 매를 피해 숲에 숨는 형(伏鵰形)(⑩ ㉔), 모란 꽃이 반쯤 피어 있는 형(牡丹半開形)(⑪ ⑰ ⑲ ㉕), 구름 속에 달이 떠 있는 형(雲中半月形)(⑫), 등잔불이 달려 있는 형(卦燈形)(⑬ ㉑), 칡넝쿨에 꽃이 피어 있는 형(葛花半開形)(⑭ ⑱), 닭이 알을 품고 있는 형(金鷄包卵形)(⑳), 학이 냇가로 내려오는 형(嘉鶴朝川形)(㉒), 거북이 물에 들어가는 형(靈龜入水形)(㉖ ㉜), 용이 하늘로 올라가는 형(飛龍翔天形)(㉗), 큰 뱀이 숨어 있는 형(長巳隱山形)(㉘), 벌이 집을 지은 형(蜂巢形)(㉙), 봉이 날아가는 형(飛鳳形)(㉛ ㉝) 등이다.

산지가 가파르다는 것을 알 수 있다. 산지가 가파르면 혈처가 상당히 높은 곳에 맺히기 쉽기 때문에 비교적 접근하기가 쉬운 구릉성 산지가 넓게 펼쳐져 있는 북쪽에 명당이 산재하게 되었다고 본다. 고도상으로 해발고도 100~400m 부근에 대부분 입지한다. 무릇 명당이란 안산과 조산을 넘어 득수가 잘 이루어져야 하므로 낙동강 본류의 여러 지류를 향하여 분포하는 것은 당연하다.

이제 안동에서 나타나는 음택 명당의 유형별 형태와 그 특징을 살펴보자. 여기서 형태란 형기론의 형국을 말하며, 특징이란 다양한 체형과 크기에 의한 형태상의 특징을 말한다. 명당의 3대 요소인 산·수·방위를 중심으로 하여 야외에서,

① 음택 명당을 중심으로 하여 앞산(안산과 조산)까지 시야가 어떠한가?
② 음택 명당을 산줄기(청룡과 백호)가 어떻게 에워싸고 있는가?
③ 음택의 혈처와 명당 그 자체의 모습은 어떠한가?
④ 음택 명당을 에워싸고 있는 산줄기의 봉우리 모습이 어떠한가?
⑤ 음택 명당을 중심으로 볼 때 묘지의 방향은 어떠하며 물은 어떻게 흐르는가?

하는 특징이 기술되고 이를 1:50,000 지형도에서 확인하게 된다. 다시 말해 이들 특징은 실제 야외조사에서 눈으로 관찰된 것이며 1:50,000 지형도에서 일부를 확인하게 된다. 이들 분묘 중에서 전후타원형, 원만형, 좌우타원형의 물형론적 해석 세 가지만을 소개한다. 이들은 각각 학이 하늘로 날아오르는 형, 모란꽃이 반쯤 피어 있는 형, 연꽃이 물 위에 떠 있는 형이다. 이들 중 대표적인 세 개의 물형을 소개하면 다음과 같다.

(1) 학이 하늘로 날아오르는 형

일명 비학형이라고도 한다. 날짐승으로 형상화되는 것으로는 봉·제
비·학이 있는데, 이 셋은 모두 앞으로 안산이나 조산이 멀어 혈처에서
앞으로 날 수 있도록 반개방적인 모습으로 형상화된다. 학소나 연소 또는
봉소의 경우는 둥지를 칠 수 있도록 주산 옆으로 혈처가 정해지지만, 비
학의 경우는 주산으로부터 기복과 행룡을 보이다가 앞으로 날 수 있는 지
점에 혈처가 맺힌다. 혈처가 다소 불안정하다.

임동면 강천리 임당의 것에 비학형이 나타난다(그림 21). 일월산−덕산봉
을 잇는 작은 지맥이 임동면에 닿고, 반변천 지류인 대곡천과 낙동강 본
류 사이에 형성된 좁고 긴 능선에 크고 작은 산봉우리가 전개된다. 임당
뒷산에서 수차례 기복을 이룬 다음 좁은 골짜기를 향하고 멀리 반변천을
바라보는 곳에 비학상천혈(飛鶴翔天形)이 맺혀 있다. 그 높이는 220m 정도
이다.

멀리 보이는 뾰족한 봉우리는 '약산'이며, 좌향은 좌좌오향(정남향)이다
(그림 21, 22). 이 혈은 비학상천형이나 혈처가 주위 산들로부터 에워싸여
있지 않아 바람을 많이 타게 된다. 이 때문에 최상의 입지라고 보기 힘들
다. 유성, 유복기, 유우잠 등이 주요인물이고 이들은 의성김씨 처향을 따
라 1530년대 안동으로 입향하게 되었으며, 의성김씨와 전주유씨는 안동
동부지역에서 큰 세력을 펼치며 오늘에 이르게 되었다.

두 가문 모두 참판, 오늘날 차관급에 이르는 관료를 배출하였고, 문필이
뛰어나 수많은 문집을 남겼다. 대표적인 문집으로『정재집』등이 유명하
다. 이러한 인물의 배출은 풍수지리상의 특징과 상당히 관련이 깊다고 볼
수 있다. 즉, 성격적으로 강직하여 처세에 능하지 못하고 고집이 세어 출
세에 부정적으로 작용하였지만 한편으로는 자신의 정경과 주장을 책으로

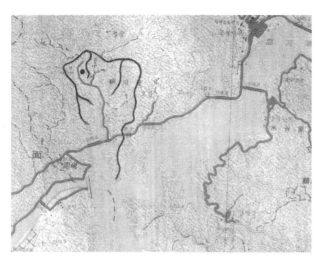

지형도(1:50,000) 상의 '비학상천'(●이 혈처)

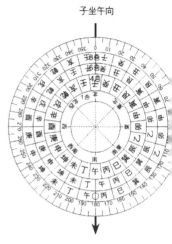

子坐午向

나경에 표시해 본 혈의 좌향

안산(화살표)

주산(화살표)

그림 21. 1:50000 지형도 상의 산 능선과 나경에 표시해본 묘소의 방위 (옥한석 · 이한방, 2012, 81)

산지   산사면

------ 소하천   ΛΛΛΛ 임하오
                ΛΛΛΛ

○   혈처   ──→ 물의 방향

그림 22. 산도 (옥한석 · 이한방, 2012, 82)

써서 후세에 남겨놓아 우리가 풍수의 흔적을 읽어 볼 수 있게 되었다. 두
가문은 퇴계의 학풍을 고스란히 이어받아 안동을 빛낸 가문이 되었기 때
문에 안동을 소개할 때 이들을 빠뜨릴 수 없다.

(2) 모란꽃이 반쯤 피어 있는 형(牡丹形, 牡丹半開形)
   모란형의 특징은 꽃잎이 겹겹이 에워싸고 있듯이 주산 아래의 혈처를 중
심으로 전후좌우 산들이 겹겹이 에워싸고 있어야 하고 큰 물은 없어도 무방

제1부 전통적 해석의 이론   87

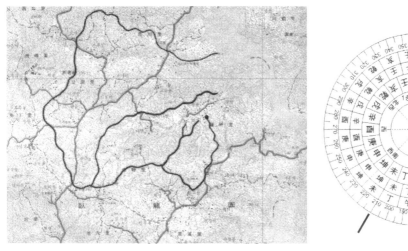

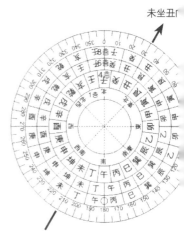

지형도(1:50,000) 상의 '모란반개'(●이 혈처)

나경에 표시해 본 혈의 좌향

안산(화살표)

주산으로부터의 입수(화살표)

그림 23. 1:50000 지형도 상의 산 능선과 나경에 표시해 본 묘소의 방위 (옥한석 · 이한방, 2012, 81)

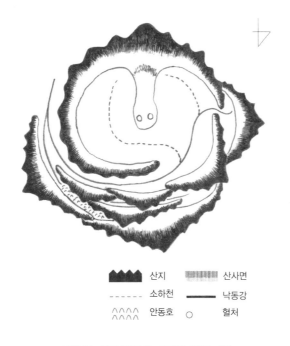

산지	산사면
소하천	낙동강
안동호	혈처

그림 24. 산도 (옥한석 · 이한방, 2012, 96)

하다. 안동은 구릉성 산지가 펼쳐져 있으므로 모란혈이 나타나기 쉽다. 단지 연화부수처럼 주산으로부터 혈처까지가 꽃술처럼 곧고 짧아야 한다. 서후면 성곡리 권태사묘, 와룡면 서현리 달음재 부근, 녹전면 신평리 범바위, 와룡면 나소리 연산 부근에 이러한 혈이 떨어진다. 이들 모두는 주산으로부터 갈라져 나온 가지가 득을 이루며 조산이 겹겹이 에워싸여 있다.

와룡면 나소리의 광산김씨 김부인의 묘가 전형적 모란형이다(그림 23). 광산김씨 안동입향조인 김효로의 아들인 운암 김연은 후조당 김부필, 읍청정 김부의를 낳고, 탁청정 김유는 산남 김부인, 양정당 김부신, 설월당 김부륜으로 연결된다. 1520년대 인물인 김부인은 무과에 장원급제하고 그 명성을 날렸다. 김부인의 자손들은 문필가로 뛰어난 사람이 많았고 형제가 5형제이다. 그 이름은 김부필, 김부의, 사촌인 김부인, 김부신, 김부륜인데, 고종형제인 금은협, 금은훈과 함께 오천 칠군자라고 일컬어진다. 오천 칠군자란 문장이 뛰어나고 인품이 탁월하여 안동부사인 정구가 명명한 것이다. 이는 바로 풍수지리로 말미암은 것이 아닌가 생각한다. 김부인이 무과 급제한 것을 보면 어떤 풍수사는 장군대자형이라고 하는데, 이러한 물형에 연연하지 않고 생기가 왕성함에 따라서 나타난 인물을 두고 생각해야 한다.

풍수지리적으로 김부인의 혈처에서 앞을 바라보면 나타나는 안산이 일자문성이다(그림 23). 이것이 사회적인 유력가를 배출하는 데 일조하게 된다고 하며 안산의 다양한 형태 중에서 가장 빼어난 것으로 풍수를 공부하는 사람은 반드시 숙지해야 할 형태이다. 일자문성은 안산에서만 나타나는 것이 아니라 외백호도 동일한 형태이다. 외백호의 일자문성은 문중의 여성과 외손의 왕성한 활동을 가져다 주어 김씨 문중의 족보를 찾아보면 그 면면을 찾아낼 수 있으리라 본다. 주산으로부터 입수까지의 내룡이 힘차고 변역이 뚜렷하여 왕성한 기운이 맺혀 있음을 보게 된다. 변역이란 갈지자 형태로 흐르는 용맥을 말한다(그림 24).

한편, 서후면 성곡리 권태사묘도 모란형이다. 모란형은 권행(權幸) 태사묘이며 자좌오향(子坐午向)이다. 『안동의 분묘』(34쪽)에 의하면 권행은 원래 경주김씨였는데 고려 태조 왕건에게 귀부하여 견훤과 대적한 공로 때문에 권씨를 사성받게 된 시조이다. 이때 고창군은 안동부로 승격되었다. 16세손인 평창군사 권옹이 지석을 발견하여 권태사묘를 찾게 되었다. 묘전비문은 전 예조판서 서애(西厓) 유성룡이 썼다. 유성룡의 아버지인 유중영(1515~1573) 묘가 있다. 유성룡의 증조할아버지인 유자온의 묘, 유성룡의 종숙인 유경심, 유중엄의 묘도 능골에 위치해 있다. 유성룡은 묘를 쓰고 난 후 5년 후부터 여섯 명의 아들을 보았다.

(3) 연꽃이 물 위에 떠 있는 형(蓮花浮水形)

연화부수형은 무엇보다도 'ㄷ'자 형태로 명당을 에워싸고 있는 물이 나타나야 한다. 이러한 물의 흐름이 이상적인 형태라고 하는데, 이와 함께 정삼각형에 가까운 주산으로부터 일직선으로 혈처까지 입수하는 산 형태가 나타나야 연화부수형이 된다. 풍천면 하회리 연화사 옆에 나타나는 것이 연화부수형이다(그림 25). 멀리 검무산으로부터 행룡하여 온 일맥이 낙동강을 따라 동류하다가, 화산에서 소조를 이룬다. 소조에서 힘차게 기복을 이루어 낸 주산 아래 안정되게 혈처를 이루어 내었으니 바로 그곳이 연화부수혈이다. 모란반개와 비슷하지만 앞으로 나지막한 득(안산)을 너머 낙동강 본류가 굽이쳐 돌고 있다.

이러한 산수의 조화가 연화부수형이지만 반드시 큰 물이 있어야 하는 것은 아니다. 서후면 대두서리 오동정의 경우 'ㄷ'자형으로 논이 감아 돌고 있으며, 그 앞으로 상리천이라는 낙동강 지류가 흐른다. 하회 마을 앞 낙동강 너머에 연화부수를 에워싸는 산줄기와 뾰족한 필봉이 나타나 조화를 이룬다(그림 26).

연화부수형은 겸암 유운룡(柳雲龍)의 묘소이며 묘향이다.『안동의 분묘』(498쪽)에 의하면 겸암 선생은 선조 5년 1572년 음사(蔭仕)로 전사별좌, 풍저창 직장을 거쳐 인동현감, 풍기군수, 원주목사를 역임하고 사후 1830년 이조판서에 증직, 문경공의 시호를 받게 되었다. 겸암 묘는 처음에 서후면 성곡리 능골에 있다가 단양군 겸암산 아래로 이장하였고, 1810년대에 지금의 장소로 다시 이전하였다. 하회마을은 세계문화유산으로 지정되어

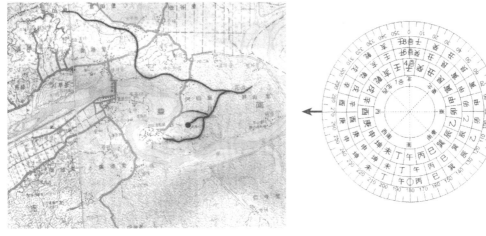

지형도(1:50,000) 상의 '연화부수'(●이 혈처)   나경에 표시해 본 혈의 좌향

안산과 조산   주산

그림 25. 1:50000 지형도 상의 산 능선과 나경에 표시해본 묘소의 방위 (옥한석 · 이한방, 2012, 122)

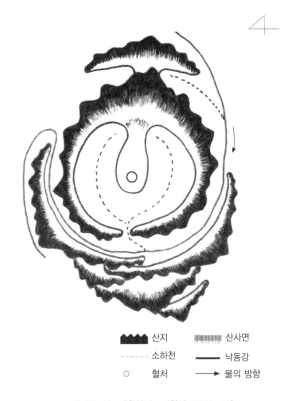

그림 26. 산도 (옥한석 · 이한방, 2012, 82)

▲▲▲	산지	▨▨▨	산사면
-----	소하천	———	낙동강
○	혈처	⟶	물의 방향

뭍사람의 방문이 이루어진다. 풍산유씨의 종택인 양진당과 충효당이 있고 이 둘은 풍수지리적인 배치가 이루어져 있다.

풍산유씨가 안동에 입향한 것은 대략 14세기 후반이며, 입향조는 공조전서 유종혜이다. 유종혜의 5대손 유중영의 산소가 안동권씨 권태사묘 아래 모란반개형에 입지하여 권씨의 지기를 받게 되었다. 그의 아들 서애 유성룡이 이를 말해 준다. 1542년에 출생한 유성룡은 25세에 문과 급제 후 상주목사, 경상도관찰사, 이조판서, 우의정, 영의정을 거쳐 한국 역사상 최고의 재상으로 평가된다. 임진왜란을 극복한 최고의 공로가 있으며 당시 중국 사람들로부터 산화제조의 공이 있다고 일컬어졌을 정도이다. 이는 풍수지리의 은덕이 아니라고 할 수 있겠는가?

서애 선생이 임진왜란을 평정하고 노년에 후진을 양성하고 사색에 잠겨 『징비록』을 집필한 곳이 하회마을 옥연정사이다. 서애 선생의 학자적인 풍모를 엿볼 수 있는 옥연정사에서 국난을 극복하느라 애를 쓴 그분의 충절과 외로움을 느낄 수 있다. 옥연정사에서 앞을 바라다보면 낙동강 물이 보이지 않고 아늑한 마을이 펼쳐지는 것은 열린 듯하면서도 감춰져 있는 비밀스러운 곳이 아닌가 생각된다. 하회마을 하안단구로 보이지만 수차례 수해를 입는 고초를 겪으면서도, 이른바 습지를 매워 언덕을 높인 곳에 다수의 고택이 분포한다. 양진당, 충효당, 북촌댁, 남촌택, 주일제, 작천고택, 하동고택 등이 바로 그것이다. 이들 고택 외곽으로 초가로 된 소작인들의 집이 분포해 있다.

이 낙동강변 외딴 모래밭에 건축한 고택들은 당시로서는 수많은 노력이 요구되었고 백성의 원성을 살 만한 일이었다. 이것은 서애 유성룡의 은덕을 기리기 위함이기도 하지만 오히려 그를 욕되게 하는 일이기도 하였다. 그러한 과정에 소작인과 양반지주와의 갈등을 해소하기 위한 이벤트로 하회별신굿이 시연되었다. 양진당은 앞을 바라보면 남산의 투구봉을 향하고 있으며, 충효당은 서향으로 원지산을 바라보게 된 것이 하회의 지형지세에 적응한 결과이며, 풍수지리의 지혜라고 할 수 없다.

하회마을에서 서쪽으로 바라다보이는 정면에 단정하게 자리잡은 화산 자락 아래 겸암의 묘소가 자리잡고 있다. 겸암은 서애보다 세 살 위 형으로 출사하여 높은 관직에 오를 만한 재주가 있었음에도 불구하고 효성이 지극하고 다른 유씨들과는 달리 곧고 강직하여 윗사람들에게 크게 알려져 있지 않다. 겸암과 서애 두 형제의 우애가 시문과 문집을 통해서 전해 내려오니 그 후손들도 그의 가문의 전통을 이어받았음 직하다. 단지 미스 테리는 이 하회마을 뒷산의 연화부수라는 명지가 있었음에도 두 차례 이 장을 거쳐 안장되었다고 하니 놀라울 따름이다. 겸암 선생의 산소는 입수 두뇌가 뚜렷하지 않고 인위적으로 조성된 것은 결인된 생기가 강한 것은 아닌 것으로 보인다.

3) 하륜의 선대 묘소에의 이기론적 해석

지리신법의 음택 적용 사례는 지종학(2014)의 「하륜의 풍수의 신도안 입 지 분석」 연구에서 이루어졌다. 지종학은 하륜이 자신의 선조 산소를 지리 신법에 의하여 정하였다고 다음과 같이 말했다.

> 신이 일찍이 신의 아버지를 장사하면서 풍수 관계의 여러 서적을 대강 열람 했는데, 지금 들건대 계룡산의 땅은, 산은 건방(乾方)에서 오고 물은 손방(巽 方)으로 흘러간다 하니, 이것은 송나라 호순신이 이른바, 물이 장생(長生)을 파(破)하여 쇠패(衰敗)가 곧 닥치는 땅이므로 도읍을 건설하는 데 적당하지 못 합니다.[37]

'신이 일찍이 신의 아버지를 장사하면서 풍수 관계의 여러 서적을 대강 열람했다' 는 내용에 주목하여 자신의 선대 묘소에 지리신법을 적용하여

---

[37] 『지리신법』 且臣嘗葬臣父, 粗聞風水諸書。今聞雞龍之地, 山自乾來, 水流巽去, 是宋朝胡舜臣所謂 水破長生衰敗立至之地, 不宜建都

조성하였다는 것이다. 즉 상소를 올리기 전에 그의 부친 묘를 선정한 것인데, 부친 진양부원군 하윤린(河允潾)의 사망은 상소를 올리기 직전으로 보인다. 따라서 하윤린의 묘를 보면 어느 정도 하륜의 풍수관을 짐작할 수 있을 것이다(지종학, 2016).

그의 부친과 모친 묘는 진주 미천면 오방리 산166의 조부모 묘소 밑에 있으며, 이웃 능선에는 하륜(1348~1416)의 묘가 있다. 아마도 그의 부친 묘를 조성하면서 자신의 신후지지를 미리 마련해 두었다가 사후에 이곳에 쓰여진 것으로 보이는데, 3대가 한 곳에 밀집되어 있는 가족 묘역의 형태를 이루고 있다. 이곳 묘는 남향(子坐午向)으로 하륜이 주장한 지리신법 이론체계에 의하면 산은 자방(子方)에서 오고(대오행 분류 水山) 물은 손방(巽方)으로 빠지고 있다. 이는 수구(水口)가 구성법(九星法)으로는 파군(破軍)이 되고, 포태법으로는 묘고(墓庫)가 된다. 기본적으로 파군수는 들어오고 나가는 물이 모두 흉하기 때문에 지리신법에 맞지 않는 불길한 땅이 된다. 그러나 건곤간손(乾坤艮巽) 파구(破口)는 육수(六秀)[38]에 해당하기 때문에 오히려 길한 방위가 된다는 것이다.

> 파군의 물은 오고감이 모두 불길하다. 특히 파군 방향으로 물이 흘러나가는 것은 재앙이 심하다. 파군은 絕命, 死龍, 殺曜라고도 하는데, 刑罰과 겁탈, 나쁜 질병을 주관한다. 그러나 乾坤艮巽 방위에서 파군수가 오고감은 오히려 길한 것이 된다. 乾坤艮巽은 六秀이기 때문이다.[39]

[38] 艮, 丙, 辛, 巽, 兌, 丁 방위에 좋은 산이 있는 것을 말한다.
[39] 「지리신법」, 115~116

지리신법의 이론체계에 의하면 하륜의 부친 묘는 지리신법에 적법하여 적법한 땅이 되지만 기본적 산의 형세는 많이 부족하다(지종학, 2016). 우선 그의 부친 묘가 있는 능선은 주산 아래 특별한 변화 없이 거의 직룡의 상태인데, 직룡은 대개 사룡(死龍)으로 간주한다. 그러한 관계로 묘가 있는 능선은 누에가 껍질을 벗듯 탈바꿈을 하지 못해 온통 청석(靑石)으로 형성된 것이다. 참고로 청석은 험석(險石) 중 하나로 풍수에서는 냉기의 땅에서 생기는 현상으로 불량하게 간주한다.

또한 혈처를 보호하고 감싸주는 용호(龍虎)가 없다는 점이다. 특히 이곳과 같이 물이 우측에서 좌측으로 흐르는 지형에서는 청룡의 역할이 중요한데, 이곳의 좌측 능선 청룡은 물과 함께 빠지는 산수동거(山水同去)의 형태를 하고 있다. 이러한 경우 퇴전필(退田筆)이라 하여 불리하게 여기며, 앞쪽의 안산에 깊은 골이 많아 찢겨진 모습이니, 그 형태가 바람직한 모습이 아니므로 좋지 않다는 것이다.

마지막으로 묘 앞으로 흐르는 오방천 물길이 문제라고 현장답사에서 지적하였다. 풍수에서 물길은 들어오는 물 득수는 길고, 나가는 물 파구는 짧아야 함을 원칙으로 여기는데, 이곳 오방천의 물길은 득수는 짧고 파구는 길게 늘어져 불리한 형태를 이루고 있어 흉하다고 하였다.

결론적으로 지종학(2014)은 오방리 선영은 비록 지리신법에는 적법하였으나, 풍수의 기본인 용혈사수 측면에서 보면 아쉬움이 많은 땅이라 보았다. 당시 하륜과 같은 지위라면 전국 어디라도 이곳 이상 되는 터를 찾는 것이 어렵지 않았을 것이다. 그럼에도 이곳을 선택했다는 것은 이곳의 풍수적 조건이 지리신법 이론에 입각했을 때 만족스럽게 생각했던 것으로 보인다.

4) 숙빈 최씨 묘소에 대한 형세론 및 이기론적 해석

음택의 형세론 및 이기론 해석 사례는 드물다. 학계에 보고된 바로는 영조의 어머니이며 숙종의 숙빈인 최씨 묘소 산도 및 사론인 「묘소도형여산론」이 보여 주는 좋은 예다. 「묘소도형여산론」의 산도와 그림지도에 기록된 부기(附記)를 중심으로 숙빈 최씨의 묘소를 이기론적으로 분석한 것이다(이형윤 · 성동환, 2010). 그 내용은 세 가지로 구분되어 있다.

첫 번째 부분은 "신으로 입수하다가 태로 방향을 바꾸는 용이며 좌향은 유좌묘향, 득수는 간방향에서 손방향으로 흘러나간다(右旋辛兌龍酉坐卯向艮得巽破)", 두 번째 부분은 "평가하자면 왕성하고 장수하며 재산이 풍부하고 영화를 누리게 된다(課曰旺丁頤壽饒財榮華)", 세 번째 부분은 "예언하건대 사유축의 해에 태어난 이가 음덕을 받아 병신년에 발복하게 된다(讖曰巳酉丑生人受陰丙辛之年發福)"는 기록에 의한 것이다. 첫 번째 부분은 형세론에 해당되며, 명당 형국에 묘를 자리매김했을 때 발복의 성격을 말한 두 번째 부분과, 도참적(圖讖的) 성향이 반영된 풍수적 예언에 대한 세 번째 분은 이기론에 해당된다고 보겠다.

형세론적 분석은 건방위에 장손의 발복과 장수에 해당하는 희수봉(頤壽峰)을, 남방에 장수와 귀를 상징하는 귀인봉(貴人峰)과 수봉(壽峰)을 비정하고 있으며 주변 지형보다 빼어나게 그리고 있는 점이 그것이다. 간방위의 쌍봉은 실제 지형보다 상당히 과장해서 표현하고 있는데 인정의 번창과 형제의 관(官)을 상징하는 쌍천귀(雙天貴)와 형제동제(兄弟同榜)을 기록하고 있다. 이기론적인 내용인 간방위의 산에는 천시(天市), 손방위의 산에는 천을(天乙), 건방위의 산에는 천주(天柱)를 주변 산보다 빼어나게 그려 부기에서 기록한 발복과 일치되게 표현하고 있다(이형윤 · 성동환, 2010, 26~27).

이는 혈성산에서 낙맥(落脈)하여 신(辛)으로 입수(入首)하다가 태(兌)로 변환하여 혈처에 이르며 좌향은 유좌묘향(酉坐卯向)이라 판단한 논평은 용의 흐름과 안산 및 조산의 방위와 일치하는 방위로 묘의 좌향를 잡는 형세론적 자리매김을 서술한 것이다. 또한 파구(破口)는 간(艮)에서 시작하여 손(巽)에 이르는 물의 흐름을 밝히고 있다. 용선과 득파는 8방위 혹은 8용의, 낙맥은 사세의 표현을 빌리고 있다. 게다가 용의 흐름은 우선으로 음(陰), 물의 흐름은 좌선으로 양(陽)으로서 음양이 이상적으로 조합된 풍수명당임을 부기(附記)를 통하여 확인시키고 있다. 형세론이 사세팔용법으로 표현된 것이다.

이러한 풍수명당에 자리매김을 했을 때 '일어남이 왕성하고 오래 살며, 재산이 풍요하고 영화를 누린다'(旺丁頤壽饒財榮華)는 발복에 관한 내용, 즉 후손들이 번창하고, 또한 장수를 누리며, 부귀를 모두 누린다는 내용이 소개되어 있다. 좌향에 따른 발복의 예언 내용이다. "사유축년에 태어난 후손이 음덕을 받고, 연간(年干)이 병(丙)과 신(辛)에 해당되는 년에 발복을 한다"는 누가 언제 발복하는가를 예언하고 있다.

유좌묘향(酉坐卯向)에서 유좌는 오행상 금에 해당되므로 금에 해당되는 연간이 병신이며, 발복은 오행상 금생수(金生水)이므로 수(水)의 연간에 발복한다는 의미이다. 다시 말해 금의 연간에 태어난 사람이 수의 연간에 발복하게 된다는 말이다. '사유축생수음'이라 기록한 부분은 입수맥(入首脈)과 혈(穴)의 좌(坐)에 따른 삼합법(三合法)으로 이기풍수의 향법 적용을 산도에 기록한 것이다.

하지만 얼마나 발복이 오랫동안 지속되는지는 구체적으로 언급하고 있지 않다. 이러한 부기를 통해서 보다 쾌적한 곳에 살거나 묻히게 된 망자의 후손 중 누가 언제 발복하는지에 관한 형세론과 이기론의 입장이 어떠한지를 알 수 있다. 유좌묘향이라고 하는 좌향 자체가 형기론에 의하여 결정되며 이것은 발복의 조건에 부합한다는 의미이다.

유좌묘향은 혈처에서 전후좌우를 바라보았을 때 주산과 은봉산을 일치시키는 선상에서 결정된 것이다. 형세론에서 발복의 해당 사람과 해당 시기는 형태를 통해 알 수 있다고 하는데 정교하지 못하여 이기론이 필요하다고 본다. 형세론적인 측면에서 그 시기는 주산으로부터 혈처까지의 보각과 안산 내에서 발원한 명당수가 만나는 보각의 비례를 통해 알거나 형처 당판의 크기가 얼마나 되는가에 달려 있다고 하는데 이에 대한 정교한 연구가 필요하다.

2. 양택

1) 외암리 민속마을에의 이기론적 해석

이기론인 지리신법, 88향법, 양택삼요, 민택삼요에 의한 양택 분석은 「외암리 민속마을 양택의 풍수이기론적 접근」(김덕동·천인호, 2016)이 최초이다. 그 내용을 자세히 소개하면 다음과 같다.

우선 건재고택[40]은 지리신법으로 측정하면 간좌곤향(艮坐坤向)이며, 간좌(艮坐)는 대오행(大五行)으로 목(木)에 해당되므로 목국(木局)으로 분류되고, 간(艮)은 양(陽)에 속하므로 건재고택의 간좌곤향은 좌선양국(左旋陽局)에 속하는 목산(木山)이 된다고 하였다. 좌선양국의 포태법, 구성 및 길흉

---

[40] 건재고택은 외암리 민속마을 중심부 196번지에 위치한 와가(瓦家)의 고택이며, 중요민속자료 제233호로 지정된 마을에서 가장 넓은 대지를 가진 고택으로 이 집을 '건재고택' 또는 '영암군수댁'이라 한다.

표 10. 좌선양국의 포태법 구성 및 길흉표 (출처 김덕동 · 천인호, 2016)

	녹존		탐랑		문곡		무곡		우필	금운	좌보	염정		파군
	절	태	양	장생	목욕	관대	임관	제왕	쇠			병	사	묘
	인신	묘을	진손	병오	오정	미곤	신경	유	신	술	건	해임	자계	축간
산	사병	오정	미곤	신경	유신	술건	해임	자	계	축	간	임갑	묘을	진손
	신경	유신	술건	해임	자계	촉간	인갑	묘	을	진	손	병오	오정	미곤
	해임	자계	축간	인갑	묘을	진손	사병	오	정	미	곤	신경	유신	술건
흉	4(흉)		4(길)		4(흉)		3(길)		1(길)	1(길)	1(길)	4(흉)		2(흉)

표에 의하면 자는 무곡성의 제왕에 해당되어 길하다(표 10). 다시 말해 득
수는 갑(甲) 방위이며 파구는 경파(庚破)에 해당된다. 이는 그림 27에서 알
수 있다.

　간좌곤향(艮坐坤向)의 좌산(坐山)은 목국(木局)이며, 좌선양국에서 목산은
득수가 갑(甲) 방위일 때 포태법으로는 임관이고 구성에서는 무곡에 해당
하여 길한 득수가 되며, 파구는 경(庚) 방위로 포태법으로는 절이고 구성
에서는 녹존이 되어 흉하다. 지리신법에서는 득수는 길한 방위여야 하고,
파구는 흉한 방위가 되어야 길하다고 하기 때문에 녹존의 파구는 길한 파
구가 된다.

　좌(坐)는 향(向)의 극 받는 것을 꺼려 하는데, 건재고택 간좌곤향의 향(向)인 곤
(坤) 방위는 대오행으로 토(土)에 해당되며, 좌(坐)의 목(木)이 향의 토(土)를 극(克)
하여 내(坐)가 향(向)을 이기는 아극자(我克者)의 방위로 좌향(坐向) 역시 길(吉)하

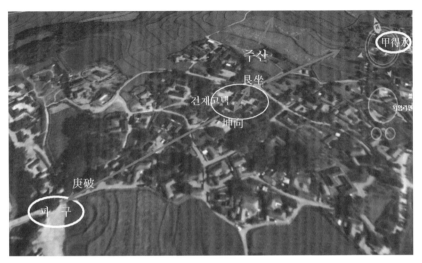

그림 27. 건재고택의 좌향과 득수 파구의 방위 (김덕동 · 천인호, 2016, 14)

게 배치되었다. 파구의 경(庚) 방위는 대오행으로 토(土)에 해당되어 이 또한 아극자(我克者)의 방위에 해당되어 좌와 파구의 관계도 길(吉)하게 배치되었다. 건재고택의 득수는 무곡으로 길하고, 파구는 녹존수로 길하며, 좌(坐)가 향(五行)과 파구(五行)를 극하여 매우 길한 것으로 판단된다.(김덕동 · 천인호, 2016)

이러한 설명과 함께 건재고택 입수룡맥은 그림 28의 B점선 맥으로 길게 이어져 건재고택 뒤 담장 바깥에 볼록하게 도두를 일으키고 담장 안쪽으로 입수되어 약 3m가량 경사면을 따라 낮게 떨어져 고택 안채로 연결되었다. 입수룡맥은 간인룡맥(艮寅龍脈)이며 입수는 간입수(艮入首)로 판단하였다. 건재고택은 설화산(土山) 정상 아래에 있는 현무봉을 배후로 하고 서남쪽 멀리 있는 조산(朝山)인 봉수산(朝山)을 향하여 배치되었다.

또한 건재고택은 88향법에 의하면 간좌곤향(艮坐坤向)이며, 물은 좌선수

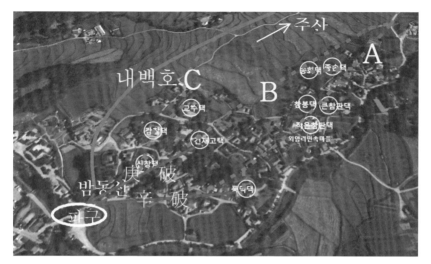

그림 28. 건재고택의 좌향과 득수 파구의 방위 (김덕동 · 천인호, 2016, 14)

이고, 파구(破口)는 그림 27과 같이 경(庚)파이다. 건재고택의 내룡맥은 금북정맥이며 소조산은 광덕산, 주산은 설화산으로 사신사가 잘 이루어져 있으나 백호가 약하며 내수 · 외수가 궁수를 이루고 있다. 파구의 경파는 목국(木局)의 태(胎)파가 되며 "좌수가 좌로 흘러 경방으로 나간다면 곤신(坤申) 두 가지의 향을 하게 되며 수국(水局)의 절처봉생향 목욕소수(木浴消水)가 된다."[41] 따라서 건재고택은 88향법의 길향은 곤(坤)향, 신(申)향이 가장 좋은 향이 되며 간좌곤향(艮坐坤向)을 놓은 것은 88향법의 향법과 일치하고 있다(표 11, 12).

한편, 건재고택의 양택삼요(대문 · 안방 · 부엌)와 민택삼요(대문 · 마루방 · 부엌)를 분석해 보면(김덕동 · 천인호, 2016) 실측 결과 건재고택은 인좌신향(寅坐申

---

41) 『지리오결』, 217.

표 11. 건재고택의 풍수(88향법) 입지분석 (출처 김덕동 · 천인호, 2016, 18)

내룡맥	소조산	조산	주산	사신사	외청룡·백호	소명당	중명당	외명당	내명당 수계	득
금북정맥	광덕산	봉수산	설화산	있음	있음	있음	있음	있음	마을 계류수	내수
내수형태	외수형태	합수처	역수	입지류형	좌·우 선수	파구	사대국	좌향	가능한 향	88향
궁수	궁수	있음	있음	장풍국	좌선수	경파	묵국	간좌곤향	곤신향	

표 12. 김덕동의 88향법 (출처 김덕동의 박사학위 논문, 2017, 재인용)

번호	향의명칭	목국	화국	금국	수국	비고	천간과 향수	전체 향
1	정생향	건해향 정미파	간인향 신술파	손사향 계축파	곤신향 을진파	우선수묘파	8	16
2	자생향	곤신향 정미파	건해향 신술파	간인향 계축파	손사향 을진파	우선수묘파	8	16
3	정왕향	갑묘향 정미파	병오향 신술파	경유향 계축파	임자향 을진파	좌선수묘파	8	16
4	자왕향	병오향 정미파	경유향 신술파	임자향 계축파	갑묘향 을진파	좌선수묘파	8	16
5	정양향	신술향 곤신파	계축향 건해파	을진향 간인파	정미향 손사파	우선수절파	8	16
6	정묘향	정미향 곤신파	신술향 건해파	계축향 간인파	을진향 손사파	좌선수절파	8	16
7	태향태파	경유향	임자향	갑묘향	병오향	우선수	8	8
8	욕처봉왕향	임자향 경파	갑묘향 임파	병오향 갑파	경유향 병파	우선수태파	8	8
9	절처봉생향	곤신향 경파	건해향 임파	간인향 갑파	손사향 병파	좌선수태파	8	8
10	절처봉생향	곤신향 곤파	건해향 건파	간인향 간파	손사향 손파	우선수절파	8	8
11	쇠향	을진향 경파	정미향 임파	신술향 갑파	계축향 병파	좌선수태파	8	8
12	묘향묘과	정미향 정파	신술향 신파	계축향 계파	을진향 을파	좌선수묘파	8	8
	향의 총계	24	24	24	24	24	96	144

向)으로 배치되어 있으며, 마당의 형식이 대문과 사랑채 사이에 바깥마당이 있고 사랑채와 안채 사이에 안마당을 두고 있어 동택(動宅)에 해당되는 이반간법(二盤看法)의 대상이 된다고 하였다. 먼저 양택삼요의 측정법에 따라 대문과 사랑채 사이 바깥마당 중심점에 나경을 두고 삼요의 방위를 측정한 결과 대문의 방위는 유(酉)방위로 8괘의 태(兌)방이며, 다시 나경을 안마당의 중심점으로 옮겨 측정한 결과 안방문은 자(子)방위로 8괘의 감(坎)방이고 부엌문은 건(乾)방위로 8괘의 건(乾)방에 해당된다.

　건재고택의 양택삼은 태문감주(兌門坎主)로서 서사택(대문 기준)이며 부엌의 방위까지 고려하면 삼요의 방위는 태감건(兌坎乾)으로 오행은 태(金)＋감(水)＋건(金)으로 상생이 되고 있으나 불배합택이다. 대문과 안방과는 태(金)＋감(水)으로 사택이 불배합이며 오행은 상생이 된다. 부엌과 대문과는 건(金)＋태(金)로 사택이 배합되고 오행은 비화가 되고 있으며, 안방과 부엌과는 감(水)＋건(金)으로 불배합이며 오행은 상생이 되고 있으나 삼요의 온전한 배합을 이루지 못하였다. 건재고택 삼요방위 태감건(兌坎乾)의 태문감주(兌門坎主)는 화해택(禍害宅)으로 흉한 구조이며, 건조태문(乾灶兌門)은 생기문(生氣門)이 되고 있으나 감주건조(坎主乾灶) 또한 육살조(六煞灶)로 불리하며 삼요가 배합되지 못한 불배합택이라 흉하다고 하였다.

　다음으로 민택삼용 측정법에 따라 대문과 사랑채 사이 바깥마당 중심점에 나경을 두고 삼요의 방위를 측정한 결과 대문의 방위는 유(酉)방위로 8괘의 태(兌)방이며, 다시 나경을 안마당의 중심점으로 옮겨 측정한 결과 대청마루방 중심은 간방(艮方)이고, 부엌의 측정은 안채건물 마루방 정중심에서 부엌 방위가 유(酉)방위로 8괘의 태(兌)방이며 삼요의 구성은 태간태(兌艮兌)가 된다. 태조태문(兌灶兌門)는 복위문(伏位門)이 되고 오행은 비화가 되며, 주(主)와 부엌의 관계 간주태조(艮主兌灶)는 연년조(延年灶)가 되고

표 13. 건재고택 실측 결과 (출처 김덕동 · 천인호, 2016, 21)

삼요의 배속관계						坐	向
양택삼요		민택삼요		동서			
문+주(안방)+조	배합	문+주(마루방)+조	배합				
兌+坎+乾	×	兌+艮+兌	○	서		寅	申

○은 문+주+조 배합, △은 문+주만 배합하고 조는 불배합, ×는 문+주 불배합임.

오행은 태(金)+간(土)+태(金)로 상생이 되며 삼요가 배합하는 길택이 된다.

『양택삼요』에 따르면 주(土)를 안방으로 보고 분석한 '양택삼요' 간법은 대문 · 안방 · 부엌의 삼요가 태감건(兌坎乾)이 되어 혼합택으로 흉택이 되고 있으나, 민택삼요 간법의 경우 삼요가 태간태(兌艮兌)로 삼요가 배합되는 배합택으로 길택이 되고 있다. 건재고택은 민택삼요 간법을 적용한 것으로 볼 수 있다(표 13).

또 다른 분석 사례로서 제시한 풍덕댁[42]은 지리신법으로 측정하면 자좌오향(子坐午向)이며 자좌(子坐)는 대오행(大五行)의 수(水)에 해당되므로 수국(水局)으로 분류되며, 자(子)는 감(坎)과 동일한 자리이므로 양(陽)에 속한다. 풍덕댁의 자좌오향은 좌선양국(左旋陽局)에 속하는 수(水)산이라고 보았다(김덕동 · 천인호, 2016).

득수는 갑(甲) 방위이며 파구는 신파(辛破)에 해당되며 풍덕댁의 좌향과 득수 파구의 방위는 그림 29와 같다고 한다. 풍덕댁의 자좌오향의 좌산인

---

42) 풍덕댁은 마을 동남쪽 186-2번지에 있는 조선후기 와가(瓦家)의 고택으로 풍덕군수를 역임한 이택주(1721~1775)가 살던 집이어서 택호가 유래되었다.

그림 29. 풍덕댁의 좌향과 득수 파구의 방위 (출처 김덕동·천인호, 2016, 15)

자(子)는 수국(水局)이며, 좌선양국에서 수산은 득수가 갑(甲) 방위일 때 포태법으로는 병이고 구성에서는 염정에 해당하여 흉한 득수가 되며, 파구는 신(辛) 방위로 포태법으로는 목욕이고 구성에서는 문곡이 되어 흉하다. 지리신법에서는 득수는 길한 방위여야 하고, 파구는 흉한 방위가 되어야 길하다고 하기 때문에 문곡의 파구는 길한 파구가 된다고 하였다.

좌(坐)는 향(向)의 극 받는 것을 꺼려 하는데, 자좌오향 좌(坐)의 자(子)는 대오행으로 수(水)이며, 향의 오(午)방위는 화(火)이므로 좌가 향을 극하는 방위에 위치해 있어 길하다. 좌와 파구의 생극 관계는 파구 신(辛)방위는 오행이 수(水)로 좌와 같은 비화가 되어 길하다. 풍덕댁의 득수는 염정이기 때문에 흉한 득수가 되나, 파구는 문곡이므로 길한 파구가 되며 좌(水)의 오행은 향(火)을 극하고 파구의 수(水)와 비화되어 길한 것으로 판단된다.(김덕동·천인호, 2016)

풍덕댁의 혈처(터)는 그림 29의 입수룡맥과 같이 현무봉에서 출맥한 입수룡맥이 마을 뒤에서 나뉘어져 동쪽으로 이어지는 입수룡맥이 작은 참판댁 앞 약 50m 지점에서 좌측 남쪽 경사면 약 2m 아래에서 만들어졌다고 한다. 풍덕댁 입수룡맥은 간인용맥(艮寅龍脈)이며 입수는 자입수(子入首)로 판단할 때 풍덕댁은 주택 뒤의 언덕(입수룡맥)을 배후로 하고 향은 남쪽에 있는 광덕산(少祖山)을 향하여 배치되어 있다.

풍덕댁을 88향법을 적용한 풍수적 분석은 표 14와 같이 자좌오향(子坐午向)이며 그림 29와 같이 좌선수 신(辛)파로 화국의 묘파이다. 좌선수 화국의 묘(辛戌)파는 병오향(丙午向)으로 정왕향(正旺向) 놓을 수 있으며, 정왕향을 놓을 수 없을 경우에는 경유(庚酉)향으로 사처자왕향(死處自旺向)을 놓을 수 있다고 하였다. 풍덕댁은 건재고택과 마찬가지로 내룡맥은 금북 좌선수 화국의 신술파(辛戌破)일 경우 임좌병향(壬坐丙向) 자좌오향(子坐午向)은 『지리오결』에 "좌수가 우로 흘러 신술방으로 나가니 정왕향(正旺向)을 하여 삼합연주(生方, 旺方, 墓方의 물은 三合이다) 귀무43)라 하였으며 양공구빈진신(楊公救貧進神)으로 생래회왕(生來會旺)이라고 하였다. 옥대가 전요(纏腰 : 허리를 감싸안은 것)하는 금성수법이니 대부대귀하고 인정창성하며 충효현량하리라"44) 하여 길한 방위임을 말하고 있다. 풍덕댁의 자좌오향은 88향법

표 14. 풍덕댁의 풍수(88향법) 입지분석 (출처 김덕동·천인호, 2016, 18)

내룡맥	소조산	조산	주산	사신사	외청룡·백호	소명당	중명당	외명당	내명당 수계	득수
금북정맥	광덕산	봉수산	설화산	있음	있음	있음	있음	있음	마을 계류수	내수+외
내수형태	외수형태	합수처	역수	입지류형	좌·우 선수	파구	사대국	좌향	가능한 향	88향법
궁수	궁수	있음	있음	장풍국	좌선수	신파 (辛破)	화국	자좌오향	병오향 경유향	○

표 15. 풍덕댁 배치도 (출처 김덕동 · 천인호, 2016, 22)

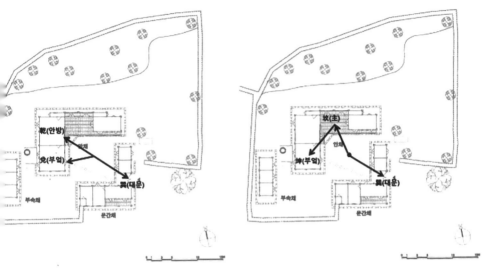

양택삼요 : 門(대문) · 主(안방) · 灶(부엌)　　　　민택삼요 : 門(대문) · 主(마루방) · 灶(부엌)

과 일치한다는 것이다.

　한편, 풍덕댁은 대문채를 겸한 'ㄴ'자 사랑채, 'ㄱ'자 안채가 마주보는 튼 'ㅁ'자 본채와 부속채로 이루어졌으며, 마당에서 바라본 안채 중앙에 대청마루, 그 서쪽에 안방과 부엌, 동쪽에 건넌방이 있고, 사랑채는 대문 좌우에 사랑방이 설치된 구조이다. 풍덕댁 양택삼요 실측 결과 풍덕댁은 계좌정향(癸坐丁向)의 남향으로 배치되어 있으며, 마당의 형식이 사랑채가 대문채를 겸하고 있어 대문을 들어서면 안마당이 되는 마당이 한 개인 정택

---

43) '귀함을 값으로는 칠 수 없다'는 말이다.
44) 『지리오결』, 306.

표 16. 풍덕댁 실측 결과 (출처 김덕동 · 천인호, 2016, 23)

삼요의 배속관계						동서	坐	向
양택삼요			민택삼요					
문+주(안방)+조	배합		문+주(마루방)+조	배합				
巽+乾+兌	×		巽+坎+坤	△		동	癸	丁

(靜宅)으로 일반간법(一般看法)의 대상이 된다.

표 15의 좌측과 같이 양택삼요의 측정법에 따라 사랑채와 안채 사이 마당 중심점에 나경을 두고 삼요의 방위를 측정한 결과, 표 16과 같이 대문의 방위는 손(巽)방위로 8괘의 손(巽)방이며 안방문은 건(乾)방위로 8괘의 건(乾)방이고, 부엌문은 신(辛)방위로 8괘의 태(兌)방에 해당된다. 풍덕댁은 손문건주(巽門乾主)로서 동사택(대문 기준)에 해당되지만 부엌의 방위까지 고려하면 삼요의 방위는 손건태(巽乾兌)로 오행은 손(木)+건(金)+태(金)으로 대문은 주와 부엌의 극을 받고 있어 삼요가 온전한 배합을 이루지 못하였다고 하였다.

풍덕댁의 대문과 안방의 관계, 즉 손문건주(巽門乾主)는 화해택이라 불리하지만, 부엌과 대문의 관계 태조손문(兌灶巽門)은 육살문으로 상극이 되며, 안방과 부엌의 관계 건주태조(乾主兌灶)는 생기조(生氣灶)가 되며 상생이 된다. 부엌 방위까지 고려한 손문건주태조(巽門乾主兌灶)의 문주배팔조(門主配八灶)는 "태의 부엌은 금(金)이 목(木)을 극하여 불길하다"[45]고 보았다.

풍덕댁 민택삼요의 삼요(대문 · 마루방 · 부엌)를 분석에 해보면 민택삼요 간법에 의한 주(主)를 안채 건물의 대청마루방 중심점으로 하여 마당 중심점에서 측정해 보니 안채 마루방의 방위는 자방(子方)으로 8괘의 감(坎)방에, 대문의 방위는 8괘의 손(巽)방, 부엌의 측정기준은 안채 건물 마루방 중심점에서 부엌 방위가 미(未)방위로 8괘의 곤(坤)방에 해당, 삼요의 방위는 손감곤(巽坎坤)이 된다고 하였다. 부엌과 대문과의 관계 곤조손문(坤灶巽門)은 오귀문(五鬼門)으로 상극이 되며, 주(主)와 부엌과의 관계 감주곤조(坎主坤灶)는 절명조(絶命灶)가 되고 상극이 되어 불리다고 해석하였다.

양택삼요법에 의하여 주(主)를 안방으로 보고 분석하면 손문건주(巽門乾主)는 화해택으로 상극이 되고, 태조손문(兌灶巽門)은 육살문(六煞門)이 되고 상극이 되며, 건주태조(乾主兌灶)는 생기조(生氣灶)가 되고 상생이 되고 있으나 門(대문), 主(안방), 灶(부엌)는 손건태(巽乾兌)로 불배합택이며 궁성이 배합되지 못하여 흉하다고 하였다. 민택삼요에서 주(主)를 안채의 대청마루방 중심점으로 하여 분석하면 삼요는 손감곤(巽坎坤)으로 손문감주(巽門坎主)는 생기택이며 상생이 되고, 주(主)와 부엌과의 관계 감주곤조(坎主坤灶)는 절명조(絶命灶)가 되고 상극이 된다고 하였다. 주(主)를 안방으로 본 양택삼요 간법의 화해택보다 주(主)를 안채 건물 마루방으로 본 민택삼요 간법의 생기택이 흉이 감소된다. 문(門)과 주(主)가 상생되기 때문이다(표 16)(김덕동·천인호, 2016).

2) 오봉종택의 형세론적 해석

오봉종택이 입지하고 있는 영덕군 창수면 인량2리에는 오봉종택 이외에 충효당, 갈암종택, 우계종택 등이 입지한다. 인량리 전면에는 경제공

---

45) 『陽宅三要』"巽門乾主兌灶, "兌灶金木尅不吉."

간인 인량들이 송천을 끼고 형성되어 있다. 자시봉의 좌우가지맥이 마을을 포근히 감싸는 공간에 입지하고 있어 동해의 해풍을 피할 수 있는 지세를 의지한 것을 알 수 있다.

인량리 종택의 지리적 여건은 해안가를 벗어나 해풍의 영향을 직접적으로 받지 않고, 경제공간인 인량리 넓은 들을 갖춘 입지로 나타난다. 따라서 해안가의 터전보다는 자연환경과 경제공간을 우선시하여 입향조가 마을 입지를 선정한 것을 알 수 있다(박재락 · 정명섭, 2016).

충효당 종택은 현무봉의 지맥을 받는 곳을 의지하고 있으며, 전면으로 50m 떨어진 곳에는 우계종택이 자리한다. 충효당의 지맥을 타고 있는 곳을 의미한다. 그리고 오봉종택은 현무봉의 좌선지맥을 의지하는 곳에 자리한다. 즉 충효당이 먼저 입향하여 터를 잡은 것을 의미하며, 우계종택은 현손에 의해 입지를 선정한 것을 알 수 있다.

그러나 오봉종택은 주용맥이 아닌 청룡지맥을 의지하고 있어 역량이 떨어지지만, 좌우지맥이 서로 감싸는 공간에 자리하는 것으로 나타난다. 따라서 마을의 중심공간인가 부심공간인가에 따라 종택 터의 입지가 다르게 나타나는 것은, 입향조에 의해 입지 선정은 주변의 자연환경을 고려하여 터를 잡은 것을 뜻한다.

충효당 종택의 공간구성을 살펴보면 정침과 독립되어 건립된 사랑채의 당호로서 정자와 같은 모습을 취하고 있으며, 대청 삼면에 문을 설치하여 주거 건축 용도에 적합하도록 꾸몄다. 그리 튼ㅁ자형 정침은 뒤편에 여성 공간이 자리하고 전면 좌측 부분에 충효당과 연결되는 남성 공간에 작은 사랑을 배치하여 당시의 생활규범을 보여 준다. 사당은 담장으로 구획되어 선조의 신위를 모시고 있어 조선 중기 사대부 가옥의 배치와 생활상을 잘 반영하고 있다. 이곳은 사당 공간의 위상이 제일 높고 사랑채의 곁처

마와 안채의 용마루는 낮은 형태를 이루고 있다.

우계종택의 공간구성은 정침과 별채로 이루어져 있다. 정침공간은 정면 5칸, 측면 4칸의 ㅁ자형 건물로 사랑공간이 발달하지 않은 모습이고, 별채는 정침공간의 전면 좌측에 자리하며 외부손님을 접대하던 건물로 나타난다. 새로 조성된 대문채는 정침공간과 약 15도 벗어난 곳에 위치하는데, 전형적인 살풍을 고려한 것임을 의미한다. 이러한 공간 배치는 조선 중기적 모습을 가진 양반가옥의 형태이므로 당시 입향조의 주거관을 읽을 수 있다.

오봉종택의 공간구성을 살펴보면 남향으로 솟을 삼문과 오봉헌, 사당을 잇는 중심축에서 우측으로 종택이 자리한다. 사당공간은 종택 좌측 높은 축대 위에 벽산정이 있고 옆면에 있는 사랑채는 앞쪽으로 나아가 자리하고 있는데, 안채는 가장 낮은 형태로 사랑채 뒷면에 자리하고 있다(박재락, 2016).

오봉종택을 형세론적으로 분석하면 다음과 같다(그림 30).

첫째, 용세분석이다. 오봉종택은 자시봉의 청룡가지맥이 뻗어나가다가 횡룡으로 입수한 곳에 터를 이루고 있다. 현무봉의 형태는 종택의 정침공간으로 입수하는 지맥에 영향을 미치게 한다. 이곳 종택은 그림에 나타난 바와 같이 현무봉의 오형체는 일자문성의 토형체를 이룬 것으로 나타난다. 그리고 현무봉이 머리를 내민 수두 형태를 띠고 있다. 중심 용맥이 뻗어나가는 형태를 나타내는 형상이다. 이러한 좋은 봉우리의 풍수지리적 발복은 명예와 높은 관직을 상징하며 좋은 현손이 태어나는 발복의 지기를 받게 된다(그림 31).

그러나 중심 용맥은 정침공간보다 사당공간으로 지맥이 입수하는 잉(孕)의 형태를 이루고 있으므로 터의 역량은 자손 발복이 현손대에 이르러 서서히

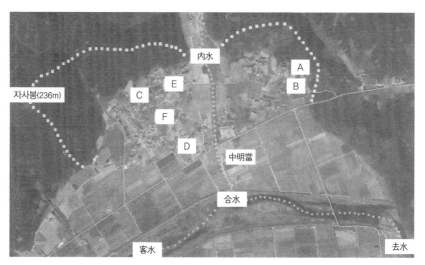

그림 30. 인랑리 종택마을 입지도. A 삼벽당, B 용암종택, C 충효당, D 갈암종택, E 오봉종택
F 우계종택. 흰 점선은 산줄기, 회색 점선은 물줄기 (박재락 · 정명섭, 2016, 8)

나타나게 된다. '잉'은 지맥이 흘러들어오는 형태가 뒤쪽의 담장에 융기된 모양으로 나타난다(그림 32).

둘째, 장풍분석은 현무봉의 개장으로 좌우 지맥에 의해 종택 터를 포근히 감싸고 있다. 기의 흩어짐이 없다는 뜻이다. 전면에는 훤히 열려 있는 입지이므로 바람의 영향이 미치는 입지가 된다. 그러나 솟을대문은 정침공간을 벗어나 사당공간으로 대문이 자리하여 강한 살풍을 오봉헌의 사랑마당에서 일차로 완화시키도록 공간배치가 이루어진 것을 알 수 있다. 그리고 청룡지맥이 가까이 정침공간을 감싸는 형태이므로 일차 완화된 기의 흐름이 안채로 유입되어 좋은 기가 오래도록 머물 수 있도록 한 것으로 나타난다. 그리고 정침공간의 앞쪽으로는 '주씨종택'이 입지하고 있으므로 바람의 영향을 많이 완화시켜 줄 수 있는 좌향으로 터를 잡은 것을 확연히 알 수 있다.

그림 31. 오봉종택의 터잡이　　　　　　　그림 32. 오봉종택의 입수맥(孕)
(박재락 · 정명섭, 2016, 16)　　　　　　대나무 숲으로부터 굴뚝으로 이어지는 형태
　　　　　　　　　　　　　　　　　　　　(박재락 · 정명섭, 2016, 16)

　셋째, 득수분석은 중명당 내의 내수와 송천이 합수처를 이룬 곳을 향한 입지이므로 물길을 얻는 것보다 바라보는 물길을 얻은 것을 뜻한다. 풍수지리에서 물은 재물을 상징한다. 충효당처럼 가까이 내수를 얻는 경우는 생기가 생성되는 공간을 연출한 터가 된다. 그러나 오봉종택은 먼 곳의 물을 바라보는 것이므로 이 문중의 구성원들에게는 재물의 기가 적게 작용한다고 본다. 먼 사격보다 주변 사격이 지기의 역량에 미치는 요소가 더 크다는 것이 풍수지리학의 터의 논리이다.

　넷째, 정혈분석은 현무봉의 중심 용맥이 '잉'을 이루어 사당공간으로 일차로 입수하는 것으로 나타나므로 안채의 승생기는 현손대에 이르러 지기의 영향을 받는 터라고 할 수 있다. 이것은 중심 용맥은 강한 역량의 기가 흐르는 곳이고, 곁가지맥은 역량이 떨어지는 것으로 판단되기 때문이다.

　다섯째, 좌향분석은 사당공간과 정침공간이 분리되어 있다. 양택삼요 문 · 주 · 조에 의하면 북좌 남향의 남방위 대문은 연년방위가 되어 식복

의 기가 항상 유입되는 좌향으로 공간배치가 이루어진 것이다. 그러나 정
침공간의 간방위(동북)는 오귀방위이므로 안채를 후면에 배치한 것으로 나
타난다. 이러한 좌향의 공간배치는 구성원들에게 좋은 기의 유입이 이루
어지게 한 것이고 나쁜 기의 유입에 대해서는 전면보다는 후면에 배치하
여 기의 흐름을 완화시키기 위한 것으로 분석되었다.

3) 장기읍성의 형세론적 해석

형세론의 이론을 적용하여 해석한 사례로 장기읍성을 들 수 있다(김상
태, 2017). 장기읍성을 간룡, 사신사와 비보, 수세, 혈장, 좌향 등 형세론적
으로 분석한 것이다.

(1) 간룡분석(看龍分析)

장기읍성의 간룡은 신경준의 『산경도』를 이용하여 분석해 보면 낙동정
맥의 조래봉(652m)를 지나 남진하다가 백운산(892m)에서 분기하여 동으로
방향을 틀어서 치술령(706m)을 거쳐 동북으로 행도하면서 좌우상하(逶迤屈
曲)하면서 조항산(596m) 봉우리를 만들고 토함산(745m)에서 도착한다. 토
함산으로부터 북진하면서 백두산(445m)과 만리성재(428m)를 거쳐 삼봉산
(291m)에 이르러 다시 동쪽으로 머리를 돌려 동악산(253m)에 이르는 용맥
을 대동여지도 상에서 알 수 있다. 즉 토함산 → 추령(楸嶺) → 만호산(曼湖
山) → 전월산(田月山) → 진전산(陳田山) → 묘봉산(妙峰山) → 대곡산(大谷山)
→ 망해산(望海山)을 거쳐 장기의 진산인 거산에 연결된다(그림 33). 거산으
로부터 입맥하여 이룬 주산 아래 객사와 동헌이 분리되어 입지한다.

거산 이른바 동악산은 장기를 진호(鎭護)하는 진산이며 이는 방산(芳山)

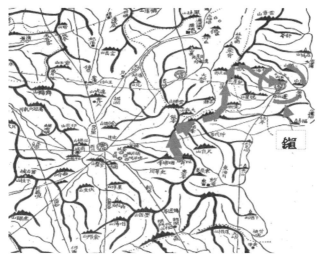

그림 33. 대동여지도 상에서 장기읍성과 용맥 (출처 김상태, 2017, 8)
(화살표는 토암산으로부터 장기읍성에 이르는 용맥 표시)

으로 이어져 해안 쪽인 동쪽으로 뻗어내려 개장하여 좌로는 청룡, 우로는 백호로 분지하여 관아까지 맥을 이어와 약 100m의 높은 평탄한 곳에 읍성을 만들었다. 장기에서 주산은 방산(芳山)으로 본다. 그 이유는 혈장 바로 뒤에 큰 산이 없다. 방산을 주산으로 보면 주산이 혈장 바로 뒤에 없어도 주산의 기운이 산맥으로 이어져 현무까지 전달되어 혈을 진호한다는 의미에서 바로 뒤에 있는 것과 같이 간주한다. 장기천 건너 멀리 조산(朝山) 읍성 지형도(1 : 50,000)에서 원을 이루는 선 위의 산들은 관아의 대경(對景)으로서 차경(借景)이 되고 원경의 중심을 이루게 하여 시선이 한 곳에 모이게 하고 있다(김상태, 2007).

(2) 사신사와 비보 풍수 분석

동악산에서 뻗어내려 지나가면서 좌로 분지한 청룡맥은 북문에서 크게 과협을 치고 솟아오르면서 장기의 객사를 뒤편 가장 높은 봉우리(115.9m)를 만들어 감싸면서 동으로 뻗어내려가 수구로 이어진다. 가장 높은 봉우리에서 서쪽으로 낙맥을 한 후 현무봉(玄武峰)인 자봉산(紫鳳山)을 작(作)하고, 자봉산(102.6m) 아래 혈장인 향교가 위치하고 있는데 당초에는 객사였다고 한다. 우측으로 개장한 백호는 서문을 지나서 관위(官衙)의 안산 역할을 하면서 동문을 지나 98.0m까지 이어져 수구까지 이어진다. 결국 용호는 본신(本身)과 혈장(穴場)을 바람과 물로부터 형(刑)·충(沖)·파(破)·해(害)를 당하지 않도록 보호하며, 혈장에 양질의 생기를 보호, 유지하여 건전한 혈장을 생성시킬 수 있는 역할을 한다. 용호는 혈에 보호 및 보좌하는 것으로 주(主)가 아니고, 부(副)의 역할이 강하다. 장기읍성의 전체 국세를 보면 가운데가 낮고 주위가 높으며 외험내관(外險內寬)과 수원이 풍부한 여건을 구비하고 있다. 주위를 에워싸 분지 형태를 이루고 있으므로 장풍국(藏風局)이라 할 수 있다. 이를 1:5000 지도에서 확인하면 그림 34와 같다.

하지만 풍수지리적인 측면에서 청룡은 북문 부위에 낮은 것이 결점으로 작용한다. 이를 교묘하게 읍성을 조영하면서 북문을 만들고 그 위에 누(樓)를 만들어 그 입구에 옹성을 축조하여 단점을 보완하여 장점으로 승화(昇華)시켰다. 즉 문과 누각의 조영은 적의 공격에 대항하는 구조물이면서도 용맥이 낮아 보이지 않도록 하여 시각적 용맥 보완의 효과로 성내에 관리나 주민들에 편안함을 제공하였을 것으로 추측된다.

동쪽 동문 주위 언덕이 낮아서 읍성으로 진입하는 공간으로 만약에 문과 성이 없었으면 임중들(현내들) 너머 동해바다가 훤히 시야에 들어왔을 것이다. 이는 완전히 사신사가 에워싸 주지 못하여 바람의 통로가 되어 관쇄기능(關鎖機能)이 상실하며 왜구들의 침투로를 제공하는 역할이 될 수 있다. 방산에서 뻗어 내려와 개장한 사신사의 역할이 다소 부족한 점이

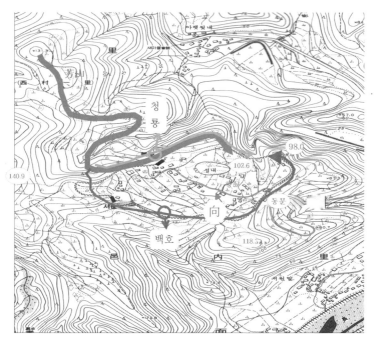

그림 34. 읍성 주위의 사신사를 이루어 낸 용맥 (출처 김상태, 2017, 9)

있지만 자연과 인공(문과 누의 조영물)이 하나가 되도록 한 노력이 엿보이는 대목이다.

사신사 주위는 북쪽에 망해산(196.1m), 서북쪽에 석남사 부근 328m 봉우리, 서남쪽 378m 봉우리, 남쪽 287.4m의 봉우리가 읍성을 감싸면서 혈에 반사경 역할을 하고 있다. 그림 35는 지형도(1 : 50,000) 상의 반사경을 표현한 것이다(그림 35).

풍수에서 지존성(至尊星)을 수많은 별들이 둘러싸고 있는 형세와 같은 나성원국(羅星垣局)을 으뜸으로 치는데, 장기읍성도 주위사(水朱雀 포함)가 감싸고 있으므로 좋은 국(局)으로 볼 수 있다. 장기읍성은 일부 공결(空缺)한 부분이 있으나 관아의 내(內)보다 주위가 높아 동해바다로부터 왜구의

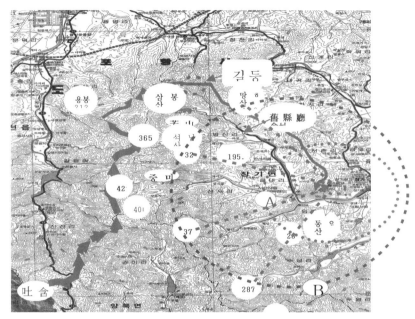

그림 35. 舊縣廳舍址와 邑城中心局勢(반사경 원리) (출처 김상태, 2017, 10)
(원을 이루는 점선들은 반사경의 가장자리 표시)

침구(侵寇)에 대해 방어상으로 유리하며 전체적으로 가운데 들어간 와형
(窩形)으로 기가 머무는 공간이라고 판단된다.

(3) 수세 분석

서쪽 방산지와 중미못에서 발원한 물이 방산교와 월산교에서 만나 중
수(衆水)로가 이루어진 장기천이 읍성을 감싸(環抱) 천천히 동해바다를 향
하여 흘러가고 있는 수세이다. 토함산에서 출발한 용은 동북으로 동으로
뻗어오다가 장기천과 대화천의 안내를 받으면서 오다가 동해의 대해를
만나 가던 길을 멈추면서 장기란 땅을 만들고 있다. 즉 동악산에서 행도
하다가 봉우리에서 좌로 뻗은 용맥은 다시 현무를 만들어 발원한 원진수

는 동문 근처 수구의 직전 못(池)을 만나 1차 합수하고, 그 다음 내수인 1차 합수와 외수(外水)인 장기천이 만나 2차 합수를 하여 장기초등학교의 외청룡(外靑龍) 자락에서 수류역세(水流逆勢)하여 명당 내 기를 융취하면서 동해로 흘러든다(그림 36).

장기면의 수계는 서쪽이 높고 동북쪽이 낮은 지세이기 때문에 대부분의 물이 서쪽에서 동쪽으로 서출동류(西出東流)를 하고 있다. 장기천을 기준으로 뒤에는 대화천이, 앞에는 수성천이 용맥을 호위하면서 동해로 흘러간다. 장기 역시 동악산에서부터 뻗어내려오는 용을 대화천과 장기천 두 물줄기가 용을 끼고 흘러내려 오다가 물이 합류하는 지점에서 장기면이라 면 단위의 혈장을 만든 것으로 판단된다(그림 36).

다시 말해 장기천은 크게 세 줄기의 물이 합쳐서 동해로 흘러가는 형세

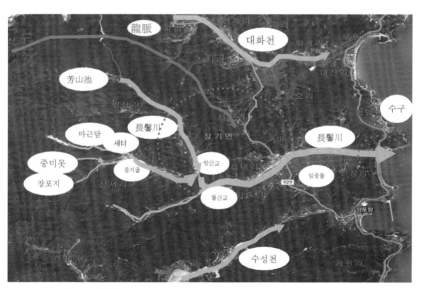

그림 36. 장기읍성의 수계와 주요 지명 (원으로 표시) (출처 김상태, 2017, 13)

를 하고 있다. 첫 번째 방산지에서 방산교로 모이는 한 줄기, 두 번째 마근담, 중미못, 장포지에서 발원하여 흘러와 방산교에서 모이는 줄기, 세 번째 월산리에서 흘러나와 월산교로 모이는 줄기, 이 세 줄기가 합쳐진 장기천 물의 양은 한층 크게 늘어서 읍성을 둥글게 감싸 직사(直寫)하지 않고 떠나기 싫은 듯이 구불구불 천천히 지현자형(之玄字形)의 구곡수 모양으로 이루어 유정하게 흘러내려간다. 이러한 물의 외적인 형세(形勢)의 성정(性情)을 살펴서 길흉을 판단하게 되는데, 읍성을 감싸고 흐르는 장기천은 오행수(五行水) 중 금성체(玉帶水, 腰帶水)로서 가장 길한 물로 여긴다. 물이 모여서 빠져나갈 때 마지막 보이는 곳이 수구이다. 장기의 수구는 마산(馬山)과 양포(梁浦) 사이로 지나간다. 수구사는 물이 나가는 양쪽에 있는 사(砂)로 대문과 같은 역할을 한다.

결론적으로 장기읍의 수세는 수구가 지현(之玄)의 모양으로 중첩되고 장기천이 구불구불 흘러내려가므로 유속이 느려서 바람의 영향이 미약하다. 또 수구의 모양이 역수(逆水)의 지세를 이루고 있으므로 기를 수렴하는 기능을 갖고 있다.

(4) 혈장 분석

방산에서 개장한 청룡은 동문에서 크게 솟구쳐 올라 봉우리를 만들고 관아를 감싸면서 수구로 이어진다. 청룡의 가장 높은 봉우리(115.9m)에서 다시 서쪽으로 한 줄기를 분지하여 낙맥을 한 후 재기봉(再起峯)하여 자봉산을 만든다. 자봉산(102.6m) 아래 향교(과거에는 객사가) 위치해 있다. 백호는 서문을 지나 관아의 안산으로 혈장을 감싸면서 동문을 지나 98m의 봉우리에서 수구까지 이어진다. 여기서 주목할 것은 전체적으로 보면 주위가 높고 가운데는 낮다(그림 37).

그림 37. 객사 배산의 봉우리(115.9m)에서 자봉산(102.6m)로 입맥
(출처 김상태, 2017, 15)

청룡·백호가 감싸안고 있는 혈이라 생각되는 지점 주변의 전후좌우 산세와 물의 형태를 살펴야 진혈(眞穴) 여부를 알아낼 수 있는데, 객사 및 동헌의 혈장은 변와(變窩)에 속한다. 변와는 중출맥(中出脈)이 내려오고 좌우사가 감싸는 것이 아니고 청룡자락에서 지맥이 뻗어내려와 혈장이 생성되었으므로 정격(正格)의 와(窩)가 아닌 변격(變格)의 와형(窩形)의 혈장이다. 와혈(窩穴)의 형상이 앙장형(仰掌形)으로 소쿠리와 같은 형상, 제비집을 닮은 모양의 움푹 들어간 형태로 혈을 품안에 안은 듯한 형태로 좌우 현릉사(弦陵砂)가 감싸고, 난간 모양의 대(臺)가 있어야 하고, 모름지기 와중에는 혈장 내에 미미(微微)한 유(乳)나 돌(突)이 반드시 있어야 한다. 오직 중요한 것은 현능(弦稜)이 분명하고, 와내(窩內) 충융(衝融)하여야 한다. 꺼리는 것은 혈전에 낙조(落槽)한 것이며 더욱 혐오하는 것은 편함(偏陷)이라 하였다. 만일

한쪽으로 지나치게 기울거나 비탈지면 가혈(假穴)이다. 장기읍성 내의 관아는 객사 뒤에 가장 높은 115.9m의 봉우리에서 낙맥하여 평탄하게 진행하다가 다시 미기(微氣)한 부분(102.6m) 아래에 위치하였고(현재 향교자리) 좌측에 현릉사격인 선익이 있다. 객사 앞으로 물이 흐르며, 좌측의 선익이 역수하는 형태를 취하고 있다. 물은 생기가 더 이상 진행하지 못하도록 하는 역할과 현릉사로 기를 갈무리할 수 있는 여건을 구비하고 있다(그림 38).

혈장인 관아를 음양의 원리로 결혈의 여부를 확인하면, 현무와 마주 대하는 안산이 있어야 음과 양이 배합되어 결혈이 된다. 장기읍성의 경우는 객사(客舍)는 배면에 현무가 있고 백호를 안산으로 하고 있으므로 주작과 현무(102.6m의 자봉산)가 서로 상응하고 있기 때문에 생기가 발현되는 명당으로 판단된다. 장기읍성의 중심 건물은 사신사의 중심에 위치한 바로 현재 향교가 있는 객사지로 판단된다. 이러한 혈장은 그림 39의 고지도에서 확인할 수 있다.

(5) 좌향논리

좌향은 주로 뒤를 배산으로 하고 앞을 향(向)으로 하는 것이 일반적인 원칙이다. 전후면(前後面)의 산은 입지와 좌향에 직접적으로 영향을 미친다. 즉 혈장에서 좌와 향을 결정하는 중요한 요소는 주산과 안산이다. 그 이유는 음양의 원리로 혈을 맺는다는 관념 때문이다. 좌향의 결정은 건물의 입지를 정하고 생기취집처(生氣聚集處)에 건물을 건립할 때 좌향을 결정하는 향법의 논리이다. 이때 좌에 마주 대하는 안산은 기운을 받고자 하는 의도가 다분히 내포되어 있다.

읍성의 공간구조 질서체계에서 천자북좌남향(天子北坐南向)이라는 남향

그림 38. 장기읍성 전경 중 임중들과 수구
(출처 김상태, 2017, 16)

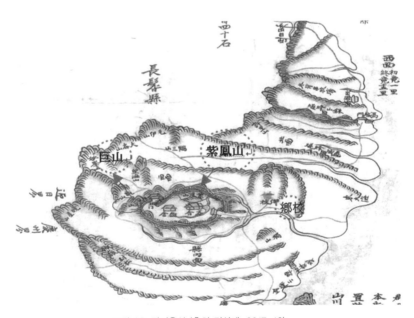

그림 39. 장기읍성 (출처 김상태, 2017, 16)

존중사상이 반영되어 있다. 남향은 임금이 북쪽에서 남쪽을 향하는 남면
(南面) 자리에 위치하여 백성들을 다스린다는 관념으로 남향을 선호한 것
으로 판단된다.『주역(周易)』「이괘」와『논어』에서 남향을 중시하는 사상이
두드러지게 나타나 있다. 표 16은 장기읍성의 진산(鎭山)·동헌(지)·객사
등이 갖는 좌향을 정리한 것이다.

시대마다 동일한 남향을 선호하는 의미는 시대에 따라 내포하는 의미
가 다른 것 같다. 산수는 도읍(都邑) 입지선정의 원리이며, 방위(좌향)은 시
설배치의 기준이다. 장기읍성의 좌향을 4층 지반정침으로 측정해 보면 객
사와 향교는 계좌정향(癸坐丁向)으로 역시 남면으로 배치하였다. 이는 천
자북좌남향(天子北坐南向) 의도에서 배치한 것으로 볼 수도 있지만 혈처
(穴處)에 영향을 주는 주산(主山)에 근원을 두고 있다. 이유는 다른 방향으
로 하면 건물이 의지할 곳이 없어 뒤가 허(虛)하게 된다.

결국 객사의 좌향은 읍성 전체를 대표하므로 외부와 내부의 조건을 고
려하여 최선의 방법으로 결정한 것으로 본다. 그러나 입수룡의 흐름 방향
에 순응하는 형세에 따라 좌향을 결정하는 것이 주 핵심사항이다. 이는

표 16. 장기읍성의 진산·동헌(지)·객사 (출처 김상태, 2016, 재인용)

건물 구분		位置	坐向	向하는 山	位置	비고
東軒	廳舍	正門	癸坐 丁向	백호안산	자봉산 뒷봉우리	진산명은 동악산이며
		廳舍	癸坐 丁向	백호안산	자봉산 뒷봉우리	일명 巨山이라고 하며
客舍	廳舍		癸坐 丁向	백호안산	자봉산	현의 서쪽2리에 있다고
鄕校	明倫堂		癸坐 丁向	백호안산	자봉산	신증동국여지승람에 기
	大聖殿		癸坐 丁向			록되어 있다.

주산의 기운이 입수룡을 통해 혈처에 전달된다는 풍수논리 때문이다. 주위의 지세와 해동지도를 이용하여 판단해 보았을 때 동헌은 객사와 동일한 좌향으로 배치한 건물이라고 판단된다. 기타 부속 건물의 좌향은 내부 지형 환경과 다른 건물과의 이용 측면을 고려한 배치한 것으로 좌향에 대하여 그다지 중요시 하지 않았을 것이다(김상태, 2017).

제2부

현대적 재해석의 이론

Part II Theories of Contemporary Reinterpretation

제5장

경관론
Landscape Theory

1. 경관과 상징체계

풍수사의 지기에 대한 인식과 방법은 하나는 '실제로 지기가 있으므로 해서 직관 등에 의하여 감응된다고 하는 경우', 또 다른 하나는 '지기가 있음을 전제하고 겉으로 드러난 외부조건을 살펴 지기라는 그 무엇을 추론하는 경우'이다. 두 가지 경우 모두 과거나 지금이나 '지기'를 과학적으로 측정하여 보여 주지 못하기 때문에 주관적일 수밖에 없고, 명당은 풍수사의 주관에 따라 무수하게 존재할 수밖에 없는 한계에 부딪치게 된다.

음양오행설이 공간적으로 표현된 나경(이른바 음양오행이 기재된 나침반)으로부터 알 수 있다는 인식은 동양철학과 연계되므로 풍수지리는 철학적인 인식이라는 주관성을 벗어날 수 없게 된다. 이 때문에 조선시대에도 지기에 대한 개념이 추상적이어서 풍수학인들조차도 명당에 대한 견해가 이중적이거나 다양할 수밖에 없었다(옥한석a, 2007). 이에 오늘날 일반인들이 '지기'를 부인하거나 아니면 맹목적으로 믿을 수밖에 없다.

이러한 주관성을 인정하면서도 풍수는 하나의 객관화된 '지리적 지식'

이 될 수 있다고 보고 경관이나 장소의 해석, 담론의 사회적 구성으로 간주하는 시도가 이루어지게 되었다(권선정, 2003). 풍수지리는 관념체계에 불과하다는 해석의 연장선상에서 상징체계로 연구해야 한다. 이에 풍수 담론이나 경관, 장소의 의미 구성에 있어서 그 조건이 되는 사회적 권력 관계로 범주화하였다. 형태 중심으로 연구되던 풍수경관은 '의미의 담지 체계'이자 '의미체계(기호체계)'가 되고 이것은 규약체계(코드) 또는 권력과의 관련성으로 구성될 수 있다고 하였다. 이러한 '경관론'이란 고전적 풍수지리의 재해석이라고 볼 수 있다.

'풍수는 무엇인가', '어느 경관의 풍수적 의미는 무엇인가'라는 질문이 아닌 '누구를 위한 풍수인가', '풍수경관은 어떤 사회적 구성을 통해 의미를 갖는가' 하는 질문으로 바꿔어야 한다(권선정, 2016, 46:55). 풍수는 풍수 텍스트(경관, 장소) 구성을 위한 토대, 즉 코드라고 할 수 있고, 이를 공유하는 사회(textual community, 텍스트를 공유하는 사회), 이른바 시간 · 공간 · 사회의 차이를 반영하는 경험 주체들(저자, 독자)에 의하여 '다양하게' 구성되며, 또한 새로운 텍스트 생산(의미읽기)을 통해 '변화하는' 모습을 보인다. 풍수경관은 공시적 · 통시적으로 불변하는 그 무엇이 아니라 시간 · 공간 · 사회의 그물망 속에서 구성되는 공간담론으로서의 모습을 드러낸다고 하겠다.

또한 풍수가 도성 조영의 원리로 작용하면서 왕도뿐 아니라 지방도시인 읍치와 마을의 입지 이론으로 작용하면서 산은 하늘의 권위를 땅의 권위와 연결시켜 주는 중간매개체 역할을 하는 인식체계로 보기도 하였다(이기봉, 2009). 하나의 상징체계라고 하는 해석은 한국 풍수지리설의 독특한 자연관, 이른바 의물 의인화된 자연관으로부터 유래한다고 해도 과언은 아니다. 자연을 의인화 또는 의물화하는 이유가 일정한 주술적인 기능을 가진 시스템으로 볼 경우(윤홍기, 1984) 풍수가 하나의 유사 종교에 불과하게 되므로 고급 지식체계로 받아들이기 힘들게 된다고 하였다.

2. 경관과 계량화 지표

다수의 연구자가 풍수는 하나의 철학체계라고 간주하고 있음에도 불구하고 '형세론'에 의거하여 지기가 모이는, 이른바 명당을 찾아내는 방법에 관하여 일반인이 이해하기 쉬운 용어로 설명을 시도하였고 그 방법을 '경관'이라는 개념으로 정리를 시도하면서 풍수경관론이 등장하게 되었다(옥한석·이한방, 2012). 풍수의 요소들을 경관요소로 본다는 점에서 선구자라고 할 수 있는 이중환이 『택리지』의 「지리」에서 쉽게 정리하였다. 근대에 와서 일찍이 일본인 무라야마 지준(村山智順)이 이들을 새로운 용어로 정리해 놓았다. 풍수의 법술에 통달한 자가 있다고 하면서 풍수의 구성요소인 산·수·방위의 3대 요소에 의하여 성립되는 간룡법, 장풍법, 득수법, 점혈법, 형국론에 관하여 그림과 함께 명당을 찾는 방법에 관하여 자세히 세목별로 언급했다(무라야마 지준, 1931).

이는 고전적 풍수지리의 최초 해석으로서 최창조(1984)의 분류에 따르면 경험론적 인식체계에 해당된다. 실제 산과 수 및 방위에 관한 언급은 현대적인 서구적인 용어로 풀이되기는 어려운 점이 있지만 직접 관찰에 의하여 이루어진 여러 개념의 집합체이다.

고전적 풍수지리의 재해석이란 '경관론'의 연장선상에서 명당을 찾는 방법에 관하여 보다 쉽게 박시익(1999)이 제시하였다. 이어서 옥한석은 지기가 넘치는 곳, 이른바 '명당'은 반개방성, 중첩성, 안정성, 조화성, 균형성의 다섯 가지 특징(옥한석, 2003a)이 나타난다고 하며 이를 구체화시킨

열 가지 기준(옥한석, 2005)을 충족시켜야 한다고 하였다. 그는 간룡법은 명당에 이르는 매크로한 산줄기, 장풍법은 명당을 에워싸고 있는 마이크로한 동시에 매크로한 산줄기, 득수법은 명당을 중심으로 한 수계를, 점혈법은 아주 마이크로한 모습을, 형국론은 이들의 종합적인 모습을 말한다. 이러한 방법들이 제시되면서 그 판별 방법에 관하여 객관적인 시도가 이루어지게 되었다. 이를 자세히 살펴보자.

먼저 경관풍수의 요소에 관해서 이중환은 『택리지』에서 여섯 가지 기준을 다음과 같이 제시하였다.

살기 좋은 터를 잡으려면 수구를 먼저 보고 다음에 들의 형세, 산의 모양, 물, 토양, 조산과 조수의 순으로 본다고 되어 있다. 그러므로 ① 반드시 수구, 즉 좌우의 청룡과 백호가 관쇄(關鎖)되어 있어야 하고, ② 그 안쪽으로 들이 펼쳐진 곳을 눈여겨보아서 구하여야 한다. 들판에서는 수구가 굳게 닫힌 곳을 찾기 어렵기 때문에 흘러드는 물이 있어야 한다. 높은 산이나 그늘진 언덕을 가릴 것 없이, 힘있게 거슬러 흐르는 물이 판국을 가로막았으면 길하다. 이 물은 한 겹이라도 참 좋지만 세 겹이나 다섯 겹으로 감싸지면 더욱 실하다. 또한 하늘빛이 막히지 않고 바람과 비와 차고 더운 기후가 고르게 알맞은 곳이어야 인재가 많고 병도 적다. ③ 주산은 수려하고 단정하며 청명하고 아담한 것이 으뜸이다. ④ 무릇 물이 없는 곳은 자연히 살 곳이 못 된다. 산은 반드시 물이 있어야 한다. 물과 짝한 뒤에야 바야흐로 생성하는 묘미를 다할 수 있다. ⑤ 토양은 흙이 두껍고 단단하여 윤이 나고 누런 게 좋다. ⑥ 무릇 조산에 돌로 된 추악한 봉우리가 있다든지, 혹은 이상한 돌과 괴이한 바위가 산 위나 산 아래 보이든지 하면 모두 살 곳이 못 된다. 조수는 물 건너 물을 말한다. 작은 냇물이나 작은 개울물은 거슬러 흘러드는 것은 길하지만 큰 냇물이나 큰 강물은 거슬러 흘러드는 것이 결코 좋지 않다(『택리지』, 86).

또한 박시익은 『한국의 풍수지리와 건축』에서 지세를 단계별로 분석하면서 명당을 선정하기 위한 7가지 기준을 제시하기도 하였다.

① 산의 앞과 뒤를 구분한다. ② 산봉우리를 중심으로 품격, 체형, 오행산을 구분한다. ③ 산 중심에서 연결되어 내려오는 중심 용을 찾는다. ④ 청룡과 백호, 안산을 살핀다. ⑤ 물이 흐르는 모양과 수구를 살핀다. ⑥ 중심 용의 중간 부분에서 명당을 찾는다. ⑦ 방위를 분석해서 주건물과 대문의 위치를 정한다(박시익, 1999 : 88~89).

다음으로 옥한석은 『안동의 풍수경관 연구』에서 풍수의 경관론적 연구를 강조하고 안동의 33개 음택 명당이 반개방성, 중첩성, 안정성, 조화성, 균형성의 5가지 특징이 공통적으로 나타난다고 하였다. 그는 명당의 선정기준으로 다음과 같이 10가지를 제시하였다.

① 특정 사이트에서 앞을 바라보았을 때 시야가 반쯤 열리고 안산과 조산을 이루어내는 산줄기가 세 겹 이상 펼쳐지는가?(안산과 조산, 들) ② 특정 사이트에서 앞을 바라보았을 때 안산과 조산 산줄기 사이로 작은 하천, 큰 하천이 차례로 에워싸고 있으며 수구가 막히었는가?(물길과 수구) ③ 특정 사이트에서 앞을 바라보았을 때 안산과 조산 산줄기 상에 상징적인 산봉우리가 나타나는가?(산모습) ④ 특정 사이트에서 앞을 바라보았을 때 안산과 조산 산줄기의 간격이 어떠한가?(짜임새) ⑤ 특정 사이트에서 앞을 바라보았을 때 좌우대칭적인 방향은 어떠한가?(정향) ⑥ 특정 사이트에서 뒤를 보았을 때 조산에서

주산, 주산에서 특정 사이트까지 산줄기의 흐름이 뚜렷한가?(용의 흐름과 입수) ⑦ 특정 사이트에서 뒤를 보았을 때 주산이 뚜렷하고 안정적인가?(주산) ⑧ 특정 사이트에서 좌우를 보았을 때 에워싸고 있는 산줄기가 좌우 양쪽에 있는가?(좌청룡, 우백호, 각) ⑨ 특정 사이트에서 좌우를 보았을 때 산줄기가 에워싸며 기복을 보이는가?(산의 앞뒤, 품격) ⑩ 특정 사이트는 밥공기를 뒤집어 놓은 것처럼 안정된 모습이며 토질이 좋은가?(혈처의 모습)(옥한석, 2003, 84~85)

이러한 기준들을 계량화시킨 이는 박재락과 지종학이다. 박재락은 풍수지표를 제안하고 "향후 전통마을 및 도시공간의 개발이 이루어질 때 보국 내의 입지공간에 대해 친환경 생태공간을 이루고 있는지를 판단할 수 있는 객관적인 기초자료로 활용될 수 있을 것이다"라고 하면서 내룡맥의 용량, 현무, 청룡, 백호, 한산, 혈장, 경제공간, 수세, 좌향, 인문지표의 10개 요소와 그에 따른 127가지 항목으로 구체적으로 제시하였다. 지종학은 주산, 용세, 당판, 수세, 명당, 청룡, 백호, 안산, 조산, 토질, 환경, 좌향의 12개 요소와 그에 따른 27가지 항목으로 단순화하여 현장에서 손쉽게 적용할 수 있도록 하였다. 박재락과 지종학의 경우 세분된 기준과 계량화시켜 제시하였기 때문에 풍수계량화 지표라고 부를 수 있다.

'용혈사수향'의 고전적 내용을 이들 연구자의 경관요소로 정리해 보면 『택리지』는 수구, 들의 형세, 산의 모양, 흙의 빛깔, 물길, 조산과 조수 등을, 박시익은 산의 앞뒤, 중심용, 산봉우리의 품격, 청룡백호 안산, 물의 모양과 수구, 방위분석 등을, 옥한석은 상징적인 산봉우리 등을, 지종학은 용세 등을, 박재락은 내룡의 용량 등을 풍수경관 요소로 제시하였다. 이들 경관요소별로 비교해 보면 표 17과 같다. 용혈사수향 외에 음양의 이치, 환경, 경제공간, 인문지표 등도 있어 용·혈·사·수·향만이 풍수

표 17. 연구자별 계량화 지표를 위한 경관요소별 비교 (출처 박종민, 2015, 9)

제안자/경관요소	택리지	박시익	옥한석	박재락	지종학
용	산의 모양	산의 앞뒤 산봉우리 품격 중심 룡	상징적인 산봉우리 산의 앞뒤 용의 흐름과 입수	내룡의 용량(10)	용세(3)
혈	흙의 빛깔	중심룡의 중간	혈처의 모습 토질	혈장(15) 경제공간(5)	당판(2) 토질(1)
사	조산 산의 모양	산봉우리 품격 청룡 백호 안산	조산 안산 산줄기의 간격 청룡 백호	현무(10) 청룡(10) 백호(10) 안산(10)	주산(4) 청룡(1) 백호(1) 안산(1) 조산(1)
수	수구 조수 물의 유무	수구 물의 모양	수구	수세(10)	수세(3)
향	들의 형세 물의 모양	방위분석	좌우대칭적인 방향 들	좌향(10)	좌향(1) 명당(1)
기타	음양의 이치			비보론(10) (인문지표)	환경(1)

※괄호 속의 숫자는 배점을 나타내며 지종학은 총점 20점, 박재락은 총점 100점이다.

경관의 요소가 되는 것은 아닌 것 같으며, 고전적 풍수 해석론인 '형세론'이 계량화 지표라고 하는 이름으로 재해석된 것이다. 이는 경관론과 일맥상통한다고 본다.

경관요소별 비중에 관하여 연구자 별로 비교해 보면(박종민, 2015) 첫째, 용은 산의 앞뒤, 산의 모양, 용세, 내룡의 용량 등이 언급되었는데 용이라는 요소는 지종학이 특히 '용세'라는 이름으로 중요시하였다. 박시익과 옥한석은 산의 앞뒤를 중시하였는데 이것이 바로 '면배(面背)'이다. 결국 용은 면배와 용량이 중요한 것이다.

둘째, 혈은 박시익은 중심룡의 중간인지를 중요시했고, 『택리지』는 흙의 빛깔을 중요시했는데 박재락, 지종학, 옥한석은 혈처의 안정적인 모습과 균형, 그리고 토질을 중요시하였다. 요컨대 혈은 중심룡의 중간에 있으면서 당판이 기울지 않고 토질이 좋은 곳이라야 한다.

셋째, 사는 사신사와 조산을 주로 언급했고 산봉우리의 유정한 모양을 대부분 언급했으며, 박재락은 혈장과 사신사와의 거리, 면배 등을 더 언급했다.

넷째, 수는 대부분이 수구가 관쇄되었는지와 물이 흐르는 모양에 대해서 중요하다고 봤다.

다섯째, 향은 옥한석은 좌우 대칭적인 방향을 중요시했고 대부분의 연구자들은 들(명당)의 형세와 전방의 물이 흐르는 모양, 산의 모양 등을 중요시했다.

지종학의 풍수계량화 지표는 항목이 많지 않고 비교적 쉬운 용어를 사용하여 풍수에 어느 정도 지식이 있으면 현장에서 적용하기가 쉽다. 주산과 용세의 비중이 약 35% 정도(총 20점 중 7점)로 혈 뒤의 주산과 용을 중요시했다. 수세는 약 15%, 당판은 10% 정도의 비중을 차지하고 있으며, 12가지 요소 중 나머지 8가지(명당, 청룡, 백호, 안산, 조산, 토질, 환경, 좌향)를 합해 40% 정도의 비중을 차지해 주산, 용세, 수세, 당판을 상당히 중요시했다. 하지만 항목에 있어서 그 질문이 '~좋은가?', '~적절한가?' 등 자세하고 구체적이지 못해 평가에 주관적인 생각이 많이 들어갈 가능성이 높아 보인다.

박재락의 풍수계량화 지표는 각 요소마다 8~16개 항목으로 나누어 그 질문이 자세하고 구체적이어서 평가에 신빙성이 조금 더 높아 보이지만, 용어들이 비교적 어려워 전문가만이 자세하게 평가할 수 있을 것 같다. 박재락은 지세에 40%(총 100점 중 40점), 혈장에 20%(총 100점 중 20점)의 비중을 부여했고, 기타 항목(수세, 좌향, 비보론의 인문지표)에 각각 10%의 비중을 적용해서 지세와 혈장을 중요시했다. 하지만 인문지표 항목(교육시설, 병원시설, 대중교통시설, 관공서와 경로당 등 공공시설)은 다소 음택과는 거리가 먼 것으로 보인다.

두 제안자가 중요시한 것을 다시 살펴보면 박재락은 사신사와 혈장을 중요시한 반면, 지종학은 주산의 형태와 혈 뒤까지의 용의 움직임에 중점을 두었다. 또 다른 차이점은, 지종학은 혈장에 있어서 당판이 바르고 다른 요소가 좋다면 혈은 자연스럽게 이루어지는 것으로 판단하였으며 혈장에 대한 자세한 언급이 없는 반면, 박재락은 땅의 평탄 여부, 혈장의 넓이, 토질의 경도 및 양명, 건습, 터의 융기, 지당(池塘)의 유무, 중심 용맥의 잉(孕), 현무봉과 입지공간의 높이, 현무봉이 산진처인지 여부, 중명당의 형성 및 규모, 전저후고의 넓은 들판, 명당의 물, 명당의 좌향 등 혈장의 비중도 상당히 두었을 뿐만 아니라 음택지와는 무관해 보이는 비보론의 인문지표 항목으로 교육시설, 병원시설, 대중교통시설, 관공서와 경로당 등 공공시설에 대한 요소도 적용했다.

한편, 이재영(2009)은『조선왕릉의 풍수지리적 해석과 계량적 분석 연구』에서 19기 왕릉 각각 사신사의 거리, 높이, 경사도, 앙부각, 가시역, 유속성, 환포성과 용호의 길이, 내명당의 크기, 주산과 안산의 크기 비교, 입수의 방향, 좌향과 절대향, 혈의 사상, 환포궁각, 물줄기의 형상 등을 정량적·정성적으로 통계 분석하였다. 이러한 다수의 연구에도 명당의 취득은 그의 인품과 관련을 가진다는 소주길흉론, 명당과 망자의 후손이 서로 감응한다는 동기감응론 등과 함께 형세론 등의 경관론적 재해석은 객관적인 학문체계가 될지는 근거가 부족하다.

3. 경관의 지형적 공간형태와 주택가격 이론 및 입지이론

풍수의 형세가 지형적 공간 형태라고 하는 개념으로 재정립, 재해석 되면서 풍수경관의 형세는 부동산 가격 이론과 관련이 있다(정택동, 2015).

정택동은 먼저 지형적 공간 형태의 개념과 특성을 제안하며 지형의 기하학적인 특징이 어떻게 하여 이루어지는가를 알아야 한다고 하였다. 그에 의하면 이는 산줄기가 뻗어나가는 형태를 말하며, 기하학적인 형태는 규칙적이고 수학적 질서에 의해서 일정한 법칙에 따라 표현되는 양상을 지닌다. 복잡해 보이는 형태라도 이해하기 쉽고 정확하고 명쾌하게 재현될 수 있다는 점에서 보편적이며 객관화된 형태이기도 하다.

지형적 공간 형태를 이루어 내는 기본 산줄기의 기하학적 형태는 3각분맥, 2각 분맥, 방향틀기 지맥, 지지대 지맥, 직선과 곡선, 사각형, 삼각형, 원형 등이 있다.[46] 이들에 의하여 지형적 공간 형태가 이루어지며 궁극적으로 지형적 공간형태라는 것은 지구의 내적작용과 외적작용에 의해 형성된 산맥 중에서 뻗어 나가는 산줄기 지형이 상하굴곡 하면서 산봉우리와 협곡을 만들고 좌우번역으로 테를 두르듯이 곡선을 그리면서, 'I자형', 'O자형', 'C자형', 'S자형' 등 다양한 모양의 도형 형태를 오랜 시간 동안 이루어 내고, 그 산줄기 지형의 능선 축을 경계로 각각의 독특한 특성을 가지고 형성된 장소, 즉 공간이라고 하였다(정택동, 2015, 16~17).

다음으로 이러한 지형적 공간 형태가 주택가격 결정 요인의 하나가 된다는 것을 한남동을 연구대상 지역으로 하여 규명하였다. 즉 지형의 능선을 경계로 다양하게 이루어진 주택단지마다 각각 다른 주택가격의 차이가 나타나게 되며, 어떠한 지형적 공간 형태의 영향을 받는지를 분석하면서 지형적 공간 형태의 요인이 주택가격 결정 요인의 하나로 등장하게 되었다고 한다.

정택동은 이는 오늘날 조망과 일조가 더욱 중요시되고 있기 때문이라고 하였다. 경제가 발달하고 생활 수준이 향상됨에 따라 삶의 질과 주거 환경에 대한 관심이 증가하면서 조망권이 집값에 미치는 영향이 갈수록 커지고 있다는 점에 착안하여 풍수의 형세가 지형적 공간 형태로 재해석되어 주택가격 결정 요인의 하나로 되었다는 점이 주목할 만하다(정택동, 2015, 13).

한편, 용·혈·사·수·향의 풍수경관 요소가 GIS시스템에 의하여 사신사의 높이와 상호간의 거리 등의 분석이 이루어진 연구(이성수, 2015)가

---

46) 3각 분맥이란 각의 꼭지점을 중심으로 좌우와 중앙에서 세 가닥의 산줄기가 뻗어나와 삼각형, 타원형, I자형, O자형, C자형 등 다양한 형태를 이룬 것을 말한다. 2각 분맥은 각의 꼭지점을 중심으로 좌우에서 두 가닥의 산줄기가 뻗어나와 각각 다른 방향을 뻗어 나가거나 2각 분맥 형태를 나타내는 것을 말한다. 방향틀기 지맥이란 주택의 방향을 전환시키기 위해 주택의 좌우 양옆으로 짧게 뻗은 지맥 또는 가지맥을 말한다. 지지대 지맥이란 일직선으로 뻗어나가는 주맥을 지탱하기 위해 주택의 좌우 양옆으로 짧게 뻗은 지맥 또는 가지맥을 말한다.

있다. 이성수는 형세론적인 분석을 계량적인 분석과 비교하여 부석사, 봉정사, 해인사의 사찰 유지에 형세가 큰 도움이 되었다고 하였다. 형세론적 분석이 입지 선정 연구에도 도움이 된다고 하며 여주시 신청사 후보지 선정의 입지론적 분석을 시도하였다(이성수, 2017).

제6장

환경론

Environmental Theory

1. 환경론의 논리적 구조

풍수가 하나의 관념에 불과하다는 다수 연구자의 주장에도 불구하고 구체적인 어떤 형태를 통하여 명당이 발견될 수 있다는 형세론의 경험론적인 인식체계로 말미암아 풍수는 인간이 자연환경의 영향을 받는다는 '환경론'적인 해석이 꾸준히 제기되었다. 이것이 바로 환경론을 중심으로 한 고전 풍수지리의 현대적 재해석이다.

풍수에서 가장 중요한 개념인 지기를 "터에서 인간이 느낄 수 있는 어떤 것"으로 간주하는 현대적 재해석(한동환·성동환·최원석, 1994)의 초기 아이디어는 "토양, 온도, 습도, 빛, 미생물의 활동을 포함한 그 장소에서 인간의 몸과 연결된 자연현상 모두와의 접촉과 연결이 느낌으로 전해진 것"이라는 데서 비롯한다. 습도, 온도 등이 서로 분리, 분석되는 기계적 언어의 과학이라고 할 때 오늘날 기계가 측정하는 것보다도 인간의 몸이 본능적으로 측정한 자연에 대한 정보가 인간에게 더 중요할 수 있다고 보아 기계적 장치로 자연현상을 측정하는 일은 온전치 못하다고 본 것이다. 초기의 환경론적 재해석은 이들의 측정 시도 필요성은 인정되었으나 적극적인 연구와 이론으로 발전하지 못하였다.

하지만 풍수지리가 말하는 '땅의 기'라는 개념은 기후의 변화 및 농작물의 생장과정과 관련된 땅 위에서 일어나는 자연현상을 포괄적으로 설명되는 어떤 것이며, 태양에너지와 순환하는 물, 그리고 그 순환을 담아내는 땅, 이 세 가지의 포괄적 관계라고 간주한 점은 탁월한 통찰력이라 하겠다. 풍수에서 지기를 가진 터는 포괄적인 관계의 움직임에 따라 성격과 표정이 달라지고 그러한 땅에 나를 맞추어서 좋아할 수 있는 장소를 택해 거주하고 생활함으로써 사람의 건강과 생명력을 추구하려는 동양적인 땅에 대한 지혜의 모음이라고 주장하게 된다(한동환·성동환·최원석, 1994).

이러한 주장은 생태적인 환경관으로의 가능성을 열어 주게 되지만 자연의 어떤 현상인지에 대해서는 명확히 말하지 못하였다. 다시 말해 태양에너지, 순환하는 물, 순환을 담아내는 땅, 이 삼자가 전통적인 풍수지리의 지기의 개념으로부터 진일보한 개념인 것은 사실이지만 인간에게 구체적으로 어떤 영향을 주는지에 대해서는 대답하지 못하고 단지 '지혜'라고 하였다. 도교사상, 불교사상과 함께 풍수지리사상이 서양의 환경결정론적 사상에 비교될 수는 있다고 하였으며(윤홍기, 2001) 환경사상 혹은 철학으로 인식한 많은 연구자가 구체적인 어떤 환경과의 관계에 관한 것인지 보다 과학적이고 체계적인 환경론으로는 발전되지 못하였다.

기존의 환경론을 중심으로 한 초기 재해석은 풍수가 지속가능한 환경조건의 보전과 유지를 위한 문화생태적 코드인 동시에 조절방식으로 기능한다는 생태적 체계로 발전적으로 재해석되었다. 이른바 생태학자, 지형학자, 지리학자가 함께 만나 풍수원리를 현대의 시각으로 재해석하고 논의하였으며 이들은 스스로 최초의 과학적 시도라고 자평하였다

(이도원 · 박수진 · 윤홍기 · 최원석, 2012). 기존의 환경론적인 해석과 달리 지속 가능성, 지속가능발전이라는 개념을 풍수가 갖고 있다고 한 시도는 자연 과학자가 풍수원리의 일면을 해석하고자 하는 시도로서 풍수지리 연구의 새로운 전기가 마련되었다. 특히 물의 순환 이론을 풍수지리에 적용하여 환경순환이론이 생기(이른바 지기)와 관련된다고 하며, '생기와 풍수의 환경순환 사이클' 의 메커니즘 구명이 요청된다고 하였다. 이러한 자연과학 적 풍수지리 연구 시도는 앞으로 계속되어야 함을 암시하고 있다.

원래 생태학이란 인간을 포함한 동식물이 서식하고 있는 생태계에 관한 연구이고 호수생태계, 해양생태계, 산지생태계 등이 바로 그것이다. 지리 학은 자연지리학 분야에서 이들 생태계 분야에 대한 연구가 이루어졌지만 자연과학적인 분석기구와 방법이 미비되어 주로 환경학 분야에서 괄목할 만한 성과가 나오게 되었다. 예를 들어, 호수생태계에 있어서의 부영양화 와 BOD 등의 연구주제는 호수물의 채집과 분석, 실험 등의 연구가 뒤따라 야 하기 때문에 지리학계에서 성과를 내기 어려웠다. 전통생태학이라는 주 장도 이러한 생태계 내에서의 실험결과가 이루어져야 설득력을 얻게 되며 앞으로 풍수에 관심이 있는 자연과학자들의 참여가 이루어진 실험이 장래 이루어질 것으로 본다. 그렇게 되면 풍수가 지속가능성과 연계된 학문분야 로 발전할 것이다.

'지기' 의 개념이 자연현상과 관련된 포괄적 지혜라고 하는 주장과 달리 고전적 풍수지리서인 『금낭경』을 중심으로 하여 "기는 수의 근본(어머니)이 며, 기가 있다는 것은 수가 있다"는 단서로부터 지기의 생리기후적인 근거 를 옥한석이 주장하였다(옥한석, 2005). 지기에 대한 포괄적 개념을 수용하지 만 객관적인 측정의 가능성을 더욱 명백히 하기 위하여 '지기' 또는 '생기' 에 대한 정의가 생리기후적인 입장에서 새롭게 재해석이 시도되었다.

그는 풍수지리의 기본 개념인 '지기' 혹은 '생기'가 "연중 일정한 온도
가 유지되며 상대 습도의 큰 변동 없이 통풍이 잘 되고 일조량이 상당한
조건을 갖춘 곳의 쾌적성"이라고 정의하였다. 이는 생리적으로 쾌적한
(comfort) 지형과 기후조건을 갖춘 곳이 된다. 온도, 상대습도, 바람의 세기
와 방향 등의 기후 자료에 근거를 둔 기후학자 데르중의 견해(Terjung, W.
H. 1966, 1968)에 동조하면서 인간이 특정 장소에서 쾌적함을 느끼는 곳이
바로 명당이라고 하였다. 풍수지리는 특정 기후 조건 아래에서 보다 쾌적
한 곳을 찾는 인간의 적응 전략으로 자리매김하기에 충분하다고 하며 쾌
적한 여러 곳을 서로 비교하는 측정자료가 요청된다고 하였다(옥한석b,
2007). 보다 쾌적한 곳을 찾는 인간의 적응전략, 특히 온대몬순 계절풍이
부는 곳에서 동아시아인의 적응전략이 풍수지리라고 보았다.
  지형학적인 분석을 기초로 하여 장풍과 득수를 현대적으로 해석하면서
환경의 '지속가능성'이라는 측면에서 다루고 있는 생태론적인 해석과 함
께 적응전략이란 견해도 모두 구체적인 측정 데이터가 부족한 것은 마찬
가지다. '생기' 혹은 '지기'에 관한 개념이 '지속가능성'이건 '쾌적성'이
건 간에 측정데이터의 가능성을 무시할 수 없지만 측정된 자료가 전무하
기 때문에 새로운 현대적 재해석을 하기 위해서는 측정가능한 데이터 수
집이 가능한 분야로의 새로운 연구주제 탐색이 필요하다. 어떤 측정자료
의 수집 가능성과 그 해석이 바로 '건강과 장수'와 관련이 있을 수 있고
이러한 주제는 풍수지리와 관련을 맺으려는 시도이다.
  건강한 사람이나 질병에 걸린 사람이 거주했던 장소를 조사한다면 풍
수지리의 과학성과 함께 대중성을 확보할 수 있게 되는 것이다. 다시 말
해 어떤 장소가 쾌적한가? 혹은 지속가능성이 있는 곳인가? 하는 질문이
갖는 애매모호함을 극복하여 '명당에 거주하면 얼마나 건강해지는가?

아니면 장수할 수 있는가?' 하는 질문으로 바뀔 수 있기 때문에 풍수지리가 보다 더 구체성을 띠게 되고 또한 대중들로부터 호응을 받을 수 있는 길이 열리게 된다. 그러한 장소가 갖는 명당의 구체적인 형태가 인간의 심리적인 치유와도 관련을 맺을 수 있기 때문에 풍수지리의 과학성과 관념성이 서로 일치되는 가능성이 열리게 된다고 보겠다.

최근 건강하게 장수하는 거주 환경 조건에 관한 경험적 사례들이 보고되고 있음을 볼 때 건강과 풍수와의 관련성이 있다는 입장(최원석, 2012; 백재권, 2012)에서 연구가 진행되고 있다. 최원석은 "풍수의 환경과 의학의 건강장수에 관한 인식은 직접적이고도 긴밀하게 연관되어 있다"면서 다수의 조선 후기 지식인의 저술, 즉 홍만선의 『산림경제』, 이중환의 『택리지』, 유중림의 『증보산림경제』, 서유구의 『임원경제지』에서 이상적인 주거지와 거주환경의 공간적 · 장소적 조건에 관하여 서술되고 이들 저술 속에서 거주환경의 지리적 입지에 대한 논의, 이상적인 거주지에 대한 지역정보가 수록되어 있다고 하였다.

또한 풍수이론을 통해서 전통마을 거주환경의 조성원리를 탐색하거나(이학동, 2003), 전통생태학이라는 이름으로 마을의 거주환경에 관한 현대적 조명(이도원 외, 2008) 등이 그것이다. GIS 기법을 이용한 전통취락의 지형적 주거입지 적합성 분석(최희만, 2005) 방법이 건강과 관련지어 풍수 연구를 할 때 채택될 수 있다고 본다. 풍수의 생태적 모델을 위한 데이터 수집은 자동기상관측기(AWS) 설치에 의한 기온, 풍향, 풍속 데이터, Hobo 설치에 의한 온도와 상대습도 데이터, 센서 설치에 의한 토양수분 및 온도 관측 데이터 수집이 가능해지고 이들 수집된 데이터를 토대로 하여 미기후 모델링 시스템 구축, 실행 및 분석이 시도될 수 있다(옥한석, 2015).

2. 환경론의 해석 사례

매크로한 기후 데이터지만 서울을 대상으로 생태적 분석을 한 예를 보면 환경론이 상당히 타당성이 있음을 알 수 있다(옥한석, 2007). 한양은 경위도 상으로는 북위 37도 34분, 동경 126도 58분에 위치하고 있고 계절풍의 영향을 많이 받게 된다.

서울은 지난 1988년~1997년 10년간 최고기온인 8월 평균기온 섭씨 25.82도, 최저기온인 1월 평균기온은 섭씨 −1.76도로서 월평균 기온에 의한 연간 27.57도의 기온 차이가 있다. 1월 −1.76도, 2월 0.55도, 3월 5.76도, 4월 12.22도, 5월 17.45도, 6월 21.91도, 7월 24.97도, 8월 25.82도, 9월 20.96도, 10월 14.38도, 11월 7.42도, 12월 0.93도로서 연평균 기온은 섭씨 12.55도로서 인간의 쾌적한 기온 조건인 온도 18도에 미달된다.

그리고 10년간 월평균 강수량은 6월 164.3mm, 7월 378.26mm, 8월 264.79mm이며 6~8월의 강수량이 연 강수량의 59%를 차지한다. 인간의 쾌적한 주거조건을 결정하는 상대습도는 월별 평균 1월 60.2%, 2월 58.2%, 3월 59.6%, 4월 55.8%, 5월 62.9%, 6월 71.0%, 7월 80.0%, 8월 75.4%, 9월 68.7%, 10월 62.8%, 11월 63.4%, 12월 62.4%로서 7월이 최고 80.0%, 4월이 55.8%이다.

6월과 9월만이 가장 쾌적한 상대습도 70%에 근접할 뿐 나머지 대부분이 그렇지 못하다. 즉 연중 평균 상대습도가 65.03%로서 대부분 건조하다는 것을 의미한다(표 18). 7월이 80.0%로 가장 높으며 4월이 55.8%로 가장 낮다. 특히 2월~4월이 60% 이하의 낮은 수치를 나타내어 봄이 제일 건조하다는 것을 알 수 있다.

오늘날은 이러한 기온과 상대습도를 인위적으로 조절할 수 있지만, 그렇

표 18. 서울시 월별 기상 개황 (1988년~1997년)

구분평균	기온 평균	강수량 평균	상대습도 평균	상대습도 최저	적설량	일사량	일조시간	평균 풍속
1월	-1.76	19.15	60.2	10	25.6	208	155.4	2.38
2월	0.55	30.71	58.2	10	25.2	271	171.1	2.58
3월	5.76	54.17	59.6	9	13.5	358	189.5	2.75
4월	12.22	58.66	55.8	11	0.8	470	226.8	2.82
5월	17.45	111.47	62.9	10	0	504	222.7	2.6
6월	21.91	164.3	71.0	21	0	451	187.9	2.26
7월	24.97	378.26	80.0	27	0	359	141.6	2.24
8월	25.82	264.79	75.4	27	0	404	184.9	2.05
9월	20.96	130.66	68.7	19	0	376	199.7	1.86
10월	14.38	54.42	62.8	10	0	331	218.3	1.97
11월	7.42	66.19	63.4	13	8.3	207	159.6	2.2
12월	0.93	25.26	62.4	16	5.8	165	145.0	2.29
합계/평균	12.55	113.17	65.03	15.25	79.2	342.00	183.54	2.33

(자료 서울시정개발연구원, 2000, 서울시 기상 특성을 고려한 도시계획기법 연구, 재인용)

지 못한 전통사회에서는 지형적 조건에 크게 의존할 수밖에 없다. 특히 하천의 수로가 국지적인 상대습도에 영향을 주게 되는 것이다. 한양은 한북정맥과 한남정맥이 서로 한강을 사이에 두고 마주하는 곳이다. 한북정맥은 북악산과 금북정맥은 관악산이 그 말단부인 셈이다. 이른바 백두대간의 백운산(강원도 화천군 소재), 화악산, 연등산, 도봉산으로 이어지는 한북정맥의 산줄기 끝에 삼각산, 백악산, 인왕산, 남산이 한강에 이르고, 속리산

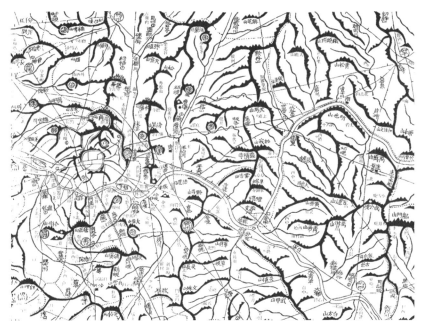

지도 왼쪽 중앙에 한양이 표시되고 주위에 삼각산, 도봉산, 관악산이, 오른쪽 하단에는 용문산, 무갑산 등이 있다. 남한강과 북한강이 만나 한양을 향하며, 하천 수로와 산줄기, 이른바 산세를 나타내는 이러한 지도는 풍수적인 형국을 이해하는 데 도움을 준다.

(충청북도 소재), 수리산, 광교산으로 이어지는 한북정맥의 산줄기 끝에 청계산, 관악산, 우면산 산줄기가 한강에 닿게 된다. 그래서 한양은 한반도 중부지방의 대하천 한강이 끝나는 지점에 위치하고 있다. 한양을 중심으로 볼 때 대동여지도에서 북쪽으로 삼각산, 도봉산이, 동쪽으로 용문산, 천마산이, 남쪽으로 관악산, 청계산, 무갑산을 확인할 수 있다(그림 40).

한강은 북한강과 남한강이 합류하여 동쪽에서 서쪽으로 흘러가다가 한양 남쪽에서 마포를 지나 서해로 흘러들어가는 것이다. 한강이 흘러나가는 방향이 한양 궁궐터의 풍수지리적 입지 선정과 관련이 있다고 본다.

다시 말해 하천의 흐름은 생기(기체 상태로 대기 중에 존재하는 수증기 혹은 습기가 바람에 의하여 잘 순환되어 갈무리된 상태)에 영향을 주게 된다. 우리나라처럼 기온과 강수량에 의한 봄, 여름, 가을, 겨울 사계절의 변화가 뚜렷하고 특히 상대습도의 연중 변화가 심한 지역에서는 하천의 유로 방향이 특정 지역의 기후에 끼치는 영향이 크다.

한양에 대한 기상청의 월별 기온, 강수량, 상대습도의 기후 자료와 수로 및 지형 조건은 풍수지리와 어떠한 관련을 가지는가? 이들 조건은 풍수지리의 원리인 장풍과 득수에 영향을 준다. 한북정맥의 높고 낮은 산 능선에서 발원한 여러 대소 하천이 한강에 합류하며 한강과 함께 한양 북동쪽의 왕숙천, 중랑천, 정릉천, 성북천, 청계천 등이, 남동쪽의 탄천, 양재천, 사당천, 안양천 등이, 북서쪽의 창릉천, 불광천, 홍제천 등이 기온, 강수량, 상대습도, 적설량에 영향을 미쳐 한양의 생기 넘치는 공간을 결정하게 되는 것이다.

산은 반드시 물이 있어야 하며 득수가 으뜸이요 장풍이 다음이라는 말의 뜻에 따라 수로를 살펴야 한다는 것이다. 물이 없거나 수로의 배열 상태와 함께 일사량과 일조시간은 기온에 영향을 주는 기후 요소로서 채광과 관련이 있으며 햇볕이 비치는 방향, 이른바 풍수에서 말하는 좌향이 인간의 주거에 상당한 조건을 이루게 된다(옥한석, 2007).

득수와 함께 이에 영향을 미치는 장풍은 한양, 지금의 서울에 부는 바람의 풍향과 밀접한 관련을 지니게 된다. 강을 스쳐 지나오는 바람이 갈무리되는 장풍과 풍향에 따라 득수가 이루어지기 때문이다. 1988년부터 1997년까지 10년간 서울의 풍향 빈도를 보면 연중 북동풍이 14.1%, 동북동풍이 11.4%, 서풍이 15.5%, 서북서풍이 14.1% 모두 55% 이상을 차지한다. 남남동풍이 0.9%, 남풍이 1.3%, 남남서풍이 3.1%로 남풍 계열은

표 19. 서울시 연도별 풍향 빈도 (1988년~1997년)

풍향별/연도별	1988	1989	1990	1991	1992	1993	1994	1995	1996	1997	계
정온	3.6	3.3	3.0	3.7	7.2	3.4	3.7	6.7	8.5	3.5	46.6
북	1.7	2.5	1.8	1.6	1.6	2.6	2.3	0.8	1.6	2.4	18.9
북북동	4.3	3.6	4.4	4.3	4.2	7.0	2.3	2.6	2.2	2.1	37
북동	16.1	16.5	18.3	16.9	16.4	16.2	7.0	12.6	12.5	8.3	140.8
동북동	12.4	12.5	13.7	11.3	8.4	8.3	10.8	9.2	12.5	14.4	113.5
동	2.0	2.3	1.9	3.1	6.4	1.9	9.6	1.6	2.2	6.8	37.8
동남동	1.0	1.0	0.9	1.0	1.6	0.8	2.3	0.8	0.9	0.8	11.1
남동	1.0	1.1	1.2	1.0	1.3	1.4	1.6	1.1	1.1	1.4	12.2
남남동	0.8	1.0	0.9	0.9	0.7	0.8	1.2	1.0	0.9	0.9	9.1
남	1.3	1.4	1.8	1.8	1.4	1.8	0.9	1.1	1.0	1.1	13.6
남남서	2.4	2.9	3.6	3.6	3.8	4.4	1.3	5.4	2.7	1.2	31.3
남서	7.5	7.8	8.2	7.0	6.3	7.4	4.3	9.9	6.7	5.3	70.4
서남서	6.7	6.0	5.0	6.0	5.3	9.0	6.4	5.9	4.7	7.3	62.3
서	19.9	17.3	17.3	17.5	13.8	19.7	13.4	14.2	14.1	7.5	154.7
서북서	13.8	14.6	12.3	12.4	8.8	9.4	14.1	18.7	18.3	18.4	140.8
북서	4.4	4.4	4.9	6.5	10.3	4.7	15.0	6.9	7.8	14.8	79.7
북북서	1.2	1.2	1.1	1.4	2.6	1.3	3.9	1.8	2.3	3.9	20.7
계	100	100	100	100	100	100	100	100	100	100	1,000

(자료 서울시정개발연구원, 2000, 서울시 기상 특성을 고려한 도시계획기법 연구, 재인용)

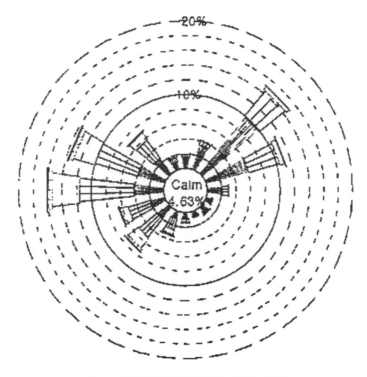

그림 41. 풍향별 바람의 세기(1988년~1997년 평균)
(자료 서울시정개발연구원, 2000, 서울시 기상 특성을 고려한 도시계획기법 연구, 재인용)

5% 미만이다(표 19). 1994년, 1997년에 북동풍이 다른 해에 비하여 각각 7.0%, 8.3%로서 약하였고 대신 동풍이 9.6%, 6.8%로서 강하였다. 1992년, 1994년, 1997년에 북서풍이 10.3%, 15.0%, 14.8%로서 많이 불었다.

풍향별 세기를 살펴보면 북동풍, 북동동풍, 서풍, 북서서풍 계열이 10% 이상을 차지하고 남풍, 남동풍 계열은 2% 미만에 불과하다는 것을 알 수 있다. 그림 41은 풍향별 빈도를 잘 보여 준다.

이러한 풍향과 세기를 고려할 때 한양에는 남풍보다는 동풍 계열과

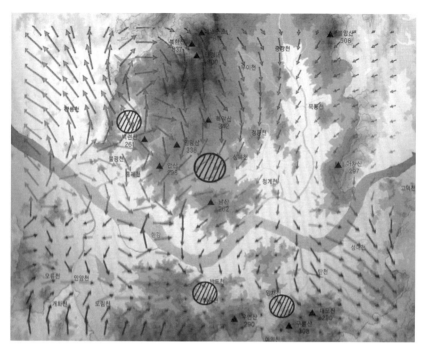

그림 42. 서울의 풍향 10월(자료 서울시정개발연구원, 2000, 지도로 본 서울 2000, 재인용)

빗금 친 곳은 한강을 건너 장풍과 득수가 이루어질 만한 지형적 조건을 갖춘 지역이다. 북악산 아래의 청계천 일대, 구룡산 아래의 양재천 일대, 우면산 아래의 사당천 일대가 그것이다. 한강을 건너온 바람이 화살표가 향하는 방향의 작은 하천과 에워싸는 산줄기에 모여 생기 넘치는 공간을 형성하게 된다.

서풍 계열이 많이 불어 양재천 일대와 청계천 일대가 생기가 넘치는 조건을 제대로 갖춘 곳이 된다. 서해의 대해와 한강을 거슬러 불어온 북동풍 및 서북풍이 작은 분지로 에워싸여 있는 청계천, 사당천, 양재천 일대에서 장풍이 이루어지기 때문이다. 이때 서북풍이 부는 우면산이 장풍의 기능을 하는 주산이 되고 왕숙천, 중랑천, 정릉천을 거슬러 북동풍이 부는 청계천 일대는 인왕산이 주산이 된다(그림 42). 다시 말해 양재천 일대와 청계천 일대가 장풍과 득수가 이루어져 "지기가 연중 일정한 온도가 유지되며 상대습도의 큰 변동 없이 통풍이 잘 되고 일조량이 상당한 조건을 갖춘 쾌적성"이 유지되는 곳이 된다.

한양에서 기후적인 요소와 풍향을 고려할 때 인간 거주의 쾌적성이 유지되는 곳은 북악산 아래의 청계천 일대, 구룡산 아래의 양재천 일대, 우면산 아래의 사당천 일대가 그것이라면 한양 궁궐터가 청계천 일대에 정하여진 것은 상당히 설득력이 있다. 그렇지만 청계천을 중심으로 할 때 어느 산을 주산으로 할 것인가에 논의의 초점이 모아진다. 주산은 생기 넘치는 공간을 결정할 때 고려해야 할 중요한 요소 중의 하나이기 때문이다. 정해진 주산에 따라 사신사(四神砂)가 달라지며 득수와 장풍의 특성이 달라진다.

북악산(342m) 아래의 어떤 곳에 대한 미기후지형적인 관측 자료가 부족하기도 하고 기온, 상대습도 등의 개념이 불완전했던 당시 우리 선조들은 생기가 넘치는 곳에 대하여 형태적인 평가를 하였다. 이에 이 연구는 특정 사이트를 눈으로 관찰하고 사진을 촬영하여 명당 여부를 제시하게 되고 이를 기후·지형적 요소에 의한 평가와 비교해 보게 된다(옥한석, 2007).

청계천을 명당수로 하는 곳에 경복궁, 창경궁, 창덕궁, 경희궁 등의 궁궐터는 북악산(342m), 인왕산(338m), 남산(262m), 타락산(120m) 등에 에워싸여 있다. 정궁인 경복궁은 북악산을 주산으로 한다. 북악산에 오르면 멀리 남산이 보인다. 북악산보다 남산이 80m 정도 해발고도가 높아 한강으로부터의 득수가 문제될 것 없이 보이지만 실제로 남풍은 연중 거의 불지 않고, 동풍 계열의 바람이 불어오지만 우백호가 너무 낮아 득수가 잘 이루어지지 않는다. 다시 말해 좌청룡에 해당되는 타락산이 낮아 동쪽에서 불어오는 바람이 경복궁 터는 연중 습기를 머금게 되지만 목멱산(남산)과 우백호 사이가 낮기 때문에 오히려 생기가 흩어지게 된다(그림 43). 또한 북악

그림 43. 우백호, 목면산(그림의 화살표) 오른쪽이 비어 있어 생기가 흘러나가게 된다.
(출처 옥한석, 2007, 86)

그림 44. 주산, 북악산(그림의 화살표) 왼쪽의 골짜기에서 바람이 불어들어 오게 된다.
(출처 옥한석, 2007, 87)

산과 인왕산 사이의 골짜기에서 바람이 불어들어 와 장풍이 이루어지기에는 완벽하지 못하다(그림 44). 이는 서울시 종로구 효자동 소재 배화여자대학교에서 촬영한 사진으로 북악산 왼쪽의 낮은 골짜기를 넘어서면 홍은동이 나타난다.

북악산 대신에 인왕산을 주산으로 하면 어떠한가? 북악산이 좌청룡, 남산이 우백호, 타락산이 안산이 되어 이상적인 형태를 이루게 된다. 타락산이 낮으므로 멀리 아차산이 주작의 역할을 하게 되고 더욱 멀리 용문산이 조산의 역할을 하게 되는 것이다(그림 45). 양평 용문산에서 남동 방향으로 흘러오는 한강수와 중랑천, 청계천, 성북천을 너머 부는 북동풍은 인왕산 아래에 생기를 머금은 인경궁 터와 경희궁 터를 이루어 놓은 것이다. 청계천 물이 서쪽에서 동쪽으로 흘러나가므로 불리한 것처럼 보이지만 한강물이 흘러들어오므로 득수에 문제될 것이 없다.

인왕산 자락에서 남산으로 이어지는 산줄기가 낮고 약하여 득수에 불리하지만 인왕산이 주작의 형태를 보여 주어, 즉 길고 삼각형으로 생겨 이를 보완해 준다(그림 46). 단지 인왕산 아래에 정궁이 자리 잡기에는 너무 협소한 것이 큰 단점이다.

창덕궁 터는 경복궁 터와 마찬가지로 명당수가 짧고 협소하여 정궁이 들어서기에는 아주 불리하나 서북풍을 맞이하여 득수가 자연스럽게 이루어진다. 이 세 궁궐터를 경관풍수적 요소에 의해 평가한 것이 표 20이다. 경복궁 구역은 안산이 너무 높고 우백호에 해당되는 자락이 너무 낮아 생기를 모으기에는 너무 부족하다. 짜임새가 느슨하며 혈처의 모습이 불안정하게 되어 있다. 경희궁 구역은 안산이 낮으며 혈처의 모습이 안정적으로 나타나고 짜임새가 있다. 경관풍수적으로 경복궁 구역, 경희궁 구역, 창덕궁 구역 셋 중에서 경희궁 구역이 상대적으로 높은 평가를 받게 된다.

그림 45. 좌청룡(그림의 화살표), 타락산 자락이 왼쪽에서 오른쪽으로 길게 늘어서 있다.
아차산과 용문산이 조산의 역할을 하게 된다. (출처 옥한석, 2007, 87)

그림 46. 내백호, 인왕산 아래의 인경궁 터 (출처 옥한석, 2007, 87)

표 20. 경관풍수 조건에 의한 평가 (옥한석, 2007, 88)

평가기준/구역	경복궁 구역	경희궁 구역	창덕궁 구역
안산과 조산, 들	안산이 너무 높다	안산이 낮다	안산의 높이가 보통이다
물길과 수구	나타난다	나타난다	나타난다
산모습	나타난다	나타난다	나타난다
짜임새	느슨하다	짜여져 있다	짜여져 있다
정향	남향	동향	남동향
용의 흐름과 입수	나타난다	나타난다	나타난다
주산	뚜렷하다	뚜렷하다	뚜렷하지 않다
좌청룡, 우백호, 각	나타나지 않는다	나타난다	나타난다
산줄기의 앞뒤, 품격	보인다	보인다	보인다
혈처의 모습	불안정하다	안정적이다	불안정하다

이 세 가지 궁궐 터 중에서 정향이 남향인 경복궁을 법궁으로 먼저 선정
하였다. 그러면 왜 인왕산보다는 북악산을 주산으로 하는 경복궁을 정궁
으로 정하였을까? 이것은 풍수 원리 자체보다는 정치세력들의 정쟁에 의
하여 입지가 결정되었기 때문이다. 한양 천도 문제에 관해 오늘날 청와대
뒷산인 북악산을 주산으로 하되 정도전은 남향을, 최양선은 남동향을 제
시하였고, 무학은 인왕산을 주산으로 하되 동향을 제시하였던 것이다. 현
재 궁궐 터를 중심으로 보면 정도전은 경복궁, 최양선은 창덕궁, 무학은
인경궁이나 경희궁을 주궁으로 정하려 했던 것이다. 승려 무학과의 이러
한 논쟁에 대한 사료는 극히 제한되어 있기 때문에 더 이상 자세한 내용
을 알 수 없다.

결과적으로 정치적으로 득세한 정도전의 '군자는 남향'이라는 사고가 경복궁 터에 주궁을 정하게 되었던 것이다. 상대적으로 생기를 머금은 강도가 약한 경복궁 터가 경희궁이나 창덕궁에 비하여 열세에 놓이게 되고 이를 두고 낮은 우백호로 말미암아 잦은 외침을 겪게 된다는 풍수와 무관한 루머가 발생한 것이다.

　　생기가 넘치는 왕궁이란 왕족들의 주거에 대한 쾌적성을 나타내므로 생기가 상대적으로 약한 경복궁이 법궁이 된다고 해서 크게 문제될 것은 없다. 그렇지만 좌청룡이 낮은 경복궁이 법궁이 되었기 때문에 조선왕조가 외적의 잦은 침입을 받게 되었다는 해석은 풍수의 본질과 무관하다. 다만 경복궁의 득수가 잘 되지 않는 약점을 보완하기 위하여 남대문 밖에다 연못을 파고 소나무를 가꾸어 무성하게 우거지도록 조치를 취하였던 것이다.

제7장

양생론

Life Theory

'양생론'이란 풍수가 보다 건강하게 신체적으로 활력 있는 생명을 유지시킬 수 있는 체계라고 하는 재해석의 이론을 말한다. 풍수가 물질과의 '감응'이라는 아이디어에 도달하게 될 때 풍수 체계는 베르나드스키의 '생물권' 개념과 매우 유사하게 된다. '살아 있는 물질'과 '살아 있지 않은 물질'이라는 개념을 도입한 베르나드스키는 '살아있는 물질'이 놓이게 되는 전체 공간 영역과 그 안에 포함된 모든 것을 지칭하는 개념으로 '생명' 대신 '생물권'을 제안하면서 '살아 있지 않은 물질'과 '살아 있는 물질'과의 분리할 수 없는 연관관계를 중요시하였다(장회익, 2014, 206).

다시 말해 '생물권' 개념을 통해 '살아 있는 물질'과 '살아 있지 않은 물질' 사이, 그리고 이것과 외부 에너지 사이의 분리될 수 없는 성격을 보여 준 것이다. 비록 태양 자체를 포함시키고 있지는 않지만 지구에 유입되고 있는 태양에너지는 불가피하게 포함되며 생명체의 생존을 위해 필요로 하는 모든 물질이 놓여 있는 일정 영역이라고 정의한 점을 생각하면 풍수도 베르나드스키의 '생물권'이 풍구 연구에 큰 도움이 된다고 보며 풍수의 '사' 요소가 그러한 영역의 하나가 되는 것이다.

풍수를 '생명'과 관련시켜야 한다고 한 이는 조선 후기의 실학자 최한기이다. 그는 지기와 그 장소에 사는 유기체가 긴밀한 연관성이 있다고 파악하고 적재적소에서 생명을 보전하거나 장소를 옮겨 생명을 해치는 것은 모두 '지기가 그렇게 만드는 것'이라고 인식하여 장소적 유기체에 대한 지기의 영향력을 강조한 견해라고 보았다(최원석, 2009, 94). 현대에 들어와서 김지하는 풍수가 환경보다 우위의 개념으로 보고 환경학이라는 단어는 무미건조하고 분리된 개념, 외부세계적 개념이어서 '생명학'이 더 적합한 단어라고 말하고 생명학은 생태학보다도 진보한 개념이라고 하였다.

또 생명학은 동아시아 철학사상의 꼭대기에 있는 주역의 생생(生生) 사상에 닿아 있으며 죽음까지도 삶의 연장선상에서 파악하여 상호통합적이고 우주적인 삶에 대한 친교사상이어야 한다고 보았다(김규순, 2013). 특히 총체적이고 연속적인 생명활동이란 의미에서 신명(神明)과 신령(神靈)함으로 무기물과 유기물을 하나로 보는 통일적인 생명에 접근하여 그의 생명사상에서 전통적인 기이론을 근간으로 하는 우리 풍수학을 다음과 같이 재해석하고 있다.

기맥, 이것은 우주 생명의 흐름입니다. 동식물은 물론 산과 흙과 바위와 물마저도 영성을 가진 물체로 보는 풍수학에서 우리는 많은 것을 배워야 해요. 보이지 않는 기맥을 짚어내는 풍수의 영성적 기감(氣感)은 생태학의 관찰검증방법과 탁월하게 결합되어야 하구요. 이러한 여러 사정을 총괄하는 개념으로서 나는 환경이나 생태란 용어 대신 생명이란 개념을 고집하는 것입니다.(김지하, 2003, 79)

이러한 김지하의 주장은 기 자체를 생명소로 규정하고 풍수학을 우주

생명 활동의 원리로 간주하여 풍수학의 대상인 땅 전체가 유기체이고, 하나하나가 생명체라고 하였다. 이러한 주장은 '생명이란 무엇인가'라고 하는 정의로부터 논의가 시작된다. 생명에 관한 정의는 대사적 정의, 생리적 정의, 생화학적 정의, 유전적 정의, 열역학적 정의 등 다양하지만 만족스럽지 못하다고 하며, 이를 대신할 개념으로 '온생명', '생물권', '생태계와 생태권', '가이아' 등이 제안되기도 하였지만 마굴리스와 세이건의 다음과 같은 표현이 명칭 부여 없이 시적인 표현이어서 주목된다.

> 그렇다면 생명이란 무엇인가?
> 생명은 지구에서 뻗어 오르는 태양 현상이다.
> 이것은 우주 한모퉁이에서 지구의 공기와 물, 그리고 태양이 한데 얼려
> 세포 속으로 잦아드는 천문학적인 전환이다.
> 이것은 자람과 죽음, 생겨남과 없어짐, 변모와 부패가 한데 어우러진
> 정교한 패턴이다.
> 생명은 다원의 시간을 통해 최초의 미생물에 연결되고, 베르나드스키의
> 공간을 통해 생물권의 모든 거주자에게 이어지는, 팽창하는 단일조직이다.
> 신이 되고, 음악이 되고, 탄소가 되고, 에너지가 되는 생명은 성장하고,
> 융합하고, 사멸하는 뭇 존재들의 소용돌이치는 접합이다.
> 이것은 불가피한 열역학적 평형, 곧 죽음의 순간을 부단히 앞지르려고
> 자신의 방향을 스스로 선택하는, 고삐 풀린 물질이다.
> 생명은 또한 우주가 인간의 모습을 띠고, 자신에게 던져보는 한 물음이다.
>
> (장회익, 2014, 212~213, 재인용)

이러한 표현은 생명이 천문학적인 전환이며 고삐 풀린 물질로서 에너

지가 될 수 있다는 점에서 풍수와 관련시켜 말할 수 있는 근거가 충분하다고 본다. 조인철(2016)은『황제택경』의 '양생영지성법(養生靈之聖法)'을 근거로 하여 양생풍수(養生風水)가 제시된 점을 고려한다면 형세론, 이기론, 물형론으로 구성된 풍수의 이론은 양기론(養氣論), 양택론(養宅論)으로 2분하고 도시풍수, 건축풍수, 부동산풍수, 인테리어풍수, 조경풍수로 나눌 수 있다고 하였다.

'양생론'의 재해석은 풍수의 '동기감응'이 자리 잡을 수 있는 근거를 제공해 준다. 지기가 주변 산의 어떤 조건 안에서 영향을 주거나 무덤 속 조상의 유골이 좋은 상태로 환원되면서 발산되는 기운이 살아 있는 후손의 기운과 반응하면서 좋은 영향을 준다는 '동기감응'은 후손의 정성이 조상의 혼백을 모아 유행하도록 한 유교성리학의 동기감응과 결합하였지만(김기덕, 2016 ; 민병삼, 2016), 양생론에 의하여 재해석될 수 있는 것이다. 동기감응론은『금낭경』, 이른바『장경』에서 다음과 같이 말하고 있다.

> 그것은 구리광산이 서쪽에서 무너지는데 영험스런 종이 동쪽에서 응하여 울림과 같은 것이다.[47]

구리가 묻혀 있던 광산이 무너짐에 따라 그 구리로 만든 종이 스스로 우는 것은 마치 부모의 유해와 같은 기인 자손에게 복을 입힘과 같은 것이니 이는 모두 자연의 이치라고 하였다. 이는 '살아 있지 않은 물질'과 '살아 있는 물질'과의 분리할 수 없는 연관관계를 중요시한 베르나드스키의 견해와 다를 바 없다.

---

47)『청오경·금낭경』 "是以銅山西崩 靈鐘東應"

그림 47. 시간리듬의 풍수조절론

	하늘	계절리듬	
기화우주론	땅	풍수리듬(조절자)	조화리듬성
우주 ⇨ 예견	인간	생체리듬	⇦ 양생 예측

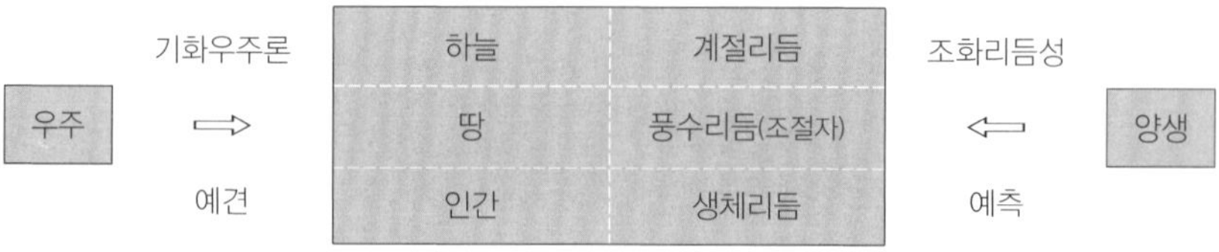

죽은 시신이 살아 있는 자손과 상호 영향을 주고받는다는 '동기감응론'
이 현대사회에 적용되기란 불가능하다고 보고 '경관론', '환경론'과 함께
'양생론'은 우주와 지구의 리듬(계절), 그리고 태어날 때부터 갖게 된 신
체적 리듬이 어느 정도 일치를 보일 때 화평과 발복이 이루어진다는 점에
초점을 두고 있다. 궁극적으로 '천지인' 합일사상은 '우주와 지구의 리
듬(계절)'과 '인간의 생체리듬'을 일치시키려는 풍수의 조절론으로 결론
지었다. 이러한 풍수의 해석을 그림 47과 같이 정리해 볼 수 있다.

이러한 시간리듬의 풍수조절론은 '현대지형학'과 '형세론'의 비교로
부터 그 단서를 찾아볼 수 있다. 하늘의 성수로부터 산과 수가 이루어진
동양의 형세론과는 달리 현대지형학은 지각이 여러 개의 굳은 판으로 나
뉘어져 있고 지구 내부의 마그마의 순환에 의하여 이들 판이 맞물려 수평
운동을 하면서 지형이 형성된다고 본다. 즉 각 판의 경계는 지진대와 화
산대가 나타나며 판들이 수렴대에서 서로 만나며 발산대에서 서로 분리
되고 있다는 점이 증명된 '판구조론'은 오랜 지질시대에 지각변동이 이
루어지면서 산맥과 고산준령이 형성되었다는 이론이다.

판구조론에 따르면 하늘의 성수가 산수를 이루어 내었다고 하는 풍수
의 형세론은 배척된다. 다시 말해 천상과 지형이 상응한다는 관념에 따라

별빛을 받은 봉우리가 무리지어 내려가는 것이 용이며, 높은 산은 별빛을 받은 봉우리가 융기한 것으로 보는 형세론적 관점은 수렴하고 발산하는 판 상에서 지질시대의 강수에 의한 침식과 퇴적작용에 의하여 지형이 형성되는 판구조론적 관점과 서로 접점을 찾기가 곤란하다.

박수진은 한국에서 전형적으로 나타나는 사신사의 발달과정을 지형발달사적 측면에서 해석을 시도하였다. 지형학적으로 사신사는 일정한 융기 속도 아래에서 지표 삭박작용이 나타날 때 만들어지는 산지유역의 대표적인 형태이며, 안산과 조산은 사신사 지형이 잘 발달되기 위한 유역 내의 침식 속도를 줄여 주는 좁은 수구가 필수조건에 해당된다고 보았다 (박수진·최원석·이도원, 2014, 1~18). 다시 말해 융기와 침식, 그리고 유역 내에서 물질의 재분배 과정이 균형을 이루면서 만들어지는 사신사는 인간이 농경활동에 활용할 수 있는 다양한 환경조건을 제공해 줄 수 있다고 보았다. 그래서 사신사는 지형의 형태와 그 내부에서 일어나는 각종 자연환경의 특성을 전일적으로 파악하는 데 도움을 주는 독특한 인식 틀이라고 주장하였다. 나아가 사신사 지형의 발달과정과 환경적 의미, 비보 행위를 복잡계 지형학의 원리와 대비시켜 풍수의 지형 인식이 복잡계적 지형 인식방법이라고 진일보시켰다(박수진, 2016, 301).

그럼에도 현대 지형학자들은 지형의 형성이 천체의 작용과 관련이 있다는 생각은 해 보지 못한 것으로 보인다. 특히 서구의 근대 지형학은 침식과 퇴적에 의한 지형의 발생론에 치중하고 있기 때문에 지형이 인간생활에 어떤 영향을 미치는가에 대해서는 부족하였다. 오늘날 토목기술과 기자재에 의하여 인간의 생활에 유리하도록 얼마든지 지형 변형이 가능해졌기 때문에 지형의 인간생활에 관한 영향은 미미해져 문화결정론에 치우칠 위험이 커졌다.

오히려 천문과 지리가 일치해야 한다는 풍수의 관념이 지형과 인간생활과의 관계에 관한 이해를 도와주게 되어 현대적으로 활용할 수 있는 길을 열어 주고 있다고 본다. 산·수·향으로 이루어진 풍수의 3요소가 기온과 습도 및 태양의 고도에 의한 빛 등이라면 이는 인간의 '생체리듬'에 영향을 주게 되고 다시 '우주리듬(계절리듬)'과 관련을 가지게 되는 것이다. 일조량이나 풍향·풍속, 물의 양에 따라 일주기·계절적 리듬이 달라지며 이를 '풍수리듬'이라고 볼 수 있다. 빛과 온도 등에 의하여 이루어진 인간의 생체리듬은 풍수리듬에 의하여 다시 재조정 또는 조절될 가능성이 있기 때문에 형세론의 용·혈·사·수·향 중에서 혈에 대한 연구가 주목을 끌며, 혈은 기가 응축된 지점으로 혈에 응취된 기가 곧 '지기'라고 하였으며, 혈을 통하여 미래도 예측 가능하다(신평, 2015)는 의견에 동의할 수 있다. 바로 '혈'이 리듬 조절의 결정체가 있는 곳이기 때문이다. 현대 풍수사로 활동 중인 신평은 혈에 대하여 다음과 같이 말하였다.

풍수지리학에서 가장 대두되는 조목이 龍穴沙水의 四科條論이다. 사과조론은 어느 한 科條만이 홀로 존재하는 것이 아니라, 상호 대립하면서도 主客의 對待性으로 의존 보완하는 작용으로 존재한다. 그중에서 穴이라는 주체자를 중심으로 나열되는 과조의 관계성은 혈이라는 주체자를 중심으로 하여 圓形으로 확장된다는 표현이 가능하다. 혈이라는 주체자를 혈이라고 할 만큼의 증거가 필요하고 혈의 중심점으로부터 혈이 이루어지는 반경이 圓으로 穴暈을 이루면, 혈운의 形象境界에서 내·외부적인 측면으로 관찰이 가능하다. 관찰은 곧 혈에 대한 증거이며, 증거로서 혈이라는 것을 확신할 수 있게 되니 곧 證穴이다. 증혈은 원형의 개념으로 설명이 가능하고 원형은 가설로서 무엇이든 수용이 가능하다. 원형은 최초 입자로부터 최대 우주에 이르기까지 확장과 수축이 자유로우며 이는 기의 팽창성과 수축성으로도 원형으로 이해가 가능하다. 혈은 기가 응취된 지점으로, 혈에 응취된 기는 곧 지기이다. 지기가 응취된 證穴은 定穴을 찾게 되고 정혈 역시 증혈의 연장선이다. 증혈과 정혈은 그것이 확실하다면, 또한 그에 대한 사용자의 미래 예측도 가능하다(신평, 2015, 68).

이러한 관점에서 혈의 증거와 찾는 방법, 이른바 증혈법에는 朝山證穴·明堂證穴·水勢證穴·樂山證穴·鬼星證穴·龍虎證穴·脣氈證穴·天心十道證穴·分合證穴 등이 있으며, 정혈법에는 太極定穴·兩儀定穴·三勢定穴·雌雄定穴·三停定穴·四殺定穴·饒減定穴·聚散定穴·向背定穴·張山食水定穴·枕龍耳角定穴·趨吉避凶藏神伏殺定穴·近取諸身定穴·指掌定穴 遠取諸物定穴·流星定穴·八卦定穴·盖粘倚撞法·吞吐浮沈法 등이 있다고 하여 형세론의 혈에 대한 논의가 활발하다. 나아가 혈상에 따른 발복을 다음과 같이 논하고 있어 주목된다.

證穴에 의한 發蔭은 穴證에 의해 가능하며 定穴에 의해 단정하게 된다. 穴暈의 내부적 판단에서 혈의 的中으로부터 到頭枕靠와 연결이 人丁의 壽와 賢人君子를 가름하고 左右의 肥瘠으로 부와 귀가 따르며 앞의 氈饒 脣으로 부의 기간이 결정된다. 짧게는 혈의 적중점으로부터 일보(130cm)는 삼 년이라는 설과 길게는 삼십 년, 삼백 년 설로 이어진다. 만약 혈의 적중점에서 일보 안에 穴病이 있다면 발음은 반대로 흉한 재앙이 삼 년 안에 닥친다. 내부에서 穴病이 일보 앞에 있으면 가슴을 찢는 아픔이 있고 뒤에 있으면 夭壽가 따르며 좌측은 문서가, 우측은 재물에 재앙이 온다. 혈운의 선 내부는 직접적인 영향권이 되므로 穴暈에 적중해야 하고 혈운의 선이 확실해야 하며 혈운의

선 안 내부는 지기의 生氣가 충만히 凝聚하여야 한다. 穴暈의 선 외부로 내
당수의 흐름은 약 3~4보에서 6~7보의 거리를 이루게 되고 穴前水를 간파하
면 재물의 득실을 단정할 수 있다. 穴前水는 乾流水이다. 穴星의 乘金과 相
水 印木에 이어 朝堂과 案山 四神沙 順으로 연대를 추리하고 凹風과 直沖,
直去, 斜飛 등의 흉으로 재앙을 단정한다. 내당국은 삼십 년을 기준하고 국
세가 外水를 帶同하면 육, 칠십 년으로 길어진다. 陰宅에 있어 단정은 結穴
을 이루었을 때 가능하고 결혈하지 못하면 단정이 무의미해진다(신평, 2015,
92~93).

형세론이 증혈에 의하여 발복의 시기를 가늠할 수 있다고 한 점은 형세
론이 이기론과 함께 발복의 시기를 예견한다는 점에서 특별히 주목을 받
게 된다. "혈승(穴星)의 승금(乘金)과 상수(相水) 인목(印木)에 이어 조당(朝堂)
과 안산(案山), 사신사(四神沙) 순으로 연대를 추리한다"는 주장은 나름대로
의 경험적 데이터를 두고 이렇게 주장한 것으로 본다.

30년, 60년이라고 하는 기간은 하나의 리듬 사이클이 아닌가 생각된다.
해변가에 파도가 밀려와 해안, 절벽, 섬, 방파제 등에 부딪치면서 다양한
파동과 파형을 만들어 내는 것처럼 '용혈사수향'에 생기가 부딪쳐 동일
한 현상이 나타나는 것으로 볼 수 있다. 파동과 파형은 진동수와 진폭, 에
너지의 이동으로 특징지어져 그곳에 살고 있는 이들에게 영향을 주게 되
고 이들은 리듬 사이클을 타게 되는 것이다.

형세론자들이 혈처를 둘러싸고 있는 청룡과 백호, 주산과 안산의 관계
에 의하여 몇 가지 유형이 나타나며 이 유형에 따라 발복의 시기와 강도,
지속 여부를 알 수 있게 된다고 하였는데, 유형이 주는 리듬이 인간에게
영향을 준다고 볼 수 있다.

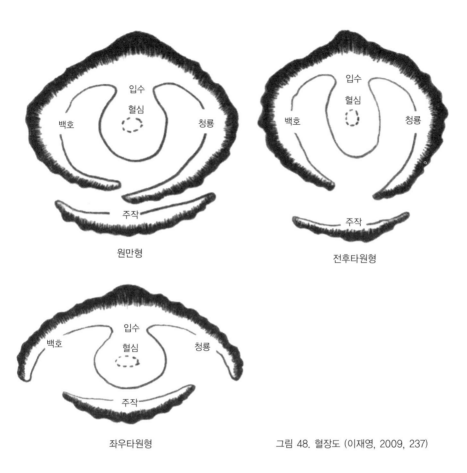

원만형

전후타원형

좌우타원형

그림 48. 혈장도 (이재영, 2009, 237)

이재영(2009)은 혈처를 둘러싸고 있는 청룡과 백호의 거리, 주산과 안산과의 거리에 의하여 '원만형', '좌우타원형', '전후타원형'이 있다고 하며(그림 48) 이들 유형에 따라 응력 에너지의 균형상 차이가 있다고 주장하였다(이재영, 2009, 236~237).[48)] 이러한 거리뿐 아니라 고도도 중요하다. 안산과 조산 사이를 흐르는 물을 기준으로 하여 혈처까지의 높이에 따라 유형을 분류할 수 있다. 예를 들어 높은 전후타원형, 낮은 전후타원형, 높은 원만형, 낮은 원만형, 높은 좌우타원형, 낮은 좌우타원형 등이 그것이다.

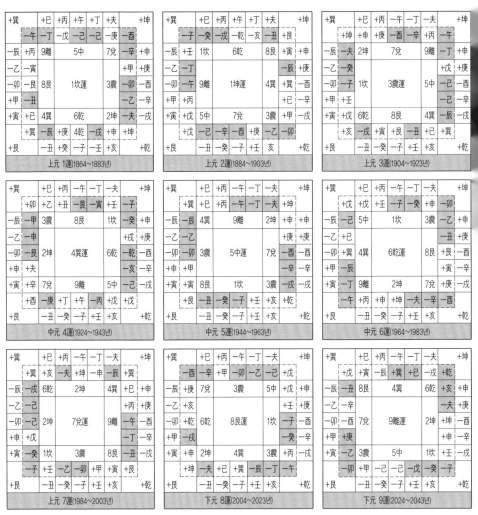

그림 49. 공망이론의 9대 운수와 팔괘 및 24방위도 (출처 최명우, 2015, 재인용)

48) '원만형' 혈장은 혈장을 에워싼 사신사의 응력작용이 360도 방향에서 균형적으로 작용하는 것이며, '전후타원형혈장'은 청룡과 백호는 균형이 되지만 안산이 멀거나 너무 낮아서 그리고 '전후타원형'은 현무와 안산은 응력 에너지가 균형을 이루었으나 청룡과 백호가 혈장과의 거리가 멀거나 너무 낮아 응력 에너지가 균형을 이루지 못한 것이라고 이재영(2009)은 주장하였다.

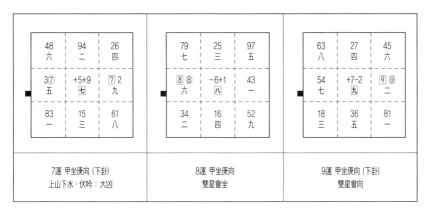

48 六	94 二	26 四
3⑦ 五	+5+9 七	⑦2 九
83 一	15 三	61 八

79 七	25 三	97 五
⑧⑧ 六	-6+1 八	43 一
34 二	16 四	52 九

63 八	27 四	45 六
54 七	+7-2 九	⑨⑨ 二
18 三	36 五	81 一

7運 甲坐庚向 (下卦)
上山下水 · 伏吟 : 大凶

8運 甲坐庚向
雙星會坐

9運 甲坐庚向 (下卦)
雙星會向

그림 50. 공망이론에 의한 김종필 의원의 운세 (출처 최명우, 2017, 9)

유형을 구분하여 서로 비교해 보기 위해서는 등질적인 일정한 범위 내에서 연구하는 일이 필요하다(옥한석, 2012). 또 다른 어떤 형세풍수사가 용의 흐름과 물의 흐름이 만나는 시점을 '보각'(사람의 눈으로 용과 물의 흐르는 거리를 목측하여 잰 거리)에 의하여 결정된다고 한 점을 상기한다면 형세론은 이러한 거리, 즉 보각(步脚)이 풍수리듬 축의 중심이 될 수 있지 않을까 생각된다.

한편, 풍수리듬의 또 다른 표현이 공망(空亡)이론이다. 공망이론은 180년을 주기로 하여 20년씩 1운, 2운, 3운, 4운, 5운, 8운, 9운으로 나누고 정해진 특정 좌향이 행운과 불운을 가져온다는 이론이다. 그림 49는 최명우가 제시한 '현공풍수'의 운대별 팔괘와 24방위의 배치도이다. 2017년은 8운대(2004~2023년)에 해당되므로 24방위에 의하여 정해진 좌향은 팔괘의 숫자의 합에 의하여 길흉이 결정된다는 이론이다.

공망이론에 의하면 전 국회의원 김종필 선대 묘소의 갑좌경향 좌향이 그림 50과 같이 예견된 것을 볼 수 있다. 그림 50에서 ■과 →가 갑좌경향의 좌향이며 이것이 위의 그림 7, 8, 9운의 배치도에서 9궁의 숫자 조합이 이루어져 길흉이 예견된다는 것이다.

　이에 따라 "실제로 김종필은 자민련 총재로 역임하면서 2000년 16대 총선에서 17석을 얻어 명맥을 아쉬운 대로 유지하였으나 선친 이장 후인 2002년에는 대선에서는 후보를 내지 못하였고 2004년 17대 총선에서는 4명의 의원 배출에 그쳐 비례대표에도 낙선하여 결국 총재직과 함께 정계 은퇴 선언을 하였다"(최명우, 2017, 8)고 설명하고 있다. 2002년은 7운대이며, 2004년은 8운대로서 같은 좌향이라도 운이 나빠져 정계 은퇴에 이르렀다고 공망이론은 해석하는 것이다.

제8장

길흉의 의미와 시간리듬의 분석

Meanings of Fortunes and Analysis of Time Rhythms

1. 길흉의 의미와 예견

풍수에서 말하는 길흉은 구체적으로 무엇을 말하는 것일까?『금낭경』
의 취류편에서 다음과 같이 구체적으로 언급하고 있다.

① 形이 날을 위로 세워 둔 칼과 같으면 凶禍가 숨어서 달려든다(形如仰刀면
凶禍伏逃이라). ② 形이 뉘어 놓은 칼과 같으면 죽임을 당하거나 참소함을
입게 된다(形如臥劍이면 誅夷逼僭이라). ③ 形이 가로놓인 책상과 같으면 子
孫이 死滅되리라(形如橫几면 孫滅子死라). ④ 형세가 뒤집힌 배와 같으면 여
자는 병이 들고 남자는 옥에 갇힌다(形如覆舟면 女病南囚라). ⑤ 형세가 재주
머니와 같으면 집이 불타고 창고가 잿더미가 된다(形如灰囊이면 災舍焚倉이
라). ⑥ 형세가 샘대를 흩어놓은 듯한 모습을 닮으면 百事가 昏亂하리라(形
如投筭이면 百事昏亂이라). ⑦ 형세가 흩어놓은 옷가지와 같으면 妬女淫女가
날 것이다(形如亂衣면 妬女淫妻라). ⑧ 形勢가 冠을 바로 쓰고 있는 모습 같으
면 永昌하고 歡悅하리라(形如植冠이면 永昌且歡이라). ⑨ 형세가 엎어진 가마

솥과 같으면 그 꼭대기 부분에 장사지냄이 可當하리라(形如覆釜면 其巓可富라). ⑩ 形勢가 負扆(둘러쳐 놓은 병풍)와 같은데 壟中에 峙가 있어 그 그치는 곳에 葬事지내면 王侯가 끊임없이 배출되리라(形如負扆에 有壟中峙하여 法葬其止면 王侯崛起라). ⑪ 靑龍은 두른 듯 白虎는 웅크린 듯하고 前案이 집과 같으면 貴가 이슬 맞는 일(즉 벼슬자리에서 쫓겨나는 일)이 없으리라(龍虎遠踞하고 前案如戶면 貴不可露나라). ⑫ 제비집을 닮은 모양의 움푹 들어간 곳에 葬事를 지내면 땅의 복을 받고 식솔이 늘어나는 법(胙土分茅는 諸侯의 象徵임)이다(形如燕巢에 法葬其凹에 胙土分茅라). ⑬ 形勢가 뒤집어 놓은 술병과 같다는 것은 後岡(主山)이 멀리로부터 와서 앞의 朝案山이 照應해 줌이 九卿 三公에 이를 것이라는 말이다(形如側罍는 後岡遠來, 前應回曲. 九棘三槐라). ⑭ 勢가 萬馬가 스스로 하늘에서 내려오는 듯하면 그곳에 王者를 葬事지낸다(勢如萬馬自天而下면 其葬王者라). ⑮ 勢가 큰 파도, 중첩한 산맥, 첩첩한 봉우리들 같으면 千乘之葬이다(勢如巨浪重嶺疊嶂이면 千乘之葬이라). ⑯ 勢가 降龍이 물을 둘러싸고 戲弄하는 듯하면 爵祿이 三公에 이른다(勢如降龍水繞雲從이면 爵祿三公이라). ⑰ 勢가 壁立雙峯을 따르는 구름 같으면 翰墨 詞鋒이 나온다(勢如雲從壁立雙峯翰墨詞鋒이라). ⑱ 勢가 重屋, 茂草, 喬木 같은 곳에서는 開府建國한다(勢如重屋茂草喬木이면 開府建國이라). ⑲ 勢가 놀란 뱀이 이리저리 휘어져 뒤뚱뒤뚱 도망치는 듯하면 滅國亡家된다(勢如驚蛇屈曲徐邪면 滅國亡家라). ⑳ 勢가 창과 같으면 兵死形囚한다(勢如戈矛면 兵死形囚라). ㉑ 勢가 달려나가는 물과 같으면 산 사람이 모두 鬼神이 된다(勢如流水면 生人皆鬼라). ㉒ 무릇 勢와 形이 順하면 吉하고 形과 逆과 勢과 逆하면 凶하다(夫勢與形順者는 吉이오 形與勢逆者는 凶이라). ㉓ 勢는 凶하나 形이 吉하면 百福中 한 가지는 바랄 수 있고, 勢는 吉한데 形이 凶하면 禍가 날을 돌이키지 않는다(勢凶形吉이면 百福希一이오 勢吉形凶이면 禍不足旋日이라).(『청오경・금낭경』, 183~201)

이러한 내용으로 미루어 구체적으로 가족의 안위, 개인의 길흉화복, 높은 벼슬, 부의 축적, 장수 등에 관하여 언급하고 있음을 알게 된다. 형세론이나 이기론이나 풍수를 통하여 개인의 길흉화복과 안위와 출세 등이 실현될 것이라고 하는 예언으로 표현되어 있어 이에 대한 논의가 이루어져야만 풍수의 본질에 더욱 접근하게 된다.

길흉을 예견하기 위하여 제시된 형세론, 이기론, 물형론 등 풍수의 고전적 이론은 그 적용분야가 음택과 양택으로 구분된다. 음택은 죽은 자를 매장하여 묘지를 조성하는 일이라면 양택은 살아 있는 자가 사는 주택을 만드는 일을 말한다. 음택은 복잡한 장례절차를 거쳐 혈처(구덩이) 안에 머리에서 다리 방향으로 반듯하게 묻은 시신이 자손들에게 어떤 영향을 미친다는 '동기감응론'이라는 이론이 기초를 이루고 있다.

한편, 양택은 논리 구성이 내부적 요인과 외부적 요인으로 양분되는데 '양택삼요론'과 '동 · 서 사택론' 및 '구성론'은 내부적 요인을 설명하는 이론이다. 조정동이 『양택삼요』에서 처음 제시한 '양택삼요론'은 門 · 主 · 灶를 주택의 가장 중요한 구성 요소로 본다. 문은 바깥 기운이 들어오는 통로이기 때문에, 주는 안방으로 부부관계가 이루어지는 태실이기 때문에, 부엌은 음식물을 조리하는 공간이기 때문에 중요시하였다고 본다.

'동 · 서 사택론'은 각 방위의 오행이 상생의 원리로 정립된 이론이다. 즉 門 · 主 · 灶이 수생목, 목생화의 어느 방위에 배치되면 동사택, 토생금의 방위에 배치되면 서사택이 된다는 '동 · 서 사택론'은 그 기준이 주출입문이 되어 門과 主, 門과 灶를 조합한 괘가 주인의 운명을 예견해 주게된다. 이는 다음 표 21을 통해 알 수 있다.

8방위와 이에 따른 오행, 8괘, 동 · 서사택을 보여 주고 있지만 중앙을 포함하여 9궁이라고 하는 이유는 무엇일까? 그것은 사람이 사는 주택, 특히

표 21. 구궁도와 동·서사택 (필자 작성)

괘 : 巽 방위 : 동남 오행 : 목 사택 : 동	괘 : 離 방위 : 남 오행 : 화 사택 : 동	괘 : 坤 방위 : 서남 오행 : 토 사택 : 서
괘 : 震 방위 : 동 오행 : 목 사택 : 동	중앙	괘 : 兌 방위 : 서 오행 : 금 사택 : 서
괘 : 艮 방위 : 북동 오행 : 토 사택 : 서	괘 : 坎 방위 : 북 오행 : 수 사택 : 동	괘 : 乾 방위 : 북서 오행 : 금 사택 : 서

왕의 궁궐은 9성의 원리에 의하여 배치되어야 한다는 것이다.

양균송의 『감룡경·의룡경』에 따르면 "구성(九星)이란 탐랑·거문·무곡·좌보·우필성·녹존·문곡·염정·파군의 아홉 개 별로 구성되어 있다"⁴⁹) 하였으며 9개 모두 길흉, 위치, 오행, 방위, 사의 귀천이 있다고 하였다. 예를 들어 탐랑성은 북두칠성의 제1성이며, 천축생기궁으로 극귀지상, 오행은 목, 궁위는 간방 병방, 간맥간봉을 사용하면 부귀고수 문무지직이 현양한다고 하였다. 양균송의 구성론이 가상의 배치에 활용되어 구궁도가 나타나게 되었고 양택삼요론, 동·서 사택론 및 구성론은 주택

---

49) 『감룡경·의룡경』"北斗星宮幾名 貪巨武星并輔弼 祿文廉破地行中 九星人言三吉 三吉之餘有輔弼"

의 평면구조나 8방위의 구분 근거, 주(主)의 여러 가지 해석, 나반의 측정 지점 및 본명궁만의 활용, 현대 주택에의 활용 한계 등의 측면에서 비판 (박정해, 2015, 100~103)을 받고 있다.

박정해는 「풍수발복론의 역사적 전개와 한계성 비판」 연구에서 동기감 응론이 소주길흉론과 관련을 가진다는 점(강환승, 2011)에 동의하면서도 풍 수발복론은 첫째, 길지를 통한 소주길흉론과 동기감응론을 설명하는 데 한계를 보이며, 둘째, 선행의 논리를 제시하기보다는 후행적 상황논리에 머무는 상황논리가 많고, 셋째 종교적 관련성을 배제할 뿐 아니라, 넷째 현실의 삶과 내세의 삶을 설명하지 못하며, 다섯째, 삶의 다양한 환경요 인을 반영하지 못하는 한계가 있다(박정해, 2016).

2. 양생론의 조화 리듬성

풍수가 시간리듬의 조절자라고 하는 주장은 고전적 풍수이론의 형세론 에서 그 단서를 찾을 수 있다. 단서는 길흉화복이 언제 나타나는 것인가 에 대하여 별자리의 배치, 이른바 점성술에 가까운 견해가 말해 주고 있 다. 하늘에 목성·화성·토성·금성·수성의 오성과 북두9성의 녹존· 탐랑·문곡·무곡·거문·염정·파군·좌보·우필의 구성이라고 하는 별들이 있는 것처럼 이들 별의 기운이 흘러 오성산과 구성산의 형상을 이 루었다고 보는 견해로부터 점을 치게 된 것이다.

제1부의 표 9를 보면 북쪽에 파군·문곡 등이, 남쪽에 무곡·문곡·탐 랑 등이, 동쪽에 보필·염정·녹정 등이, 서쪽에 거문·문곡·염정 등이 배치되어 있는데 이들의 기운에 의하여 산수가 형성되었다고 보았다. 즉 그 방위에 이에 해당되는 성수가 어떤 때에 나타나면 길흉 화복이 예견되

었다는 사실이다. 바로 풍수의 리듬성을 말하며 중앙의 팔괘 바깥 원에 개별 별자리의 모양이 그려져 있고 그 바깥 원에는 북두성의 이름이 24개 표시되어 있는 것으로 미루어 '향'을 통해 길흉이 예견되고 이것은 다시 음양오행설로 부가 설명되었다고 보여진다.

실제 하늘의 성수처럼 배치되어 있는 산수를 다음과 같이 언급하고 있지만 언제 어떤 일이 일어나는 것에 대해서는 자세히 말하고 있지 않다. 아마 배치된 산수의 방향에 이들 별자리가 나타날 때 길흉의 사건이 일어난다고 보지 않았을까 생각된다.

> 탐랑에는 본래 열두 모양이 있는데 (중략) 이러한 열두 가지 탐랑이 가져다주는 재앙과 행운의 경중에는 차이가 있어 한결같지가 않다. (중략) 위 다섯가지가 바야흐로 탐랑의 정형이니 이들의 길흉화복을 자세히 밝히는 것이 필요하다. (중략) '탐랑 상령사'의 땅기운을 받으면 고위관리들이 배출되며 '탐랑 하령사'의 땅기운을 받으면 돈궤미가 창고에서 썩을 만큼의 큰 부자가 배출된다.[50] (『감룡경·의룡경』, 48~50)

그렇다면 때에 따른 이러한 성수의 배치가 주는 길흉은 오늘날 어떤 의미가 있을까? 성수가 가져오는 우주적 리듬과 생명 리듬의 '조화성'과 '부조화성'이 길흉이 아닐까 생각된다.

과거에도 그리하였던 것처럼 르페브르는 오늘날 일상의 모든 측면들이 공간 내 노동의 조직문제로 종속되면서 시간은 이제 일상성의 시간이 되었

---

50) 『감룡경·의룡경』 "貪狼自有十二樣… 禍福輕重自不同…五者方爲貪正形 吉凶禍福要詳明…貪狼若非廉作祖 爲官也不到三公…上嶺解生朱紫貴 下嶺須爲교 腐家"

표 22. 고전적 풍수지리의 해석 (필자 작성)

주제	전통적 해석	현대적 재해석
이론	형세론 이기론 물형론과 비보론 선택론	경관론 환경론 양생론
근거	천지인 합일론, 동기감응론	생체적 · 심리적 시간리듬 조절론
적용분야	양택, 음택	도시재생, 신도시 건설 환경계획, 건축

다고 하여 이들 리듬의 조화성이 더욱 요청된다고 하였다. 취침시간과 기상시간, 식사시간과 자유시간, 어른과 아이와의 관계, 오락과 여가, 인간과 거주와의 관계 등은 사회적 시간에 의해 결정되고 있지만 여전히 우주적 리듬과 생명의 리듬은 어김없이 우리 일상생활 속을 관통하며 흐르고 있어 낮과 밤, 달과 계절들, 더 정확히는 생체적 리듬이 우리 일상생활 속에서 일률적 시간의 반복적 프로세스와 항상적인 상호작용에 놓이게 되어(앙리 르페브르, 2013⁴³, 201) 우주적 리듬과 생명 리듬의 부조화성이 가져온 심리적 판단이 길흉이라고 본다면, 풍수는 이러한 부조화성을 심리적으로 생리적으로 조절해 주는 과학이라고 간주할 수 있게 된다. 고전적 풍수지리에서 말하는 '천인합일론'이 생체적 · 심리적 '시간리듬 조절론'으로 재해석되어 풍수는 보다 과학적인 근거를 갖게 되는 것이다 (표 22).

인간의 체내에 내재되어 있는 생물학적 시간 시스템은 하루의 시간을 알려주는 것 이상을 하고 있으며 내적으로 매일 매일을 모델링하고 있다.

틸 뢰네베르크는 이에 대하여 다음과 같이 말하고 있다.

시간 시스템은 생물 세포 차원의 생화학적 과정과 행동 사이의 정보 네트워크
를 이룬다. 그리하여 시간적 공간 안의 모든 신체기능을 조율하는 내적 시간
구조를 만든다. 시간 프로그램은 주변 환경의 정기적 변화를 내다보고 올바른
시간에 올바른 것을 하도록 신체를 대비시킨다(틸 뢰네베르크, 2010, 292).

이에 따라 우리는 하루하루를 다양한 국면과 다양한 도전이라고 하는
장애물을 넘는 경주를 하고 있다고 볼 수 있고 장애물에는 빛, 어둠, 기온
변화, 영양원, 적의 위협 등이며 기온 변화는 바람의 방향과 속도까지도
포함된다. 따라서 고전적 풍수지리의 적용분야가 양택과 음택 분야로 한
정된다면 현대적 풍수지리는 도시재생, 신도시 건설, 환경계획, 건축 분야
에 적용될 수 있게 되고, 이들 분야는 개개인의 시간리듬을 조절해 줄 수
있는 도시계획 또는 획지선정 및 건축설계가 될 수 있다고 보며 이들이 리
듬의 장애물을 조절해야 하는 것이다.

밀물과 썰물이 12.5시간마다 되풀이되면서 해변에 밀려드는 파도가 해
안에 사는 생물에게 중요하듯이, 형세론적 풍수의 '혈' 처를 향해 해가 뜨
고 지며 햇빛이 비추고 계절마다 비추는 시간이 달라지면서 반복되고 태
양 복사열에 의하여 바람의 방향이 주기적으로 바뀌는 현상은 그곳에 사
는 사람에게 중요하다.
오랜 지질시대에 걸쳐 수평으로 이동하면서 이루어졌다는 대륙의 산과
하천보다는 지구의 대기대순환에 의하여 주기적으로 부는 남동풍, 편서
풍, 북풍은 계절과 기온 변화에 영향을 미치므로 미세한 스케일로부터

매크로 스케일에 이르기까지 풍수의 형세가 이루어 내는 빛, 어둠, 바람, 기온 변화 등이 생체리듬에 영향을 주게 된다고 하겠다.

 따라서 규칙적으로 변화하는 환경에 살아가는 생물, 특히 인간에게 시간구조에 적응하고 규칙적 변화에 대비하며 무엇보다 그 변화들을 예측하는 것은 아주 도움이 되며 시간 구조 안에서만 미래를 예견할 수 있는 것이다. 이런 점에서 오늘날 산업화로 인하여 폐쇄된 건물에서 일하고, 교대근무, 야근 또는 장거리 비행 등의 근무를 통해 체내시계가 교란되고 있기 때문에 빛과 어둠, 추움과 더움의 과다 혹 과소가 가져다주는 피로한 심신을 극복하고 조절할 수 있는 메커니즘이 바로 풍수의 조화리듬성이라고 본다. 진화되어 유전된 체내 시계의 생물학적 시스템은 단세포 생물로부터 인간에게 이르기까지 모든 신체기능을 조절하므로 풍수는 생체리듬의 조절자로서 도시재생, 신도시 건설, 환경계획 분야에서 중요하게 고려되어야 하는 요소이다.

제3부

현대적 적용 분야

Part III Application of Contemporary Reinterpretation Theories

제9장

적용 대상과 시간리듬

Applied Subjects and Time Rhythms

1. 적용 대상

풍수가 생체리듬의 조절자로서 도시재생, 신도시 건설, 환경계획 분야
에서 중요하게 고려되어야 하는 요소라고 한다면 구체적으로 그것은 어
떻게 어떤 대상에 적용되어야 하는가? 일차적으로 이들 분야의 환경에 대
한 풍수적 평가가 이루어져야 하며 궁극적으로는 건축설계에 적용되어야
한다고 본다. 주산, 안산, 좌청룡, 우백호를 비롯하여 혈을 둘러싼 모든
요인을 말하는 풍수의 사격은 혈의 기가 흩어지지 않고 잘 보존되기를 바
라는 의도에서 비롯된 보국을 형성하는 기준이 되므로 이에 대한 환경론
적인 평가가 필요하다.

예를 들어 한국임업진흥원의 '필지별 산림정보시스템'(그림 51)은 지형
정보, 토양정보, 기후정보뿐 아니라 적정조림수종, 임지생산능력, 나무정
보, 산사태정보 등을 제공해 주어 산지를 이용하고자 하는 소비자 및 소
유자에게 도움이 되는 것처럼, 건축물을 지으려는 이들에게 풍수 관련 정
보가 제공된다면 풍수는 객관적으로 유익한 지식체계가 될 수 있다. 풍수

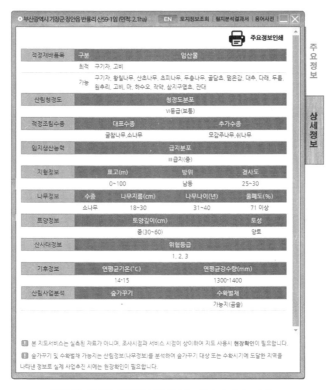

그림 51. 필지별 산림정보 (출처 http://gis.kofpi.or.kr)

지도 작성에 의한 환경평가가 이루어지게 되면 이는 도시재생이나 신도시 건설에 일차적인 도움이 될 수 있다.

향후 풍수지도 작성에 의한 환경평가가 이루어져야 한다는 점에 유의하여 풍수지도 작성을 위한 시론을 마련해 보고 이것을 기초로 하여 도시나 지역 계획이 시도될 필요가 있다(지종학 외, 2015). 오늘날 도시화의 진행에 따라 대다수가 도시에 거주하게 되므로 풍수도 도시에 초점을 맞추어 연구되어야 한다. 도시계획의 최종 형태는 개별적인 건축행위에 의하여 완성되므로 도시계획적인 이념과 건축적인 창의가 서로 공존하면서 도시의 물리적 환경을 조화롭게 조성할 수 있는 매개로서 풍수가 자리잡을 수 있도록 해야 할 것이다.

　도시설계에서 가장 중요한 요소는 사람과 환경(공간)이며 구체적으로는 도시의 공간 환경에 어떤 기능 혹은 용도를, 어떤 형태에 담아서, 어떤 의미를 가지도록 해야 할 것인가 하는 과제를 다루고 있으므로 도시설계의 원칙에 대한 풍수적 원칙의 추가 필요하다. 접근성, 다양성, 명료성, 풍부성, 인간성, 자연성, 사회성(김철수, 2012, 356) 이외에 '풍수의 조화리듬성'이라고 하는 원칙이 요청되는 것이다.

　'풍수의 조화리듬성'의 원칙은 도시계획이나 건축계획, 그리고 지구단위계획[51] 모두에 적용될 수 있는 것이다. 도시계획은 도시 전체를 장기적 시각에서 전체적으로 검토하기 때문에 필지 지구 차원의 구체적인 환경 조성을 위한 양적 기준을 제시하는 경우가 많으며, 건축계획은 개별적인 주체가 독립적으로 건축물의 기능, 형태, 규모, 미관을 고려하기 때문에 전체지구의 분위기와 어울리지 못하거나 공통의 환경 목표를 달성할 수 없는 경우가 많은데, 도시계획은 용·사·수·향의 경우에, 건축계획은 혈의 경우에 적용될 수 있다고 본다. 이는 지구단위계획의 수립에도 도움이 될 수 있다. 개별 건축이 이룰 수 없는 바람직한 지구 전체의 수준 높

---

[51] 2002년 제정된 국토의 계획 및 이용에 관한 법률 제49조는 지구단위계획을 구분하여 제1종지구단위계획은 토지이용을 합리화·구체화하고, 도시 또는 농·산·어촌의 기능 증진, 미관 개선 및 양호한 환경을 확보하기 위하여 수립하는 계획, 제2종지구단위계획은 계획관리지역 또는 개발진흥지구를 체계적으로 계획적으로 개발 관리하기 위하여 용도지역의 건축물 그 밖의 시설의 용도·종류 및 규모에 대한 제한을 완화하거나 건폐율 또는 용적률을 완화하여 수립하는 계획이라고 명시하였다.

표 23. 자연 형성 요인의 상호 관련성 (출처 김철수, 2012, 74)

구분	지형	지질	토양	수문	식생	야생동물	기후
지형	●	○	○	○	○	○	○
지질		●	○	○	○	○	○
토양			●	○	○	○	○
수문				●	○	○	○
식생					●	○	○
야생동물						●	○
기후							●

은 환경을 조성하고 도시 전체에 대한 개략적인 도시계획을 지구 특성에 맞게 구체화하기 위한 도시설계의 제도적 실현 장치의 하나이므로 더욱 더 적합하다고 볼 수 있다.

건축 내에서 발생하는 행위체계의 모두를 주거라고 한다면 이는 근린 환경에 의하여 둘러싸이게 되고 근린환경은 주거지와 불가분의 관계를 가지게 된다. 주거단지 조성을 위한 부지 선정 조사단계에서 지형, 지질, 토양, 식생, 기후, 수문 등의 생태학적인 종합이 필요하다. 생태학적인 종합은 자연 형성 과정이 단지 전체를 통해 안정을 유지할 수 있도록 개별 구성 요소의 동적 상호작용을 파악하는 작업이라고 할 수 있다. 이는 표 23에서 알 수 있다. 이들 자연 형성 요인의 상호 관련성은 풍수지도 작성에 의하여 평가되고 궁극적으로는 '풍수의 조화리듬성'에 의하여 설계될 때 가능한 것이다(표 23).

2. 시간리듬과 건축설계

'풍수의 조화리듬성'에 의하여 설계될 건축, 예를 들어 한옥의 경우 한 채의 건물 안에서 사람이 마당에서 툇마루로 올라서고 툇마루가 대청마루로 이어지며 다시 대청에서 방으로 들어가는 집안의 경험은 변화 경험의 과정인 것처럼 '풍수의 조화리듬성'이란 공간적 경험들을 조절하고 관리하여 그것들이 시간의 축에 따라 엮어지게 하는 것이다. 이를 위해서는 건축이 들어선 단지의 건축공간들은 긴밀하게 연결되면서 각 공간의 개방과 폐쇄의 정도, 동선의 흐름과 방향, 공기의 통합과 막힘 등의 경험이 점진적이고 전이적이 되도록 그 변화 과정이 의도적으로 디자인되어야 한다. 그리고 그 변화의 관리가 용도와 계절에 따라 융통성일 수 있도록 개폐방식이 조절될 수 있어야 하는 것이다(김성우, 2004, 113).

이를 위해서는 건축물이 들어설 단지 또한 잘 선정되어야 하는데 단지 주변의 용·사·수·향으로부터 혈처에 도달하는 시간의 디자인이 '조화리듬성'을 목표로 하여 계획되어야 한다는 것이다. 주거와 근린환경, 주거지를 구성하는 각 공간들이 구체적인 변화의 선후 관계로 엮어지고 그러한 공간적 변화가 하나로 엮어지는 과정이 시간적으로 짜여져 궁극적으로 전체가 엮이어 하나의 일관된 경험적 가치를 창출하도록 디자인되어야 하는 것이다. 이는 시공적 흐름에 대한 주관적 느낌이며 대상적 물체의 시각적 심미성은 아니다. '풍수의 조화리듬성'이란 사람의 움직임을 시간적 틀에서 수용할 수 있도록 동선을 설계해야 한다고 본다.

동선체계란 단지의 골격을 형성하고 이에 따라 토지이용 패턴이 영향을 받으며 특히 가로망 계획은 단지개발 비용을 좌우할 뿐 아니라 개발된 후에도 도시의 한 부분으로서 맡은 기능을 원활히 수행하며 계속적으로 성장하는 데 있어서도 많은 영향을 미치므로 그 역할을 명확히 해야 한다. 주거 내의 동선은 이동기능은 최소화하여 시·공적 흐름에 따른 접근 기능과 생활공간의 기능을 강화해야 한다고 본다. 이러한 의미에서 단지 내 통과를 억제하기 위한 막다른 골목(cul-de-sac), 자동차 교통으로부터 완전하게 분리된 거주환경지구가 필요하다(김철수, 2012, 192). 이때 위계 있는 도로가 도움이 된다.

전통마을의 입지 유형별 비보풍수의 형태 연구에서 보듯이 비보가 조산, 조산숲, 연못, 민간신앙물 등에 한정되어 있었지만 궁극적으로는 시각적·물리적 경관 구성을 통하여 마을 주민의 조화리듬성이 추구되어야 한다고 본다(이영진, 2010). 아무튼 도시계획이나 건축계획, 그리고 지구단위계획 모두 '풍수의 조화리듬성'이 적용될 수 있도록 하는 '시간의 디자인'이 요청된다.

사찰의 경우 일주문에서 대웅전까지의 건축 경험은 각 건물들의 공간적 표현에 있는 것이 아니고 그렇다고 공간적 선후 관계에 따른 변화의 내용에 있는 것만도 아닌, 이 모두가 합하여져서 형성하는 시공적 전체로서의 흐름과 그 흐름이 만드는 이야기의 내용과 질의 문제라고 본다(김성우, 2004, 114). 풍수지도 작성에 의한 환경평가가 이루어진 다음 도시재생이나 신도시 건설에 대한 '풍수의 조화리듬성'이 단지 내에서 어떻게 고려되어야 하는지에 대하여 추후 논의해 볼 수 있다.

경관론을 상가건축에 관하여 적용해 볼 때 프랜차이즈 상가점포를 선정할 때 중요하게 생각된 요인이 AMP 방법에 의하여 조사된 바 있다(박종민, 2016)(그림 52). 1단계 설문조사는 외부입지와 실내 공간배치, 향(向)의 세 가지 요인에 대하여 상대적 중요성을, 2단계는 외부입지인 용·혈·사·수·향이 5개 요인, 실내공간 배치인 출입문의 향, 주종, 카운터의 배치,

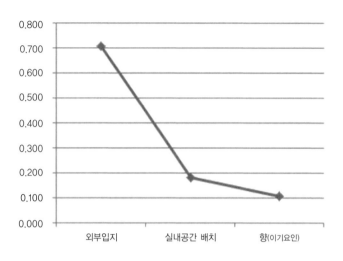

그림 52. 1단계 상대적 중요도 (출처 박종민, 2016, 재인용)
(가로축 : 상대적 중요도, 세로축 : 풍수 요인)

주방 배치의 4개 요인, 향인 건물의 좌향, 출입문의 좌향, 동서사택론의 5개 요인 총 14개 요인에 대하여 질문하였다(박종민, 2016). 이러한 설문 요인은 형기적 요인과 실내공간 배치의 이기적(理氣的) 요인에 대하여 설문하게 되는 것이다.

형기 요인인 외부입지가 실내공간 배치와 이기적 요인인 향보다 매우 중요한 것으로 나타났다. 풍수에서 터를 잡을 때는 형기론, 향을 잡을 때는 이기론을 적용하는데, 역시나 터 잡는 것이 우선이기 때문에 이런 결과가 나온 것으로 본다.

외부입지 요인에서는 용보다는 수가 가장 중요한 것으로 나왔다. 음택에서는 대부분 풍수가들이 용을 상당히 중요시하는데 상가점포의 선정에 있어서는 중요도가 제일 낮은 것으로 나타났다. 이는 상가점포에서도 용이 중요하지만 실제 용맥을 잘 찾지 못하거나 도시나 택지개발 또는 건축시 많이 훼손을 했기 때문에 찾을 수가 없기 때문이라고 설문시 대부분 응답자가 설명하였다. 그래도 용이 중요하다고 한 응답자는 1명이었다. 실내공간 배치에서는 출입문의 향을 가장 중요시했으며, 향에서는 건물의 좌향을 가장 중요시했다(표 24).

형기 요인의 상대적 중요도를 나타낸 표 25를 살펴보면 용보다는 수와 혈, 사의 개별 요인들이 중요한 것으로 나왔다. 재물을 얻기 위한 상가점포는 물과 도로의 형태와 그 흐름의 속도, 주변 건물과의 조화를 중요시하는 것으로 나타난다. 풍수에서는 물은 곧 재물을 뜻하고, 도로는 물로 보는 것이 일반적이므로 이러한 결과가 나온 것으로 본다.

계층분석(AHP)을 한 결과 1단계에서는 형기 요인인 외부입지(0.708), 실내공간 배치(0.183), 이기적 요인인 향(0.109) 중에서 외부입지(형기 요인), 실내공간 배치, 향(이기 요인)의 순으로 중요한 것으로 나왔으며, 특히 외부입지가 상대적 중요도 0.708로 다른 요인들에 비해 매우 중요한 것으로 나왔다. 2단계에서 외부입지인 수(0.069), 사, 혈, 향, 용의 순으로 나왔으며, 실내공간 배치인 출입문의 향, 출입문의 주종, 카운터 배치, 주방 배치 순으로 나왔고, 그리고 향에서 건물의 좌향, 출입문의 좌향, 음양오행론, 동서사택론, 팔택론의 순으로 상대적 중요도가 나왔다(표 24).

여기서 볼 때 특이한 점은 이기 요인인 향의 요인에서 건물의 좌향은 형기 요인인 실내공간 배치의 주방과 카운터 배치보다 중요한 것으로 나왔다. 형기 요인인 외부입지의 세부적 분석인 3단계에서는 사신사의 환포성이 제일 중요하고 다음으로 도로 형태가 중요한 것으로 나왔다(표 25). 다음으로 사신사의 높이와 물의 형태가 중요한 것으로 보았을 때 주변 건물과의 조화와 도로 또는 물이 어디서 어떻게 흘러오고 나가는지를 중요하

표 24. 2단계의 상대적 중요도 (출처 박종민, 2016, 재인용)

1단계	2단계	상대적 중요도	순위
1. 외부입지(형기 요인) 0.708	용	0.069	5
	혈	0.165	2
	사	0.162	3
	수	0.217	1
	향	0.096	4
2. 실내공간 배치(형기 요인) 0.183	출입문의 향	0.064	6
	출입문의 주종	0.043	7
	카운터 배치	0.038	9
	주방 배치	0.037	10
3. 향(向, 이기 요인) 0.109	건물의 좌향	0.040	8
	출입문의 좌향	0.023	11
	동서사택론	0.012	13
	팔택론	0.012	14
	음양오행론	0.022	12

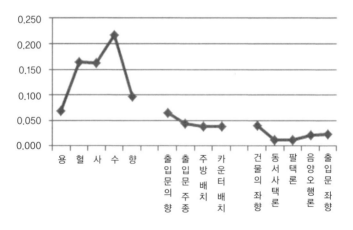

그림 53. 2단계 상대적 중요도 (출처 박종민, 2016)(가로축 : 상대적 중요도, 세로축 : 풍수 요인)

표 25. 3단계 세부항목 상대적 중요도 (출처 박종민, 2016, 재인용)

3단계		세부항목	상대적 중요도	순위
외부입지 (형기 요인)	용	용의 생사(변화)	0.026	16
		내룡의 용량	0.016	17
		용의 면배	0.055	9
	혈	배산임수	0.058	8
		명당의 유무 및 규모	0.051	10
		사신사와의 거리	0.033	14
		대지 및 건물의 비율 및 형태	0.058	7
		용맥 상(上) 입지여부	0.032	15
	사	사신사의 높이	0.085	3
		환포성	0.144	1
	수	물의 형태	0.083	4
		도로의 형태	0.085	2
		물의 넓이와 속도	0.062	6
		도로의 넓이와 속도	0.076	5
	향	좌향(조망, 양광)	0.048	11
		득수와 파구의 향	0.046	12
		도로의 향	0.041	13

게 보는 것이다. 이를 종합해 볼 때 주변 건물, 주변 상권과 사람, 차의 동선이 매우 중요한 것으로 볼 수 있다는 결론이다(박종민, 2016).

제10장
풍수지도 작성에 의한 환경평가
Environmental Evaluation with Pungsu Mapping

1. 명당도 설정을 위한 미기후 모델링과 생명기상 모델 생성

1) 기상모델링 구축

바람과 물의 순환 개념도를 기초로 하여 강수, 풍향, 풍속, 토양 등의 측정 데이터가 수집된다면 풍수의 생태적 모델 제시가 가능하다고 본다. 물론 그 모델은 바람과 물의 순환 모델 상에서 실현된다고 보겠다. 해양에서 증발된 강수가 바람에 의하여 대기중에 흘러다니다가 다시 강수가 되어 토양을 침식시키고 이는 지각운동의 영향을 받는다는 그림 54의 개념도는 풍수 연구의 생태적 모델을 제시하기에 충분하다.

풍수의 생태적 모델을 위한 데이터 수집은 자동기상관측기(AWS) 설치에 의한 기온, 풍향, 풍속 데이터[52], Hobo 설치에 의한 온도와 상대습도 데이터[53] 및 센서 설치에 의한 토양 수분 및 온도 관측 데이터[54] 수집이 가능하다. 이들 데이터를 토대로 하여 미기후 모델링 시스템 구축, 실행 및 분석이 이루어지게 된다. 그 절차는 그림 55와 같다.

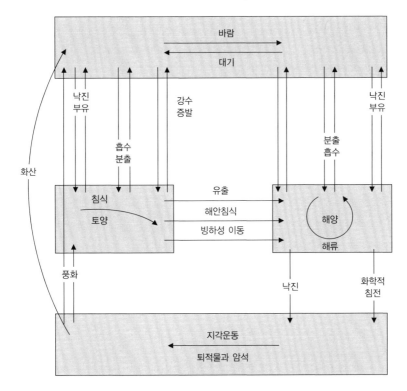

그림 54. 바람과 물의 순환 개념도 (출처 박동원·손명원, 1992, 32)

52) 대상지역 내의 주요 기상을 파악하기 위하여 지역을 대표하는 위치에 10m 높이의 AWS를 설치한다. 측정 기상요소로 2m 높이의 온도와 일사량, 10m 높이의 기온, 풍향, 풍속을 30분 단위로 관측한다. AWS에 기록된 자료는 CR10의 데이터 로거에 저장되며 정기적인 점검과 데이터 수집을 실시한다.

53) 대상지역의 기상학적 특징을 파악하기 위해서 다양한 지점의 관측이 필요하다. 따라서 자동기상관측기를 주요 지점에 설치하는 것이 가장 바람직하지만, 부지공간 확보 및 비용적인 부분에서 대상지역을 대표하는 지점 두 곳에 AWS를 설치하고, 나머지 기상관측이 필요한 지역에 Hobo를 설치한다. 센서는 온도만 측정하는 장비부터 상대습도, 광량 등 다양한 측기가 추가된 제품이 있다. 본 연구에서는 온도와 상대습도를 측정할 수 있는 센서를 이용해 대상지역의 기상을 관측하였다.

54) 풍수요건에 중요한 영향을 미치는 해당지역의 토양 수분과 온도를 관측하기 위하여 주요 관측지점(AWS 설치지점)에 대하여 토양 수분 및 온도 관측기기를 설치한다. 본 센서는 AWS의 데이터 로거에 연결이 가능하며, 대상지역의 2개 AWS 지점의 로거에 연결해 관측을 실시한다.

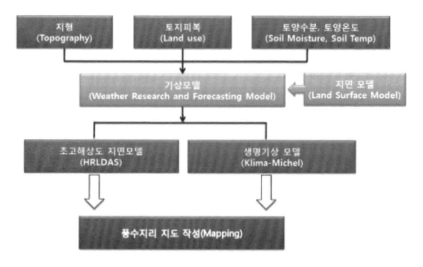

그림 55. 풍수지리 지도 작성을 위한 미기후 모델링과 시스템 모식도
(지종학 · 이종범 · 옥한석 · 정귀준, 2015, 68)

미기후 모델링 시스템은 다양한 시공간 해상도의 입력자료를 기본 정보로 하여 초고해상도(200m 이하) 격자의 미기후 정보를 생산하는 시스템이다(지종학 · 이종범 · 옥한석 · 정귀준, 2015). 이 중에서 1초(30m) 해상도의 ASTER GDEM(Advanced Spaceborne Thermal Emission and Reflection Radiometer Global Digital Elevation Models) 자료를 사용하여 만든 고해상도 지형자료가 바람직하며(그림 56) 이는 기상모델에 입력되게 된다.

다시 말해 미기후 모델에 사용되는 지형자료[55]는 공간해상도(10′, 5′, 2′, 30″)가 다양하며 전 지구 영역을 대상으로 수치지형자료를 지원한다. 복잡한 산악지형의 경우 저해상도에 의한 지형 상쇄효과 때문에 해당지역의 바람 성분 비교 분석에 오차로 작용할 수 있으며, 상세 규모의 기상 모사에 따라 기상 결과가 다르게 나타날 수 있으므로 가능하면 5초 이하의

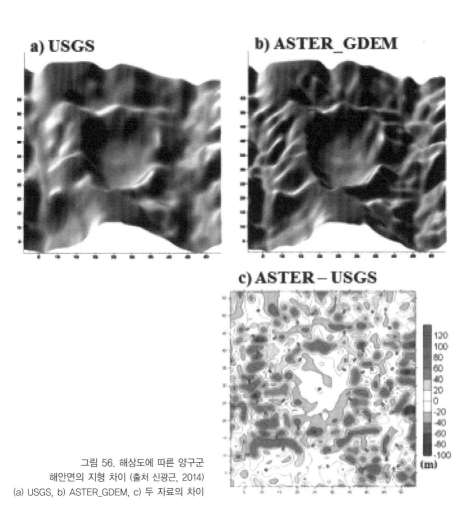

그림 56. 해상도에 따른 양구군
해안면의 지형 차이 (출처 신광근, 2014)
(a) USGS, b) ASTER_GDEM, c) 두 자료의 차이

55] 일반적으로 수치모델의 지형자료로 활용되는 USGS(United States Geological Survey) 30초
   (900m) 지형 자료는 우리나라처럼 좁은 영역에 복잡한 지형을 나타내는 지역에 있어서 실제 지
   형과 많은 차이를 보이기 때문에 상세한 지형에 대한 기상모델의 모사에 많은 어려움이 있다.

해상도의 결정이 중요하다. '침식'에 의하여 형성된 지형의 하나가 사신 사라고 하는 박수진(2016)의 연구 결과를 받아들이게 되면 지면 모델 자료가 '지지'와 관련을 가지는 것이 된다.

다음으로 토지 피복 또한 기상모델에 영향을 주게 되므로 이들 자료의 입력이 중요하다. 우리나라는 급속한 도시화가 진행되고, 특히 지역에 따라 급속한 발전과 함께 인공구조물들이 들어서 있는 도시의 특성과 복잡한 산악지형이 복합적인 특징을 보인다. 토지 이용도의 차이는 기온, 강수, 일사, 토양온도, 토양 수분 보유량 등에 영향을 주게 되며, 이러한 변화는 국지기상 조건을 변화시키기 때문에 얼마나 실제에 가까운 자료를 입력하느냐에 따라 모델 결과가 변화할 수 있다. 그림 57의 a는 양구군 해안면의 USGS 30초 자료, b는 환경부(KME : Korea Ministry of Environment)의 1초 토지 이용도 자료, c는 TERRECO 프로젝트의 환경부 중분류 기반 보정 토지 피복도를 기상모델의 입력자료로 재분류한 것으로 서로 비교한 것이다. USGS에서 분류한 토지 피복 분류 결과 국내에 분류되지 않는 사바나 지역이 다수 분류되었고, 환경부 중분류의 경우 실제와 유사한 토지 피복을 나타냈다. 하지만 해안면 내부의 토지 사용에 대해서는 시간 해상도에 의해 다소 차이를 보이고 있다.

기상모델 수립은 지표의 영향력 향상을 위하여 기본으로 제공하는 USGS의 30초 토지이용도 자료를 환경부에서 작성한 1초 토지이용도 자료로 수정하여 적용, 입력하는 일이 필요하다. 선행 연구를 참고로 환경부 중분류 토지 피복 자료를 미기후 모델의 입력자료 형식으로 분류하여 적용하는 방법이다. 지형, 토지 피복, 토양 수분 및 토양 온도, 지면모델 데이터가 입력되는 기상모델(WRF, Weather Research and Forecasting Model)은 UCAR/NCAR(University Corporation for Atmospheric Research/National Center for

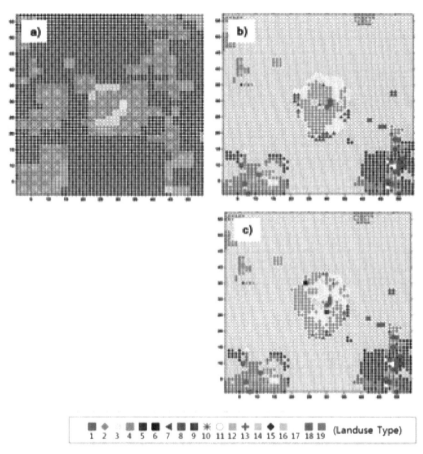

그림 57. 입력자료에 따른 양구군 해안면의 토지 피복의 차이 (출처 김재철, 2010)
(a) USGS, b) 환경부 중분류, c)TERRECO

Atmospheric Research)이 개발한 수치모델로서 고해상도 예측에 초점을 맞춘 중규모 모델이다.[56] 관측 자료를 이용한 자료동화(3D-VAR)가 가능하고 다중격자방법으로 여러 개의 단방향, 양방향으로 둥지격자를 사용할 수 있으며, 미시적 물리학에 관련된 여러 가지 방법들을 선택적으로 사용 가능한 모듈 구조로 되어 있다(그림 57).

2) 고해상도 지면모델(HRLDAS)과 생명기상 모델의 생성

기상모델(WRF model)은 고해상도 지면모델(HRLDAS)과 생명기상모델의 생성으로 풍수모델화에 기여하게 된다. 고해상도 지면모델(HRLDAS, High Resolution Land Data Assimilation System)은 미국의 NCAR(National Center for Atmospheric Research)이 개발하였으며, 2차원 고해상도 지면모델이다. 이 모델은 Noah LSM(Noah Land Surface Mode)을 기초로 실행되며 실행되는 기간은 몇 달 또는 몇 년이 될 수 있다. HRLDAS는 토지 상태를 업데이트 하기 위해 토양 온도, 토양 수분 및 기타 상태 변수들의 초기 조건을 Noah LSM에 강제요인(forcing)으로 공급하고 이 요인들에 의해 반응하는 토양 수치 값들을 지면 모형의 수치적분을 통하여 얻어내는 방식이다 (그림 58).

고해상도 지면모델을 사용하기 위해서는 각 도메인이 독립적으로 실행 되고 도메인 간 정보의 교류 없이 단독적으로 실행되어야 한다. 또한 HRLDAS는 WRF-ARW(Advanced Research WRF) 모델과 함께 사용되도록 설계되었기 때문에 HRLDAS의 Noah LSM 소스코드는 WRF에서 사용되 는 코드로부터 구성된다.

---

56) 현재 WRF 수치모형은 미국 기상청 홈페이지(www.mmm.ucar.edu/wrf/user)를 통하여 제공 되고 있으며, 50km 이상 크기의 격자부터 1km 이하 크기의 격자까지 다양한 공간 범위에서 모사가 가능한 지역 모델이다. 완전 압축성 비정수계(Fullycompressibleon-hydrostatic) 모형 으로 수평격자는 Araka wa-C 격자체계를 사용하며, 연직격자로는 Eulerian 질량 좌표계 (mass-based terrain following coordinate)를 사용한다. 중·단기 모델에서 인지도와 정 확도가 높은 모델이며, 플럭스 형태의 진단 방정식을 사용하여 질량, 운동량, 엔트로피, 스칼라 양을 보존하고, 수치계는 3차 Runge-Kuttasplit-explicit 시간적분을 사용하며 이류 항에 대 해서는 6차 중심 차분법을 도입하였다.

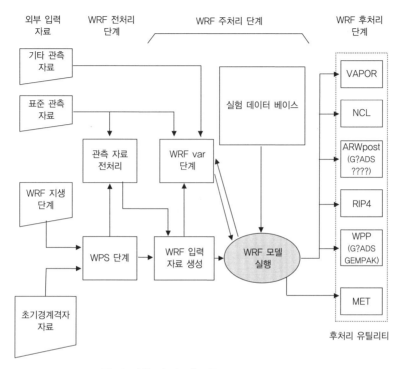

| 외부 입력 자료 | WRF 전처리 단계 | WRF 주처리 단계 | WRF 후처리 단계 |

그림 58. 기상모델 시스템 흐름도 (이종범 · 김재철, 2015)

그림 59는 Noah LSM의 흐름도를 나타낸다. 이 지면모델은 연직 방향 1차원 모델로서 지표면의 초기상태, 대기와 지표면의 flux들, 토양, 식생, 지형 등의 값들을 입력자료로 하여 현열, 잠열, 순복사, 토양, 열류량 등을 산출하며 토양의 온도와 수분의 연직 분포를 계산한다. 또한 유출량, 적설량, 엽면적지수(LAI, Leaf Area Index), 지표온도 등을 제공하게 된다. 그림 60은 이 모델에 의하여 평창 횡계리 대관령면 인근의 지형고도와 2m 높이의 온도가 111m 해상도의 격자로 나타낸 결과이며 지형에 따른 온도 차이를 비교적 상세히 모사하고 있다.

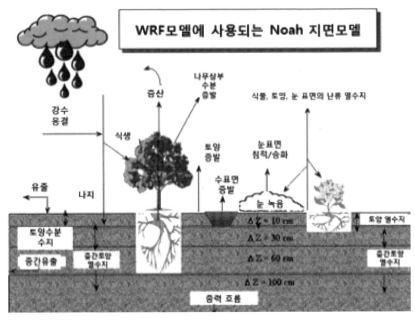

그림 59. Noah 지면모델 (출처 NCAR, 2008)

한편, 고해상도 지면모델(HRLDAS)과 함께 생명기상 모델(Klima-Michel)이 풍수모델링에 중요하다. 생명기상모델은 인간이 주변환경과의 상호작용에 의한 열 스트레스를 포함한다(김정식 등, 2006). 인간의 열 스트레스 영향은 결코 하나의 기상요소에 의한 것이 아니라 많은 개개 요소들이 결합하여 유기적으로 작용한다. 인간은 주변 환경과 독립적으로 어떤 범위 내에서 인체의 온도를 유지할 수 있는 능력이 있다. 이것은 인체의 자율적인 물리, 화학적 순환 메커니즘에 의해서 가능하다. 이런 시스템은 인체와 환경조건 사이에 열 손실과 발생의 균형을 유지한다(Fanger, 1972).

독일에서는 모든 분야에 적용이 가능하고 열 생리적인 환경을 잘 표현하는 열수지 모델(heatbudget model)로서 Klima-Michel model(KMM)을 개발

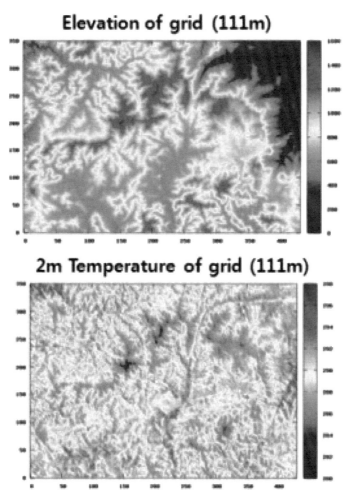

그림 60. Result of HRLDAS (출처 이종범 · 권순일 · 김재철, 2008)

하였다. 이 모델은 열의 스트레스를 표현하는 주요 지수로서 PT를 제시하였다. PT란 실제 조건에서의 열 스트레스(heat stress)와 한기스트레스(cold stress)를 느끼는 기본환경에서의 기온이며(Staiger et al., 1997) 단위는 ℃ 이다.

느끼는 열과 추위는 Fanger(1970)의 comfort식에 의해서 계산되는데 인체의 열 생리적 상태를 새로운 지수 형태인 예측평균지수(Predicted MeanVote : PMV)로 제시하였으며 이것은 인체 열수지모델의 기초가 된다(김정식 외, 2006).

이러한 기상모델(WRF)의 결과를 가지고 각각의 물리역학 모델과 초고해상도 지면모델, 생명기상모델 등을 수행하고, 생성된 결과를 활용하여 최적의 풍수모델과 지도를 작성하게 된다. 이를 통틀어 미기후 시스템에 의한 풍수모델이라고 할 수 있다.

2. 풍수지도 작성과 풍수환경 평가

환경풍수 모델링을 위한 미기후 모델링 구축과 시스템은 사례 마을 선정이 중요하다. 선정 마을이 일반화의 근거가 되기 때문이며 그 절차는 다음과 같다.

먼저 풍수양호 지점과 풍수결함지 지점을 사례 마을 대상지역으로 선정한 다음 기상관측 기간에 대한 미기후 모델링을 실시하고 지역별 기후적 특징을 분석한다. 다음으로 대상지역으로 선정된 풍수양호 지점과 풍수결함지 지점의 기상관측지점의 기상요소별(온도, 풍향, 풍속, 일사, 습도) 통계분석을 실시하여, 미기후 모델을 검증한다. 마지막으로 미기후 모델의 결과를 평가하기 위하여 대상영역의 자동기상측정소를 포함한 Hobo 관측 지점의 모델 결과와 해당 격자 내 실측치를 비교하는 일이 필요하다. 모델 결과와 관측값과의 오차 평가를 위하여 통계적 계산식(송은영, 2007)에 의한 수리적 모델이 적용된다는 말이다.

수리적 모델의 상관계수(Correlation Coefficient)는 모델값과 측정값 사이의 상관관계의 정도를 나타내는 것으로 −1에서 1의 범위를 가진다. 편차 (Bias)는 관측과 추정값의 잔차를 정의하는 표준 오차이다. 평균 편차 (Mean Bias)는 모델값과 실측값의 차를 평균한 것으로 모델값이 측정값을 과소평가 혹은 과대평가하는 경향을 나타낸다. 평균편차는 0에 가까울수록 평균편차가 적음을 의미한다(Bell et al., 2004). 부분편차(Fractional Bias, FB)은 정규화된 편차로 모델값과 관측값의 평균과 표준편차로 계산한다. 이는 측정치를 모사할 수 있는 모델의 능력에 대한 추가적인 정보를 줄 수 있으며 −2와 2의 범위로 0에 가까울수록 이상적인 모델이다. 예측값의 정확도를 계산하는 하나의 방법으로 평균절대오차를 사용한다.[57]

표준화 평방근오차(Normalized Mean Square Error, NMSE)은 예측값과 관측 값 사이의 전반적인 오차에 대한 정보를 나타내며 전체 자료에 대한 산포 정도를 나타낸다. 이것은 차원이 없는 통계값이며 그 값은 작을수록 좋은 결과이며, NMSE가 0.5이하이면 만족스러운 모델 결과이다. 이러한 모델 결과를 토대로 하여 풍수지도 작성을 위한 지수를 개발한다.

대상지역으로 선정된 풍수양호 지점의 기후조건을 분석하여 개발된 지수에 의하여 풍수지도 작성이 가능해진다.[58] 이렇게 하여 작성된 풍수지도는 '풍수의 조화리듬성'의 원칙이 도시계획이나 건축계획, 그리고 지구단위계획 모두에 적용되기 전에 풍수환경 평가를 위한 유익한 기초 자료가 된다.

---

[57] 평균절대오차 (Mean Absolute Error, MAE)는 예측값과 관측값의 차에 절대값을 취하여 전체 자료의 수로 나누어 나타낸다. MAE값은 0에서부터 무한대의 범위인데, 0에 가까울수록 예측이 좋다. 전체적인 예측의 정확도를 측정하는 자수평방근오차(Root Mean Square Error, RMSE) 는 오차의 평균적인 크기를 제공한다. 평균절대오차(MAE)에 비하여 큰 오차에 대하여 민감하게 작용하며 범위는 0에서 무한대의 값을 가지며 0에 가까울수록 예측의 오차가 작아진다.

[58] 지도는 한국임업진흥원의 임산물 재배적지를 안내하는 사이트의 지도와 유사하다.

제11장

지속가능한 도시계획
Sustainable Urban Planning

1. 지속가능한 도시계획과 에코-카르티에

친환경 건축물이 모여 있다고 해서 지속가능한 도시가 형성된다고 할 수 없듯이, 건축물의 친환경성 평가뿐만 아니라 도시생활권의 범주에서 도시공간의 통합 환경을 평가할 수 있는 근린지구 차원의 지속가능성 평가도구 수립이 필요하다고 할 수 있다. 특히 공동주택단지와 같이 폐쇄성이 뚜렷하여 주변부와의 통합된 환경 평가가 이루어지지 않는 제한적인 지속가능성 평가의 오류를 극복하고 유기적이고 연속적인 도시 공간의 일부로서 근린지구 차원의 지속가능성이 다차원적으로 평가될 수 있는 우리나라 실정에 맞는 평가도구의 개발이 필요하다. 근린지구 차원의 지속가능성 평가도구 및 인증체계의 마련으로 보다 세분화되고 다양한 스펙트럼을 포함하고 기존 도시환경과의 관계를 평가할 수 있어야 하는 것이다.

그러면 근린지구 평가의 대상과 범주는 어떤 내용이 되어야 할 것인가? 정량적 평가방법과 정성적 평가방법의 장단점을 어떻게 보완하여 반영할 것인가? 프로젝트 설계단계에서의 인증이나 완공 직후 평가되는 인증이 아닌 프로젝트 전 과정을 통한 관리 인증도 어떻게 도입되어야 할 것인가? 이해관계자의 운영방식과 참여도 평가 범주에 어떻게 고려되어야 할 것인가? 무엇보다도 지속가능성이 범세계적인 차원에서의 공감을 넘어서서 우리 지역의 정체성과 비전과 어떻게 관련을 가져야 할 것인가? 이에 대한 사회적·환경적·경제적 논의가 필요할 것으로 본다. 이에 풍수의 비보론이 도움을 줄 수 있다.

지속가능한 도시 건설은 프랑스의 에코-카르티에(Eco-quartier)가 시사하는 바가 크며, 비보론과 밀접한 관련을 맺을 수 있다. 에코-카르티에란 어휘는 생태(ecologie)를 의미하는 에코(eco)라는 어휘와 구역 또는 지구라는 뜻의 카르티에(quartier)라는 단어가 합쳐진 것으로, 생태적이고 친환경적인 계획과 조성을 통하여 '지속가능하며 기후변화에 대응하기 위한 단지'를 말한다. 이들 단지는 최근 들어 기후변화와 관련하여 탄소저감적 성격이 강조되고는 있으나, 온실가스 배출 저감만을 목적으로 하기보다는 좀 더 포괄적인 지속가능한 단지 조성을 목표로 하고 있다.

프랑스에서 에코-카르티에는 공식적으로 정의된 어휘는 아니며, 정부에 의해 추진되는 특정사업을 지칭하지도 않는다. 이에 프로젝트의 방향성이나 공간 조성상의 특징을 지칭하는 일반적 성격의 어휘로 사용된다고 볼 수 있다. 이러한 사실은 다른 나라의 친환경적·생태적 기후변화 대응 단지들 또한 에코-카르티에로 동일하게 지칭하고 있음에서도 알 수 있다.

이처럼 프랑스는 탄소 증가를 억제하고 변화하는 기후에 대응하는 도시 환경을 만들기 위하여 지속가능한 도시계획에 따른 지역·지구의 설비와 설계를 진행 중에 있다. 도시계획과 관련하여 건설분야만의 노력이 아닌

거시적인 사회적 접근이 함께 진행 중이며, 이를 실현시키기 위한 구체적인 정책과 관련기구의 활동이 연계되어 실행되고 있다. 프랑스의 에코-카르티에 사업들은 단지 친환경적 설계만을 목적으로 하지 않으며 넓은 의미의 지속가능성 및 사회구성원의 통합을 목표로 추진하고 있다. 다시 말하면 탄소 저감적 도시설계와 더불어 생태적 다양성과 사회적 연대를 위한 포괄적인 지속가능한 도시모델의 조성이 그 목표라 할 수 있다. 이는 도시 발전을 사회복지적 측면으로 파악하려는 프랑스적 특징의 하나라 할 수 있다.

또한, 에코-카르티에는 환경 및 생태적인 차원에서 이루어진 시범프로젝트를 일컫는 좁은 의미뿐만 아니라 보다 포괄적인 지속가능성-환경적 · 사회적 · 경제적 의미를 지닌 '지속가능한 근린지구(quartier durable)'를 일컫는 일반명사화되어 사용되는 개념이다. 지속가능한 도시계획의 선도적 역할을 하면서 에코 카르티에는 미래의 비전에 부합하고 우리 삶의 질을 향상시키는 데 기여한다. 즉 수요에 부응하는 주택공급을 창출하는 조건들을 만들어 가면서 자원과 경관을 보전하는 것이라고 정의할 수 있다.

에코-카르티에라는 용어는 '지속가능한 근린지구'와 대별되어 사용되곤 했다. 그런데 장 루이 보를로(Jean-Louis Borloo)가 두 가지 타입의 프로젝트에 대해 차별을 두지 않고 두 개념을 통합하는 의미에서 '에코-카르티에'라는 용어를 공식 명칭으로 사용할 것을 제안하였다. 이렇게 해서 '에코-카르티에는 환경적 · 사회적 · 경제적 개념을 통합하는 지속가능한 구역'이라는 포괄적 정의가 정책적으로도 공유되어 사용되었다(한지형 · 김용현, 2013, 199).

에코-카르티에는 또한 장기 비전을 가지고 미래 세대의 삶을 규정짓게 될 오늘을 건설하는 것을 말한다. 또한 내일의 유산(遺産)을 형성하는 것이다. 에코-카르티에는 지역 자원에 기반을 두고 그 지역 수준에 맞는 장소이면서 동시에 전지구적(全地球的) 목표를 공유하는 삶의 장소를 말한다. 그래서 이 근린지구는 도시의 지속가능성에 기여한다. 결국 에코-카르티에는 어떤 특정계층(빈곤한 계층이거나 부유한 계층)만을 위한 단지를 의미하지 않는다. 즉 에코-카르티에는 환경 생태적인 차원을 넘어서는 인간의 삶과 연계된 종합적이고 포괄적인 의미의 지속가능성이 내포되어 있다(한지형·김용현, 2013, 199).

에코-카르티에는 20개 테마로 나누어 기준을 제시하고 있다. 지속가능성을 측정하고 평가하는 4개의 큰 카테고리, 즉 '추진단계와 프로세스', '삶의 방식과 생활', '국토 발전', '자원보존과 기후변화 대응'으로 나뉘고, 카테고리마다 각각 5개의 세분화된 테마를 포함하고 있다. 각 테마마다 적게는 3개, 많게는 6개의 세부 평가지표가 있으며, 그에 대응되는 기준들도 부가적으로 제시하고 있다(한지형·김용현, 2013, 201). 이 중에서 자원보존과 기후변화 대응에 관한 것은 표 26과 같다. 5개 테마 중 '생물종의 다양성을 확보, 도시 속 자연의 가치 높이기' 등이 풍수와 관련을 맺을 수 있는 것 같다.

2. 그르노블 PLU와 비보풍수의 기준

1) 그르노블 PLU(Plan local d'urbanisme)

1992년 리오 회의에서 '어젠다 21'을 채택한 후 지속가능성은 전 세계가 함께 지향해야 할 목표로 설정되었고, 이후 1997년 교토 프로토콜을 거쳐 기후변화 대응을 위한 온실가스 감축 관련 국가별 구체적 목표 감축량이

표 26. 자원보존과 기후변화 대응 (출처 한지형·김용현, 2013, 202)

	16. 온실효과에 의한 탄소배출을 감소, 기후변화대응	공해, 화석연료 연소로 인한 온실가스 감축 기후 변화를 예측하고 대비하기
자원 보존과 기후변화 대응	17. 에너지 요구를 최적화하고 자원을 다양화하기	환경에 미치는 에너지 소비의 영향을 조절하면서 에너지 감축을 장려 재생에너지, 청정에너지, 열류 네트워크 적용
	18. 질적 관리와 수자원 절약을 확보하기	거주민과 지역공동체의 물소비 줄이기 우수의 지역적 관리, 생활하수의 오수 처리하기
	19. 비재생 에너지를 합리적으로 이용, 쓰레기 배출 제한	공사현장의 폐기물을 제한하고, 재활용하기 경제활동이나 생활에서 쓰레기량 줄이기
	20. 생물종의 다양성 확보, 도시 속 자연의 가치 높이기	지역의 생물 다양성과 이와 관련된 생태적 기능에 대한 인식 높이기 생물 다양성의 관리 유지

제시되어 한국도 이를 피해 갈 수 없게 되었다. 프랑스의 경우도 제정된 일명 보를로법(loi Borloo)은 국가 차원의 도시재생 프로그램 수립을 통해 재생사업 기간과 물량의 구체적 목표를 설정하고 강력한 추진기관 설립 및 재원 마련을 통해 도시재생사업을 활성화하였지만, 1987년 브룬트란드 회의에서 공식화된 지속가능한 발전에 대한 논의 때문에 20세기 후반을 통하여 추구하였던 도시발전 방향성을 수정하는 중요한 계기가 되었다.

다시 말해 기후변화에 대응하기 위하여 프랑스의 도시계획분야는 근본적 발전 방향을 수정하는 결과를 가져왔다. 약 반세기에 걸쳐 쾌적한 환경을 추구하며 발전되었던 확산형, 자동차 중심형 도시구조가 적극적으로 비판을 받기 시작했고, 새로운 시대적 요구에 부합한 도시, 국토, 사회의 모습을 모색하고 있다. 도시연대 및 재생에 관한 법률(loi relative a la soliarite et au renouvellement urbains), 일명 SRU법은 이와 같은 방향 전환을 제도화한 의의를 지니며 이 법 제정 이후 도시계획 및 국토발전의 궁극적 목표는 지속가능한 발달로 설정되었고, 이에 따라 다양한 주거, 교통, 도시계획, 국토 관련 제도들이 연속적으로 정비되었다(최민아, 2008, 78).

SRU법 제정에 따라 변화된 도시지역계획 PLU(Plan local d'urbanisme)는 지속가능한 발전을 위한 계획 원칙을 제도로서 구체화한 것이다. 기존 토지점용 계획인 POS에 비하여 좀 더 다양하고 장기적인 성격의 도서들을 요구한다. 기존 POS의 경우 보고서, 도면, 규칙, 부록으로 구성된 반면, PLU는 보고서(Rapport de presentation), 정비와 지속가능성에 대한 계획서(Projet damenagement et de developpement durable), 도시정비 특정 방향성 보고서(Les orientations particulieres damenagement), 규칙(Reglement) 등의 요소를 담고 있다(최민아, 2008, 88). 또한 PLU는 도시관리계획, 경관계획, 개발사업계획 등에 대한 일체화된 계획을 수립하고 있는 종합적인 도시계획 제도라고 할 수 있다(이영석·김동하, 2013, 33).

프랑스 그로노블 도시지역계획(PLU) 지침서에 따르면, 그로노블 시 전체에 공통으로 적용된 기본방침과 6개 지역으로 세분한 상세지침 두 부분으로 나누어져 있다(이영석·김동하, 2013, 37). 공통지침에는 '공공분야에 대한 목표', '개방된 단층면의 목표', '도시 안의 식물의 가치 증진에 대한 목표' 제시되어 있다. '공공분야'는 도시축, 상호 지역 간의 연계, 교통 연결, 경관 조직망과 소프트 동선, 공공시설 등이 있고 각각 가치 증진과 신설을 위한 내용이 있다. '도시 안의 식물 가치 증진에 대한 목표' 또한 그 대상이 공원, 정원, 공공공간, 개인 정렬, 수목 정렬 등이 제시되어 있다(표 27).

공공공간은 도시의 연속성을 살리기 위해서 도시기반의 긴밀한 연결 관계를 개선하고 다양한 공간을 최대한 연계시킬 수 있도록 이끌어 내야

표 27. 도시 안의 식물의 가치 증진에 대한 목표 (출처 이영석 · 김동하, 2013, 38)

대상	방식	내용
공원, 정원, 공공공간	가치 증진, 신설	도시재생과 정비작업에서 심장의 호흡 같은 삶의 대표적 공간 대부분 야외지대, 식재된 장소로 시설물을 수용할 수 있는 공간 미래 거주자들의 요구에 부응, 주변 지역 혹은 대규모 공원과 같이 도시 전체에 개방
개인 정원들	신설 또는 가치 증진	거주자에게 사용감과 편안함을 가져다 줄 수 있는 요소 야외대지에 위치해서 시각적 편안함 부여 열 조절 효과, 빗물 유입의 역할 공공공원과 연계하여 접근 용이하게 주도
수목 정렬	신설 또는 가치 증진	도로변 수목들은 공공공간을 구축하는 요소 조경의 큰 축은 도시 경관의 가치 증진 보행자 도로의 편안함 제공 도로변 주차공간과 통합체 역할

한다. 그르노블 시의 녹지축을 이루고 있는 공공녹지공간과 도로를 따라 정렬된 식재들은 도시 조직의 중요한 역할을 하고 녹지축의 보강은 기존 녹지공간을 확장할 필요가 있으며, 신설한 녹지공간과의 연계를 통하여 도심 내에 가까운 자연공간을 조성해야 한다는 것이다(이영석 · 김동하, 2013, 41).

2) 비보풍수의 기준

에코-카르티에는 20개 테마로 나누어 제시한 기준과 지속가능성을 측정하고 평가하는 4개의 큰 카테고리 및 그르노블 도시지역계획(PLU) 지침

서에 따른 그로노블 시 전체에 공통으로 적용된 기본방침이 도시재생에 있어서의 비보풍수의 기준과 관련을 맺을 수 있는 일에 도움을 준다.

20개 테마 중 '지속가능한 발전에 있어서 모범적인 프로젝트가 되도록 만들기'(추진단계와 프로세스), '모두의 건강을 유지하고 산책과 휴식의 장소 만들기', '일관되고 허용가능한 밀도 장려'(삶의 방식과 생활), '숲을 보호하고 재생하여 가치 높이기', '도시농업(근린농업)의 이점에 대해 시민들에게 알리고 공감시키기'(국토발전), '거주민과 지역공동체의 물소비 줄이기', '지역의 생물 다양성과 이와 관련된 생태적 기능에 대한 인식을 높이기'(자원보존과 기후변화대응) 등의 평가지표가 풍수와 직간접적으로 관련이 있다고 본다.

하지만 보다 적극적으로 풍수적인 체계를 재생단지, 즉 지속가능하며 기후변화에 대응하기 위한 단지에 적용하기 하기 위한 평가기준 제정이 필요하다. 비보란 풍수과학에서 '생기'가 넘치거나 부족할 때 이것을 인위적으로 조정하고 보완하여 이상적인 주거환경을 조성하는 것을 말하며, 그 방법으로는 용맥(산줄기) 비보, 숲 비보, 못 비보, 조형물 비보, 지명 비보 등이 있다(김정인, 204). 이러한 용맥(산줄기), 숲, 못, 조형물, 지명 등을 고려한 평가기준은 '산줄기 잘 연결하기', '산줄기의 중요 봉우리 보전하기', '숲의 연결성', '숲의 도시공원과 녹지축과의 연결성', '도시 열섬을 완화시키기 위한 연못 만들기', '도시를 흐르는 자연하천 수로 보전', '직강하되거나 끊어진 하천 수로 복원하기', '보행과 교통의 흐름을 용이하게 하는 조형물 설치' 등의 기준이 제시될 수 있다(표 28). 이들은 지속가능성을 측정하고 평가하는 4개의 카테고리 이외에 추가할 수 있는 카테고리이며 이는 '비보풍수'라고 불러도 무방하다.

이러한 시도는 근린지구 차원의 지속가능성을 정의하는 여타 법, 제도,

표 28. 비보풍수에 의한 도시재생 가치 증진에 대한 기준 (필자 작성)

대상	스케일	기준
산줄기	메조 마이크로	산줄기 잘 연결하기 산줄기의 중요 봉우리 보전하기 산사태를 대비한 산줄기 보전
숲	매크로/메조 마이크로	숲의 연결성 숲의 도시공원과 녹지축과의 연결성
못	마이크로	도시 열섬을 완화시키기 위한 연못 만들기
하천수로	메조 마이크로	도시를 흐르는 자연하천 수로 보전 직강화되거나 끊어진 화천 수로 복원하기
조형물	마이크로	태풍과 폭우 등을 고려한 상하수도 보행과 교통의 흐름을 용이하게 하는 조형물 설치

정책과 정합성을 갖는 '에코-카르티에' 라는 개념 정립과 활용이 풍수 과학과 접목될 수 있는 시사점을 준다. 향후 큰 방향과 공통된 시각 속에서 구체적으로 주체와 기준, 항목, 방법 등이 정해지고 과학적 검증 절차도 거친다면 풍수 과학을 활용한 우리의 평가도구 및 인증체계가 제시될 수 있을 것이다. 우리나라 상황에 맞는, 도시의 단편을 형성하고 지역의 특성을 고려한 '근린지구 차원의 지속가능성 평가도구' 를 만드는 데 있어서 풍수와 관련을 갖도록 기대한다. 물론 이것은 근린지구 차원의 대표적 국제인증제도 특성의 비교 분석을 통해 추출된 지속가능성의 특성과 구체적 지표 체계의 형성원리들에게도 영향을 주게 되는 것이다.

도시재생과 신도시 건설 및 건축설계
Urban Renewal, Newtown planning and Housing Architecture

1. 현대 도시계획과 신도시 건설

일제강점기를 거치면서 도시경관 계획 전통이 단절된 가운데 산업시대에 설계한 창원, 안산, 분당 등의 신도시 건설은 서구적인 형태 만들기에 의존해 왔다. 어느 정도 생활 수준이 나아지고 삶의 질 향상에 눈을 뜨게 되면서 살고 싶은 친환경 도시 건설의 필요성이 대두됨에 따라 오늘날 신도시 건설은 새로운 국면을 맞게 되었다.

현대 도시계획(contemporary urban comprehensive planning)의 목표인 건강성(health), 공공의 안정성(public safety), 순환(circulation), 서비스 및 시설 구비(provision of services and facilities), 건전한 재정(fiscal health), 경제성(economic goals), 환경보호(environmental protection), 재분배 효과(redistributive goals)(John M. Levy, 2003, 103~105) 등을 구현하면서도 서구적인 형태와 우리만의 특성이 배어 있는 도시를 만드는 일 혹은 도시설계(urban design)가 가능한가? 풍수의 조화리듬성이 이러한 도시설계에 대하여 해답을 줄 때가 되었다고 본다.

도시설계는 도시의 이미지 및 경관계획 수립과 밀접한 관련이 있다. 따라서 인간, 토지, 물, 산과의 관계를 잘 형상화할 수 있는 친환경적이고도 자연적인 토대 위에서 발생한 풍수지리가 도시 이미지와 경관계획 수립에 이용될 수 있는지에 대한 질문에 대답해 보려고 한다.

　최근 혁신도시 건설이 완성단계에 이르고 있어 혁신도시에 풍수지리를 평가, 적용한 바를 논의해 보려고 한다. 첫째, 혁신도시 건설계획에 포함되어 있는 도시 이미지와 경관계획 수립 내용이 어떻게 되어 있는가? 둘째, 풍수지리가 왜 도시설계에 필요하며 특히 도시 이미지와 경관계획 수립에 도움을 주었는가? 셋째, 풍수지리가 실제 혁신도시계획에 적용된 사례는 어떠한가? 넷째 풍수지리가 도시계획 수립에 적용될 때 어떠한 제한점을 지니는가? 이런 질문들로 나누어 답변하려고 한다.

　경관풍수와 전통적인 한국의 인간-자연관계가 바탕이 된 도시설계의 개념적 틀(conceptual urban design)을 고안하여 현재 건설 중인 행정 중심 복합도시의 개념적 틀에 관한 국제공모에 지원한 적이 있다(옥한석, 2005). 그 개념은 경관 풍수지리적으로 평화, 조화를 의미하는 쌍학(twin clans)과 강인함과 상생, 생성 그리고 성스러운 삼태극의 이미지 바탕 위에서 서구적인 공간관이라고도 볼 수 있는 중첩된 다이아몬드 구조를 도시구조에 부여한 것이다.

　이는 경관 풍수적이고도 친자연적인 장소 이미지와 상징성을 지속적으로 유지할 수 있는 도시 형태(urban form)와 과정(urban process)이다. 보다 자세히 말하자면 다이아몬드 각각의 두 중심점과 접점에 의하여 이루어지는 세 개의 중심점에 도시의 남북, 동서의 중심축이 형성되고 광장, 행정기관, 시청사가 들어서게 되며, 도시 내 교통망은 방사형 및 직교형으로 건설하고, 중심점 부근에 문화시설을 설치하며 지속가능한 도시 발전을 위하여 자연보존지구 등을 남겨 놓도록 하였다(옥한석·서태열, 2005, 221~241). 이것은 도시의 구조와 형태, 도시 내 토지이용 등 다양한 방면에 걸쳐서 풍수지리가 도시 관련 개념적 틀에 적용된 하나의 예다. 이러한 일련의 경험을 토대로 하여 도시 건설과 경관 계획 수립에 풍수 개념이 적용될 수 있고 그것이 우리의 공감을 살 수 있다면 동양적 전통 위에 서구적인 도시 건설이란 시대적 과제를 푸는 데 일조하게 된다.

2. 혁신도시 건설에 있어서의 이미지와 경관계획 수립 및 풍수 개념 적용

1) 혁신도시계획에 있어서의 경관계획 수립 내용

'공공기관 지방이전협약'에 따라 지방에 10개 도시를 건설하고 서울에 소재하고 있는 공공기관들이 원칙적으로 이전하게 될 혁신도시는 지방이전 공공기관 및 산·학·연·관이 서로 긴밀히 협력할 수 있는 최적의 혁신 여건과 수준 높은 주거·교육·의료·문화 등 정주환경을 갖춘 새로운 차원의 미래형 도시를 말한다('혁신도시입지선정지침' 중 혁신도시의 개념).

중앙도시계획위원회의 심의를 거쳐 고시된 혁신도시의 특징과 혁신도시 건설에의 시사점을 살펴보면, 혁신클러스터를 형성하고 네트워크 도시를 건설하여 혁신 주체들 간의 다양한 교류가 가능하게 하는 물리적 시설을 구축한 다음, 이러한 네트워크의 활성화를 위해 사회적 자본의 장기적 축적 및 발전을 꾀한다고 하였다. 이를 위해 산·학·연·관의 협력을 지원하는 제도가 필요하며 수준 높은 정주환경 건설을 통한 삶의 질적 만족도를 높여 고급인력의 유입을 꾀한다. 이러한 단계별 전략을 구사하여

혁신클러스터 구축을 꾀하고 지역의 새로운 성장동력 발전소로서 기능함을 목표로 하는 것이다

이러한 목표 달성을 위해서는 해결해야 할 과제도 많으므로 혁신도시의 개발유형은 신중히 결정해야 하며, 혁신창조형 · 혁신보조형 · 혁신지원형 등이 제안되었다. 이는 혁신도시 입지 및 개발방식과도 연계되어 있기 때문에 중요하다. 현재 혁신도시 입지 및 개발방식에 따른 세 가지 유형과 혁신도시의 주변 여건 및 유치기능에 따른 세 가지 개발유형(신도시형 · 신시가지형 · 개발형)을 조합할 경우 개발유형은 다양해진다(옥한석, 2006, 570~572).

다양한 유형 가운데 가장 적합하면서 실현가능성이 높은 유형의 조합은 재개발/혁신지원형(면적 5~10만 평), 신시가지/혁신보조형(면적 30~50만 평), 신도시/혁신창조형(면적 100만 평 이상)이라 할 수 있다. 이 중에서 신도시/혁신창조형의 도시기능은 신시가지형으로 대학과 산업기능을 가지면서 개발여건 및 혁신환경은 자족적인 도시가 되는, 다시 말해 제조업을 혁신도시에 유치하는 것이 담보되어야 한다. 하지만 클러스터 구축의 핵심은 상호신뢰와 협력이며, 클러스터 구축을 위해서는 주체 간 이해타산과 코드가 맞아야 한다. 이러한 과정이 없는 상태에서의 인위적 결집이 얼마만큼의 효과가 있을지는 미지수다. 물론 이전이 확정된 공공기관의 산업특화기능과 관련 있는 기업체, 대학, 연구기관이 자발적으로 혁신도시 내에 집적해야 함을 전제로 하는 것이다.

이는 혁신도시의 성공적인 개발계획에 달려 있고 2006년 11월에 마련된 제1장 총칙, 제2장 개발계획의 내용과 작성 원칙, 제3장 부문별 수립기준으로 되어 있는 '혁신도시계획기준'에 잘 나타나 있다. 먼저 제1장 총칙에서 '혁신도시계획기준'은 그 목적이 "공공기관 이전을 통한 특성화된

지역개발과 살고 싶은 친환경 도시건설을 위한 혁신도시 개발계획이 수립될 수 있도록 필요한 사항을 정하는 데 그 목적이 있다"고 하며, 개발계획의 내용과 계획수립의 기본원칙, 계획 작성 시 유의사항, 용어 정의 등이 언급되어 있다. 또한 혁신도시, 대중교통중심개발, 혁신주체, 혁신클러스트, 도시지원시설, 이전대상공공기관, 커뮤니티계획, 도시통합이미지계획, 공공·교육·문화·복지시설의 복합화, 에너지수요관리, 신재생에너지, 공동구 등의 용어에 관하여 정의하고 있다.

제3장 부문별 수립기준에서는 그 내용이 '공간구조 구상', '토지이용계획', '혁신크러스트지구계획', '교통처리계획', '주거환경계획', '커뮤니티계획', '도시이미지 및 경관계획', '환경보전계획', '공원·녹지계획', '공공·교육·문화·복지시설계획', '정보통신계획', '공급처리시설' 등에 관한 계획, 존치시설 결정 등으로 되어 있다. 이 중에서 '도시이미지 및 경관계획'은 다음과 같이 11개 항목으로 정리되어 있다.

① 도시 이미지를 제고할 수 있도록 혁신도시별 테마를 설정하고, 도시 정체성 확립을 위한 도시 통합이미지계획(CI : City Identity)을 수립하며, 도시이미지를 도시 마케팅에 활용할 수 있는 방안을 수립한다.

② 지역의 특성 및 역사·문화에 어울리는 독창적 도시(경관) 이미지를 형성하는 통합이미지 계획을 수립하여 경쟁력 있는 혁신도시 개발에 기여할 수 있도록 한다.

③ 경관자원 및 여건분석, 설문조사를 통해 도시 이미지를 설정하고 그 결과를 토대로 경관 분야에 대한 기본방향을 도출한다.

④ 대상지의 주요 경관자원인 산과 하천 등 자연조망 대상에 대한 시각적 접근성을 확보하기 위해 주요 조망점에서 조망축을 확보하도록 계획을 수립한다.

⑤ 도시민 누구나 쉽게 접근할 수 있는 경관자원은 가능한 보전하여 활기찬 야외활동 공간 중심으로 활용할 수 있도록 계획한다.

⑥ 대상지 내의 문화유산 조사를 실시하고, 역사적 가치가 있는 문화유산은 보전하며, 토지 이용상 이전이 불가피한 자원은 공원 또는 소규모 박물관으로 이전하여 교육자료 및 도시의 역사자원으로 활용한다.

⑦ 혁신도시의 경관 형성을 위한 실천 전략을 제시함으로써 이를 통하여 혁신도시의 경관보전 · 형성 · 관리를 종합적이고 계획적으로 추진할 수 있도록 경관계획을 수립한다.

⑧ 경관계획은 함께 만들어가는 도시경관이라는 개념에 따라 사업시행자, 지역커뮤니티, 전문가, 행정가, 주민, 시민단체 등 다양한 주체가 파트너십을 형성하여 계획을 수립한다.

⑨ 개발계획의 타부문 계획과 긴밀하게 연계하여 경관계획을 수립하며, 경관보전과 형성 및 관리에 대한 구상을 제시한다. 이러한 구상은 실시계획 단계에서 경관형성계획을 위한 지침의 성격을 갖는다.

⑩ 혁신도시의 경관계획은 기본방향과 경관 기본구상을 근거로 수립하며, 경관 이미지 도출 및 개발 테마 설정, 주요한 경관자원에 대한 보전계획(자연 · 생태경관, 역사 · 문화경관, 지역커뮤니티 보전계획 수립), 장소별 계획(조망점 및 조망축 설정, 건축물 높이 구상, 스카이라인 계획, 특화가로 계획, 색채계획 등), 부문별 계획(건축물, 가로, 스카이라인, 색채, 조망축 등) 경관관리를 위한 지침 제시 및 부정적 경관요소의 제거 · 차폐 방안, 경관관리체계 구축방안 등의 내용을 포함한다.

⑪ 계획의 공간적 범위는 혁신도시와 혁신도시에 영향을 미치는 주변지역의 녹지, 하천, 역사문화자원을 포함하여 수립한다.

11개 항목으로 되어 있는 '도시 이미지 및 경관계획'은 공간구조 구상이나 토지이용계획, 커뮤니티 계획 등 도시설계 속에서 구현되어야 하므로 도시형태를 염두에 두지 않을 수 없다. 왜냐하면 도시를 설계하는 일은 어느 정도 기하학적인 질서를 부여하는 일이기 때문이다. 영국의 도시지리학자 콘젠(M.R.G.Conzen)이 타운플랜(town plan)은 가로망 체계(street system), 토지구획(plot pattern), 건물배열(building arrangement), 건물복합(building fabric)으로 이루어져 있다고 한 것은 바로 이를 두고 하는 말이다(M.R.G.Conzen, 1999).

　계획되었든 자연발생하였든 간에 유기체로서의 도시형태(Kevin Lynch, 1981)는 그 기하학적인 질서가 오랜 도시형태의 역사 속에서 그리드, 선상패턴(linear patterns)·동심원 및 방사상 조직(concentric and radial organization)·별형(eight point star derived by superimposing two quadrangles)·방사동심형 등으로 나타났다. 이러한 도시형태들은 중첩되어 르네상스 이후 유럽 주요 수도의 바로크적인 도시설계, 이른바 그랜드 매너(grand manner)로 나타났다(Spiro Kostof, 1991, 218~229).

　직선 가로망(straight street), 바로크적인 사선(baroque diagonal), Trivium과 Polyvium, 대로(boulards and avenues), 조망축(vista), 시장과 기념물(markets and monuments), 상징축(ceremonial axis), 광장 그리고 스카이라인 등을 중시하는 기하학적인 도시설계가 근대를 풍미하게 되었다(Spiro Kostof, 1991, 230~275). 이러한 바로크적인 도시설계는 서구적인 이념과 이미지를 바탕으로 하고 있으므로 과거 창원, 안산시 등 신산업도시 개발계획 수립에 이러한 요소가 고려되기도 하였지만 과연 혁신도시 건설계획 수립에도 이러한 도시형태에 의존해야 하는 것일까? 혁신도시는 이러한 도시형태뿐 아니라 스페인 빌바오(문화의 도시), 일본 비세초(천체관측),

일본 시가에(버찌), 영국 에든버러(연극, 공연), 프랑스 에비앙(물), 한국 함평(나비) 등과 같이 테마를 설정하여 도시 마케팅에 나서는 경우가 일반적인 추세이므로 이를 도시계획에 적용시킬 과제를 안고 있다.

2) 경관풍수 개념 적용의 필요성

경관풍수적 조건을 충족하고 있는 곳이 기후·지형적으로 쾌적성이 유지되는 곳이지만 이를 증명할 만한 충분한 관측자료가 현재로서는 부족하고, 과거 우리 선조들은 명당을 상징화하여 표현하였다. 도시계획의 이미지 및 경관계획 수립에 풍수지리가 첫째, 도시민의 건강성 확보에, 둘째, 도시형태의 상징화 작업에 기여할 수 있게 된다. 그러면 경관풍수적인 개념을 과연 도시형태로 어떻게 형상화할 것인가 하는 질문으로 귀결된다.

이에 대하여 혁신도시에 풍수지리의 '물형론'을 적용, 제안한 바 있다. 원주의 강원혁신도시는 가리실산, 향로봉, 치악산의 지형조건과 봉천, 원주천, 섬강의 하천을 배경으로 하여 풍수지리적인 금반형의 이미지와 형태가 적합하다. 금반형의 이미지에 따른 병렬형 다핵구조의 공간구조로 하되 금반형의 중심에 혁신코어가 입지하는 것이 바람직하다.

김천의 경북혁신도시는 용전리와 감천을 기후지형적 조건으로 하여 풍수지리적 잠룡의 이미지와 형태가 적합하며 감천 속으로 들어가는 잠룡이 장차 승천을 준비하는 과정으로 생성, 변화, 성장의 단핵구조가 필요하다.

울산혁신도시는 함월산을 근거로 하여 태화강과 관련을 맺을 수 있도록 연환형 구조가 적합하다. 풍수지리적 운중반월형, 즉 함월산으로부터

표 29. 혁신도시별 풍수적 경관 개념과 도시 형태 및 혁신코어 (출처 필자 작성)

도시/구분	풍수적 경관개념	풍수적 근거	공간형태	혁신코어	상징물
원주	금반형	가리실산	병렬형다핵형	중앙부	건강
전주 · 완주	완사명월형	천잠산	산재형다핵형	분산	비단과 나비
김천	잠룡형	용전리	단핵형	집중	생성과 변화
울산	운중반월형	함월산	연환형	분산	밝은 빛
대구	해복형	금호강	다지성다핵형	중앙부	다출산
나주	연화부수형	화지리	단핵형	집중	꽃잎

밝은 빛이 새어나오는 곳곳에 혁신코어를 입지시킬 필요가 있다.

대구혁신도시는 초례봉과 금호강을 배경으로 하여 다지성 다핵구조가 적합하며, 공간구조는 다지간의 연결망이 중요하고 혁신코어의 위치는 풍수지리적 해복형의 머리 앞 거품으로 상징화되는 곳에 두어야 한다. 가운데 핵심부에 교육기능을 두는 것이 바람직하다.

나주의 전남혁신도시는 화지리를 근거로 하여 낮은 저습지상의 몇 개 구역으로 나누어진 꽃잎이 펼쳐진 풍수지리적 연화부수형의 공간형태가 바람직하며 꽃심의 단핵구조가 필요하다(표 29).

3) 전북 혁신도시에의 적용과 한계

(1) 혁신도시에의 적용

전북혁신도시는 '국토의 계획 및 이용에 관한 법률' 제8조 규정에 의거 전주시 만성동 · 중동, 완주군 이서면 갈산리, 반교리 일원(면적 9,260,000m²,

예정인구 29,000인, 9,667호, 88인/ha) 일대에 '공공기관 지방이전에 따른 혁신 도시 건설 및 지원에 관한 특별법' 부칙 제2조에 따라 '혁신도시개발예정 지구'로 지정되어 2013년 12월 사업이 준공되었다. 전북혁신도시의 교통 여건은 호남고속국도 전주IC를 통해 전주시 방향에서 접근하거나 서전주 IC로 직접 진입 가능하며, 대상지 중앙으로 국도 1호선 대체우회도로가 개설중이고, 이서IC가 위치하여 교통여건이 양호한 편이다. 주변에 동측 으로 황방산 자연공원과 인접하고, 서부에는 신시가지 및 전주하가지구 조성 등의 개발사업이, 북측으로는 전주월드컵 경기장을 중심으로 한 전 주 제2산업단지가 진행 중에 있다.

전북혁신도시에 이전된 공공기관은 농촌진흥원, 국립농업과학원, 국립 식량과학원, 국립원예특작과학원, 국립축산과학원, 한국농수산대학, 지 방행정연수원, 한국국토정보공사, 한국전기안전공사, 국민연금공단, 한 국식품연구원 등이다.

전북혁신도시는 개발목표가 '농업생명의 허브', 즉 Agricon City다. 개 발 콘셉트는 '샘솟는 都·農의 하모니', 개발방향은 '혁신의 샘'으로서 혁신주체 상호간의 교류의 장, 문화·여가의 창조적 도시활동의 장(혁신중 심지구 혁신활동 지원), '지식의 샘'으로서 농생명·지식기반 혁신클러스터 의 장, 학습, 연구, 응용, 확산의 공간축을 형성(산·학·연 클러스터), '생명 의 샘'으로서 농생명연구단지 및 농생명산업체험 관광의 장, 농촌체험 및 관광, 전북 발전을 상징하는 랜드마크의 광장을 조성하는 것이다. 개발 기본구상 이외에 환경보전계획, 이미지 및 경관계획, 공원녹지계획, 광역 교통계획 등이 수립되어 있다. 이 중에서 이미지 및 경관계획 내용을 보 면 첫째, 이전 기관의 특성과 지구 입지 특성을 고려하여 농경문화경관과 친수경관을 형성하고, 둘째, 전통문화도시 전주, 청정자연환경지역 완주

주변도시 등의 지역 이미지와 연계되면서, 태극 이미지를 활용하여 새로운 에너지를 창출하는 공간으로 형상화하는 것이다. 끝으로 농촌진흥청 및 산하기관을 중심으로 하는 농생명연구단지와 혁신중심지구 및 주거지역의 다소 상반된 요소를 태극이 가진 음양의 모티브로 구상하여 혁신과 창조가 분출하는 이미지 메이크업의 계획을 세웠다.

이러한 개발목표, 개발콘셉트를 구현하기 위한 도시설계는 어떠해야 하는가? 도시설계는 기본적으로 기하학적인 질서를 가져야 하는데 전주·완주의 전북혁신도시는 풍수지리적으로 천잠산, 천장봉의 지형조건과 만경강, 전주천의 하천 조건을 배경으로 한 완사명월형의 이미지와 형태가 적합하다. 이러한 완사명월형의 형태는 다음과 같은 전북혁신도시 경관개념(그림 61)으로 표현된다.

풍수지리적으로 '펼쳐진 비단' 위에는 산재형 형태상으로 혁신기능이 입지할 필요가 있다. 이에 혁신클러스트는 산재형 형태상에 배치해야 하며, 완사명월형의 이미지화를 통한 도시 경관계획, 도시의 결절점과 입구에 랜드마크적 이미지 계획, 중요 공원과 건물에 이미지 적용 계획, 컬러계획, 수목계획 등이 보행자 도로의 재료, 컬러, 재질의 패턴에 형상화되어야 하는 것이다. 궁극적으로는 도시 이미지와 상징화 작업을 통하여 도시의 이념과 비전이 제시되고 이것은 도시계획의 마스터플랜 속에 용해되어 구체적인 도시설계로 나타나야 하는 것이다.

이렇게 하기 위해서는 완사명월형의 풍수경관에서는 전북혁신도시의 도시형태가 ① 직선가로망(straight street)보다는 동서를 잇는 곡선가로망이 적합하다. ② 바로크적인 사선(baroque diagonal)은 동서를 잇는 곡선가로망과 교차되는 것이 바람직하다. ③ Trivium과 Polyvium은 극히 제한되어야 한다. ④ 대로(boulards and avenues)는 주산을 중심으로 하여 동쪽에 치우쳐

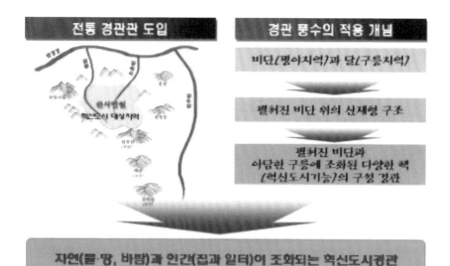

그림 61. 풍수경관의 도입 (출처 필자 작성)

그림 62. 산재형 구조와 조망축 상의 조망점 (출처 필자 작성)

남북 · 동서의 2개 축이 교차되도록 하여야 한다. ⑤ 조망축(vista)은 만경강을 향한 북향이 바람직하다. ⑥ 시장과 기념물(markets and monuments)은 명당(bright)에 입지시키는 것이 바람직하다. ⑦ 상징축(ceremonial axis), ⑧ 광장은 동서 · 남북 가로망이 교차하는 곳에 다수를 둘 수 있다. ⑨ 스카이라인은 비단이 펼쳐진 모습으로 형상화되어야 한다(그림 62).

(2) 적용의 한계

새로운 도시가 탄생함에 있어 가장 중요한 것은 도시의 성격 콘셉트다. 콘셉트의 설정은 지역적 · 문화적 · 인문적 · 지리적 · 역사적 특성 속에서 찾아야 하며 콘셉트를 설정하였다 하더라도 콘셉트가 언어적 표현, 즉 친환경도시 미래 첨단도시 등 이미지가 형상화를 통하여 도시 곳곳에 표현되고 읽혀진다면 모두 쉽게 인지하고 공감대 형성이 이루어져 비전 제시와 함께 미래도시가 지속적으로 발전할 수 있다고 생각된다.

전주완주혁신도시의 개발 콘셉트가 '샘솟는 都 · 農의 하모니', 개발방향이 '혁신의 샘', '지식의 샘', '생명의 샘'이라고 하였을 때 이를 산재형 형태의 도시설계로 구현하는 일은 어렵지 않다. 풍수지리적인 개념이 도입된 도시설계는 ① 도시 통합 이미지 계획(CI : City Identity) 수립 ② 독창적 도시(경관) 이미지 형성 ③ 경관분야에 대한 기본방향 도출 ④ 조망축 확보와 계획 수립 ⑤ 도시민의 경관자원에의 접근성 제고 ⑥ 경관 형성을 위한 실천 전략 제시 ⑦ 개발계획의 타부문계획과 긴밀하게 연계된 경관 보전과 형성 및 관리에 대한 구상 ⑧ 경관 이미지 도출 및 개발 테마 설정 ⑨ 경관자원에 대한 보전계획, 장소별 계획, 부문별 계획, 계획의 공간적 범위 설정 등에 도움이 될 수 있다고 본다. 그렇지만 풍수적인 개념은 일반적으로 시민사회에서 통용되지 않기 때문에 경관계획의 다양한 주체,

즉 사업시행자, 지역커뮤니티, 전문가, 행정가, 주민, 시민단체 등과 파트너십을 형성하여 계획을 수립하기 어려운 한계를 가진다.

그리고 무엇이 좋은 도시설계(good urban design)인가? 그것은 설계를 통해서 시민들의 삶이 향상되는 것이다. 시민들이 자유롭고 안전하며 쾌적하게 도시 속을 돌아다닐 수 있는 기회가 만들어지고 이에 대한 장애물이 제거될 때 가능하다. 도시설계에 있어서 풍수지리적인 개념은 도시설계의 통합성과 일관성이 유지되면서 교통 혼잡을 피하고 기후적인 조건을 극복하면서 쉽게 이동, 휴식과 만남이 이루어지고 안전함이 확보될 수 있도록 해주는 하나의 조건에 불과하다.

3. 획지의 풍수적 선정과 건축설계

양생을 위한 풍수의 조화리듬성이 구현되는 가장 기초적인 단위는 획지(lot)이므로 이에 대한 풍수적 평가와 건축설계가 이루어져야 한다. 획지 형태와 규모는 건축물의 용도와 밀도·가로구성·경관조성 등 여러 국면이 실제로 실현되는 데 영향을 주며, 특히 획지 규모가 과대하거나 과소할 경우 건축물의 개발과 재생을 불가능하게 하거나 지연시킬 수 있기 때문에(김철수, 2012, 231) 세심한 검토가 요청된다.

획지가 선정된 다음 건강한 건축설계는 청정, 보전, 인간공학, 녹색공간, 햇빛, 색조, 정수, 향기와 소리, 신성한 공간의 배치, 건강한 에너지, 평온성 등의 요소를 갖춘 주택과 밀접한 관계가 있다(재키 크레이븐, 2008)고 한다. 숨쉬기 위한 공기 중에 유독성 화학물질이 함유되어서는 안 되도록 재질에 신경을 써야 하며, 냉난방에 있어서 자연의 규칙적인 흐름을 가능한 사용하면서 가변적인 공간 구획이 이루어질 수 있도록 하여야 한다.

표 30. 생명 건축설계의 개념적 틀 (필자 작성)

설계전략	전체 설계	양생
치유	건축설계	사회적 건강
기능	조화리듬성의 설계	조화리듬성의 건강
향상	실내공간 설계	정신적 건강
유지	요소설계	신체적 건강
시간리듬		

또한 집안으로의 자연채광이 용이하도록 하면서 조명을 최대화하는 데 도움이 될 수 있도록 거울을 배치하고 성찰이나 명상 및 기도를 위한 은밀한 공간도 마련되어야 할 것이다. 높은 에너지의 전기기파가 일상적으로 사용되는 전자제품으로부터 흘러나오기 때문에 텔레비전은 1.5m 이상의 거리에 두며 침실은 되도록 전자제품으로부터 멀리 떨어진 곳에 배치하는 설계가 필요하다.

풍수의 '조화리듬성'이 구현될 수 있는 건축설계란 무엇인가? 그동안의 풍수가 평면설계에 치중해 왔다면 '조화리듬성'의 건축물이란 정체되고 막혀 있는 듯한 느낌이 없이 따스한 햇빛과 신선한 바람이 있고 휴식적이면서도 역동적인 움직임의 상호작용이 존재하는 건축물을 말한다. 특히 실내인테리어가 '조화 리듬성'의 구현에 도움이 될 수 있도록 풍수는 간결함과 소박함, 녹색식물, 근골격계 건강에 도움이 되는 비품과 가구의 배치가 필요하다. 평온함이 감도는 기운이 휩싸이는 분위기 속에 향기와 소리가 시간의 리듬을 조율할 수 있도록 이루어져야 하는 것이다. 이는 표 29와 같은 개념적 틀에서 구현할 수 있다. 주택의 경우는 베란다-거실-식당-부엌 순으로 높이에 따라 시각적 개방감과 빛의 따스함이 전해지는 것을 '조화리듬성'이라고 한다.

4. 건축설계 시 풍수요소의 계량화와 과학화

한국의 지형과 기후적 특성은 산세와 물의 흐름 그리고 기후의 상호관계에 의해 형성되는 풍수지리의 다양한 적용과 발전에 매우 긴밀한 영향을 끼쳐왔고 이에 따라 지형과 기후 특성이 반영된 풍수지리는 주택에서 가장 광범위하게 그 적용된 사례를 찾아볼 수 있다(장동국, 2016). 주택을 포함한 건축 및 도시의 제반 영역에서 풍수지리를 오늘날의 건축/도시계획 및 설계 방법론으로 활용하기 위해서는 첫째, 풍수지리의 기본 개념들에 대한 과학적인 분석과 증명이며, 둘째, 실제 활용되고 있는 풍수지리 요소들을 정량화함으로써 상호 객관적인 비교 · 평가가 가능한 방법론을 개발하는 것이다.

장동국은 현대주택의 풍수지리 요소들의 정량화를 위한 지표 개발과 실제 사례의 적용을 시도하였다(장동국, 2016 ; Chang et al., 2014). 이들 연구에서는 한국 주택을 대상으로 현재 실무에서의 적용이 가능한 풍수지리 관련 요소들을 정량화가 가능하도록 지표화하였다. 이러한 풍수지리 지표는 배치계획과 관련된 4개 지표와 실내 주요 공간 계획과 관련된 6개 지표 등 총 10개의 지표로 구성되어 있다. 각각의 지표는 4개의 세부사항으로 구분된 '도로구조' 지표를 제외하고는 모두 3개의 세부사항으로 구분하여 정량화하였다. 장동국은 10개의 풍수지리 핵심지표에 대한 정량화 내용과 그 원리 그리고 주요 출처 및 각 지표들의 정량화 과정과 간단한 예시를 설명해 주고 있다.

장동국은 먼저 10개 지표별로 각각 5점 만점을 기본점수로 하여 총 50점 만점이 되도록 하였다. 기본점수를 5점으로 구성한 것은 설문조사에서 가장 일반화된 리커트 척도(Lickertis Scale)의 예를 참조하였다. 지표가 긍정적이면 양의 점수를, 부정적이면 음의 점수를 부여하였다. 각 지표의 정성적 특성을 정량화하기 위해 각 지표를 상황에 맞게 기준을 정하여 유형화하였다. 예를 들어 각 지표에 사용된 비율, 중심, 방향 등에 대한 합리적 기준을 설정함으로써 유형화하였다. 비율과 중심 그리고 방향에 관해 언급되어 있다.

비율은 대문을 기준으로 대지 내 모든 건물이 포함되도록 사각형을 구성하고 그 내부를 주요 실들의 크기를 기준으로 하는 정사각형으로 구획하여 그 비율을 산정하였다. 중심에 대한 기준은 대지 내의 모든 건물이 포함되도록 사각형을 설정하고 내부의 정중앙에 4등분으로 구획된 사각형을 만들었다. 이러한 내부의 사각형 내에 해당 공간이 1/2 이상 포함되면 중심에 위치한 것으로 판단하였다. 건물의 방향은 거실(대청)과 마당의 관계에 의해 설정되며 거실(대청)이 마당을 향하는 방향을 그 건물의 주요 향(Direction)으로 규정하였다.

31개의 세부 항목 가운데 '막다른 길에 면한 대지는 매우 불리(O5)'는 예외적으로 아주 불리한 항목으로써 −3점을 부여한 것을 제외하고는 모두 5단계의 척도로 구성하였다. 그러나 리커트 척도로써 보통(0)의 경우는 대부분 유리한 의미를 내포하고 있다. 세부항목의 척도 차이는 기존 연구 문헌들에서 언급하고 있는 상대적인 중요도의 차이를 종합적으로 참조하여 구분하였다.

이렇게 개발된 풍수지리 지표의 객관성을 검증하기 위해 풍수지리가 보편적으로 적용되던 시기인 조선시대에 건축된 한국전통주택 30채에 적용하였다. 또한 한국전통주택에 구현된 풍수지리 계획 기법의 분석 결과를 전통 계획 개념을 주요하게 표현한 현대전통주택 30채의 사례들과 그러한 전통 계획 개념에 대한 언급이 없는 현대작가주택 30채의 사례들과 비교 분석하였다. 그림 62는 3개 주택군별 30채씩의 풍수지리 지표의 합계와 주택군별 평균을 보여 준다. 예상할 수 있는 바와 같이 풍수지리에 의거한 대지 선택의 폭이 도시화된 대지에 입지해야 하는 다른 주택군들에 비해 상대적으로 여유가 있었던 한국전통주택에서의 풍수지리 지표합계의 평균이 50점 만점에 36점으로서 현대전통주택(34.37), 현대작가주택(28.50)에 비해 높았다.

표 31은 5점 만점으로 환산한 각 주택군별 풍수지리 지표의 평균값을 배치계획과 주택 내부 공간으로 구분한 것이다. 다른 주택군들에 비해 대지선택이 보다 용이하였던 한국전통주택의 배치 관련 풍수지표의 평균이 4.17로서 다른 두 개의 주택군들에 비해 매우 높다는 것을 알 수 있다. 반면 내부 공간 관련 풍수지표의 평균은 3.22로서 현대전통주택의 3.33에 비해 다소 낮음을 알 수 있다.

이러한 차이가 시사하는 바는 현대전통주택의 경우 주택 입지 선정에 있어 한국전통주택에 비해 다소 불리한 점을 내부 공간의 풍수지리 지표적용을 폭넓게 적용함으로써 그 차이를 극복하기 위한 노력으로 이해될 수 있다. 한국전통주택군의 측면에서는 당시 주택 기술과 재료의 한계로 내부 공간 구성에서의 상대적인 불리함을 입지선정에서의 유리함을 최대한 활용함으로써 극복하려 했다고 여겨진다.

그림 63은 각 주택군별로 풍수지리 지표를 적용한 결과를 통해 이해할 수 있는 또다른 재미있는 사실을 보여 준다. 10개 풍수지표별로 3개 주택군의 지표값을 비교해 보면 평면형태(C5)가 공통적으로 매우 낮게 나타나

표 31. 풍수지표 평균 (각 주택군별 30채씩 합계 90채)

지표	한국전통주택	현대전통주택	현대작가주택	평균
전체	3.60	3.44	2.85	3.30
배치	4.17	3.60	2.99	3.59
내부	3.22	3.33	2.76	3.10

(배치 : C1~C4, 내부 : C5~C10)

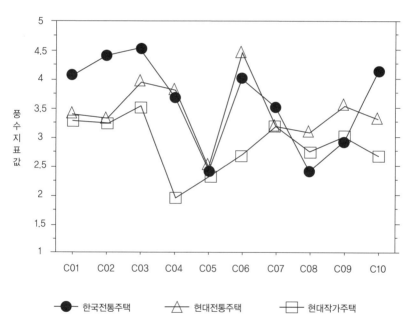

그림 63. 3개 주택군의 풍수지표 비교 (출처 장동국 · 김수인, 2016, 24)

고 있다. 이것은 건물 평면 형태와 관련해서 기존의 풍수에서 언급하는 조건이 매우 형이상학적으로 규정되어 있어 3개 주택군 모두 이를 충족시키는 것은 현실상 어렵기 때문인 것으로 여겨진다. 이것은 종교나 공공건축물같이 형이상학적인 평면 형태와의 비교를 통해 보다 명확히 구분될 수 있을 것으로 사료된다.

풍수지리가 적용된 단지 배치계획의 적용은 조선대학교 건축학부 건축학전공 소속 김수인 명예교수에 의해 진행되었다. 계획 대지는 충북 영동군 영동읍 인근에 위치하며, 남쪽으로 황악산(1,111m), 민주지산(1,242m), 수도산(1,317m)으로 연결된다. 남쪽의 험준한 산악지대에서 발원하는 물줄기는 북쪽으로 흘러 옥천군을 지나 대청호로 연결되면서 서쪽으로 방향을 바꿔 공주와 부여 그리고 논산을 지나 군산을 거쳐 서해로 들어간다.

이곳의 형국은 용이 여의주를 잡기 위해 엎드려 있는 '복룡옥득형(伏龍玉得形)이다. 캠퍼스 대지의 형상은 동서로 좁고 남북으로 긴 세장한 부메랑형의 대지로서 동서측이 좁기 때문에 대지 전체의 정면성을 인식하기가 다소 어렵다고 할 수 있다. 그러나 남향의 산세와 경관이 매우 수려한 장점을 갖고 있다.

캠퍼스 대지의 서측에는 3개 봉우리가 있는 낮은 산자락이 자리하고 동측 대지 경계선을 따라 흐르는 하천은 배산임수지만 완결된 형태라고는 할 수 없다. 또한 북쪽에서 입수하여 남쪽으로 출수하는 하천은 대지 중앙부를 치면서 흐르기 때문에 이를 상쇄시킬 수 있는 수림대 조성과 같은 방법을 모색할 필요가 있다. 캠퍼스 대지 내의 지맥은 남북으로 2개의 수평띠로 형성되어 있기 때문에 그 가운데가 본관의 입지로 가장 적합하다고 제안되었다.

요약과 결론
Summary and Conclusion

　이 연구는 첫째, 고전적 풍수지리는 그 내용이 무엇이며 어떻게 해석, 이론화되었는가? 둘째, 그 내용은 어떻게 체계화되었으며 오늘날 과학적인 관점에서 어떻게 재해석될 수 있으며, 풍수리듬의 분석 내용이란 무엇인가? 셋째, 어떤 분야와 대상에 적용될 수 있는가 하는 문제를 밝히고자 하였다. 풍수가 과학이 되기 위해서는 무엇보다도 '담론'보다는 '이론' 체계가 되어야 한다고 보고 이를 이론으로 살펴보고자 하였다.

　다시 말해 풍수는 수많은 고문헌상에 서술되어 있는데 첫째, 이에 대한 해석을 '전통적 이론'이라고 부른다. 둘째, '전통적 이론'을 '현대적 이론'으로 재해석하고자 한다. 셋째, 이렇게 재해석된 '과학적 이론으로서의 풍수'가 구체적으로 적용된 분야를 소개해 보고자 하였다. 이 연구는 계절리듬과 풍수리듬 및 인간의 생체리듬이 조화롭게 일치될 때 화평과 발복이 이루어진다는 재해석에 주안점을 두고 결론을 도출하고자 하였다. 시간구조 안에서만 인간의 행·불행이 예견될 수 있기 때문이다. 연구 결과는 다음과 같다.

　풍수는 '천지인 합일'과 '동기감응' 사상에 의하여 어떤 형세를 가진 곳에서 어떤 향으로 살거나, 부모의 시신을 묻게 되면 장래 자신에게 좋은 일이 생길 것이라는 경험적 지식체계의 일종이며, 이는 전승되어 오늘날 다수의 풍수사들에 의해 하나의 이론체계, 즉 형세론, 물형론, 비보론, 이기론, 선택론 등으로 정립되어 있다. 이들을 전통적 이론이라고 부를 수 있으며 오늘날 현대적으로 이들을 경관론, 환경론, 양생론으로 재해석될 수 있다고 본다.

전통적 해석 이론 중 형세론은 주자시조묘, 물형론은 안동의 분묘, 이기론은 하륜의 선대묘소, 형세론과 이기론은 숙빈 최씨묘 등의 음택에, 양택의 경우 이기론은 외암리 민속마을, 형세론은 오봉종택, 장기읍성에 적동된 연구사례를 소개하였다.

전통적 이론 중 용·혈·사·수·향의 파악을 기본으로 하는 형세론은 혈처를 둘러싸고 있는 청룡과 백호, 주산과 안산의 관계에 의하여 몇 가지 유형이 나타나며, 이 유형에 따라 발복의 시기와 강도, 지속 여부를 알수 있게 된다고 하였다. 이는 다양한 지리적 스케일 상에서 분석하는 것을 말하지만 궁극적으로 이들 유형에 의한 '조화리듬성'이 인간에게 영향을 준다고 볼 수 있다.

형세론이 증혈에 의하여 발복의 시기를 가늠할 수 있다고 한 점은 형세론이 이기론과 함께 발복의 시기를 예견한다는 점에서 특별히 주목을 요한다. "穴星의 乘金과 相水 印木에 이어 朝堂과 案山 四神沙 順으로 연대를 추리하고"라는 주장과 함께, 용의 흐름과 물의 흐름이 만나는 시점을 '보각'(사람의 눈으로 용과 물의 흐르는 거리를 목측하여 잰 거리)에 의하여 결정된다고 한 주장을 상기한다면 형세론은 이러한 산수의 거리가 주목을 받게 된다.

형세론은 물형론이나 비보론으로 발전하였으며, 이기론은 '향법', 이른바 음양오행설이 표시된 나경에 의존하여 '발복'에 관하여 예견할 수 있다는 이론이다. 형세론과 이기론을 종합해 보면 산천과 계절이 하나의 리듬으로 해석될 수도 있어 풍수가 생체리듬 축의 하나를 이루어 낼 수 있다고 보았다. 아직 고전적 풍수로서 자리잡지 못한 공망풍수도 또한 180년 주기에 의하여 길흉화복이 예견된다고 하는 점에서 리듬이론과 일맥상통한다고 보여진다.

용·혈·사·수·향의 형세론은 경관의 계량화 지표의 개발이나 환경론으로 이어지는 징검다리 역할을 하게 되며, 풍수가 물질과의 '감응'이라고 하는 아이디어에 도달하게 될 때 풍수 체계는 '살아 있는 물질'과 '살아 있지 않은 물질'이라고 하는 분리할 수 없는 연관관계가 중요시해져 양생론이 가능해진다. 양생론에 의하여 풍수는 리듬 사이클이 있어 해변가에 파도가 밀려와 해안, 절벽, 섬, 방파제 등에 부딪치면서 다양한 파동과 파형을 만들어 내는 것처럼 '용혈사수향'에 생기가 부딪쳐 동일한 현상이 나타나는 것으로 볼 수 있다. 명당을 둘러싼 파동과 파형은 진동수와 진폭, 에너지의 이동으로 특징지어져 그곳에 살고 있는 이들에게 '조화리듬성'의 영향을 주게 된다.

이에 풍수에서의 '발복'이란 자신의 생체리듬과 계절리듬 속에서 어떤 일이 이루어지는 것을 의미한다고 보며, 규칙적으로 변화하는 환경과 양생의 시간구조 안에서 미래를 예견할 수 있다고 본다. 이를 인정한다면 '풍수의 조화리듬성'의 원칙은 도시계획이나 건축계획, 그리고 지구단위계획 모두에 적용될 수 있다. 도시계획은 도시 전체를 장기적 시각에서 전체적으로 검토하기 때문에 필지 지구 차원의 구체적인 환경 조성을 위한 양적 기준을 제시하는 경우가 많으며, 건축계획은 개별적인 주체가 독립적으로 건축물의 기능, 형태, 규모, 미관을 고려하기 때문에 전체 지구

의 분위기와 어울리지 못하거나 공통의 환경 목표를 달성할 수 없는 경우
가 많은데, 도시계획은 '용·사·수·향'의 경우에, 건축계획은 '혈'의
경우에 적용될 수 있다고 본다.

이러한 적용을 위해서는 환경에 대한 풍수적 평가가 필요하며 대상지
역 선정과 풍수 양호 지점의 기후조건의 분석을 통해 개발된 지수에 의하
여 풍수지도 작성이 필요하다. 작성된 풍수지도의 기초 위에 건축물의 친
환경성 평가뿐만 아니라 도시생활권의 범주에서 도시공간의 통합 환경을
평가할 수 있는 근린지구 차원의 지속가능성 평가도구 수립이 제시될 수
있고 비보풍수론에 의한 우리나라 실정에 맞는 평가도구의 개발이 가능
해진다.

풍수지리 개념의 적용을 제안한 바 있는 혁신도시의 경우가 소개되었으
며, 원주의 강원혁신도시는 금반형의 이미지와 형태 및 병렬형 다핵구조,
김천의 경북혁신도시는 잠룡의 이미지와 형태 및 생성·변화·성장의 단
핵구조, 울산혁신도시는 연환형 구조, 대구혁신도시는 다지성 해복형 형
태 및 다핵구조, 나주의 전남혁신도시는 연화부수형의 공간형태 및 꽃심
의 단핵구조가 필요하다고 제안하고, 이들이 개별적 가구(block)별 건축에
의하여 풍수의 조화리듬성이 이루어질 수 있다고 보았다.

건축설계는 청정, 보전, 인간공학, 녹색공간, 햇빛, 색조, 정수, 향기와
소리, 신성한 공간의 배치, 건강한 에너지, 평온성 등의 요소가 갖추어져
야 한다는 건강주택과 밀접한 관계가 있으며, 실내 인테리어와 관련을 맺
어야 한다. 이러한 건강한 건축설계 위에 '조화리듬성'이 구현될 수 있는
설계가 필요하다. 그동안의 풍수가 평면설계에 치중해 왔다면 '조화리듬
성'의 건축물이란 정체되고 막혀 있는 듯한 느낌이 없이 따스한 햇빛과
신선한 바람이 있고 휴식적이면서도 역동적인 움직임의 상호작용이 존재

하는 건축물을 말한다.

우주는 천체 운행의 계절리듬에 의하여, 자연은 풍수리듬에 의하여, 인간은 생체리듬에 의하여 각각의 시계가 작동되고 있으며 이들 삼자의 일체, 즉 시간리듬의 일치가 바로 '천지인' 합일사상이다. 인간은 태어날 때부터 고유의 생체리듬을 가지며 이 리듬이 인간관계, 사회관계를 이루어 가는 데 중요한 역할을 하고 있음은 이미 알려져 있다.

생체리듬은 살거나 일하고 있는 곳의 환경, 특히 풍수리듬의 영향을 받게 되며 풍수리듬은 다시 계절리듬을 조절하게 되므로 생체리듬을 잘 이루어 낼 수 있는 풍수리듬을 밝히는 것이 중요하다. 시간은 어디에서나 동일하게 흐른다고 가정되어 있지만 사람들 내면의 시계는 각자 다른 속도로 흐르고 있기 때문에 자신의 미래에 대한 예견이나 예측은 서로 상이할 수밖에 없다. 특히 한 사람의 시간 역시 상황에 따라 빠르게 가기도 느리게 가기도 하므로 길흉의 발생 시점이 다를 수 있다.

천체의 운행에 의하여 계절의 변화가 이루어지게 되지만 개인의 생체리듬에 따라서 서로 다르게 반응하게 되고 풍수경관은 무수히 다른 체험시간을 가져다 줄 수 있으므로 풍수경관 속에서 우리는 시간을 항상 동일하게 경험하지는 않는다고 본다. 이에 '조화리듬성'의 건축물 설계가 필요한 것이다. 그 설계는 신도시나 재생 구역의 획지(lot) 선정 및 주택이나 건축물에 적용될 수 있다고 본다.

Pungsu : Science of Temporal Rhythms
Classical Pungsu and Contemporary Reinterpretation

Contents

Introduction :

How can traditional Pungsu be reinterpreted?

Traditional Pungsu provides us many insights into modern life, but it loses an accurate direction because the documents are very doctrinaire. Contemporary interpretation opens up stirring prospects for human life. Human body has a nature function of a biological clock. It informs daily time management and modeling, which helps to regularly manage time schedule to tune the physical condition. The schedule provides a physical control based on the change of circumstances, which implies the interpretation of Pungsu. Human body can overcome and challenges various situations such as lights, darkness, temperature, wind direction, speed, optimal nutrients and tension. A contemporary theory reinterpretation is necessary to adjust the human body cycle. (Time Rhythm)

The aim and objectives of this book

The aim of this volume has three main questions: (1) What is classical Pungsu and how does it interpreted to be theorized? (2) How can interpretation and theories reinterpreted scientifically and relate to rhythms of times? (3) What are the subjects and fields applied to the life theory

The first part the book attempts to introduce about classical Pungsu documents and reviews the modern interpretation and theories; the second part of this book examines the modern reinterpretation and theories; the third part suggests the topics to be applicable to rhythms of times.?

A journey to the authorships to this book

Author conceived the idea of writing this type of book from number of years ago, but in starting the planning process he realized that this type of study on Pungsu is a complex matter that is much more suitable as an interdisciplinary research project involving a number of scholars. However, this book is not an anthology of papers, which were planned, and developed ideas from several individual authors with several topics. An in-depth and systematic research into Korean Pungsu requires to be reinterpreted differently to research different aspects of Pungsu, because the studies on different aspects of Pungsu tradition spreads over many different disciplines. This book is partly composed of a product of several authors, which fulfills laborious case studies about the theories.

The content and structure of the book

This book consists of 13 chapters including an 'Introduction'. Each chapter was structured according to various interpretation and reinterpretation theories about the classical Pungsu.

Part I of the book, the first three chapters are about the theories of interpretation and classical Pungsu documents, the second one-chapter contents case studies applied to the interpretation. The 4 chapters in Part II are devoted to specific theories relating to contemporary reinterpretation and theories from many articles. In Part III, 4 chapters are organized with a conceptual and topical approach to scientific Pungsu studies.

This book begins with an "Introduction" that includes a brief question of the relationships between cosmos and earth and human in oriental culture. Contemporary answer is about rhythms of times of which the day-night and seasonal cycle depends on the earth's revolving and rotating around sun. Good relationships mean not an exact form but a harmonious rhythm.

Chapter 1 is a general overview of shape theory ('Hyungse' theory) rooted in classical Pungsu documents. Discussed here are major contents of what Pungsu came to be accepted and practiced by Koreans. An important point presented here is that Pungsu is very closely associated with morphological forms. The forms can give us fortunes and misfortunes.

Chapter 2 deals with issues relating to forms and complementary elements in Pungsu landscapes, and argues that the shape theory contributed to the physical shape theory ('Mulhyung' theroy), symbolized with living materials. People sometimes attempts in order to make up for shortcomings of forms. It was an obvious Pungsu way of organizing the form. This chapter discusses the form modification of landforms to solve a geomantic lacking landscape.

Chapter 3 discusses the significance of compass theory ('Iki' theory) maintained by the direction of residents and tombs. This chapter argues that the compass theory was combined with astrology and the Yin-Yang and Five Elements cycles foretelling fortunes, giving a mythological story into a concrete landscape form by attempting to produce an ideal residential environment and by very seriously considering in the floor plan and orientation of a building.

Chapter 4 presents the 7 case studies (Dr. Chang; Dr. Dr. Jee; Dr. Lee & Dr. Sung; Dr. Oak & Dr. Lee; Dr. Park & Dr. Chung; Dr. Kim & Dr. Chun; Dr. Kim) about contemporary interpretation, consisting of tombs, houses, and settlements.

Chapter 5 reveals that various quantitative evaluation method on the selection of ideal Pungsu sites. The methods can be summarized by landscape theory, which is derived from shape theory. The theory tries to explore Pungsu as a spatial discourse, which has been socially constructed with power and politics.

Chapter 6 proposes to adopt the concept of ecological implications of hydrological considerations in Pungsu. A typical geomantic settlement at the end of a wooded foothill with a watercourse is an ecologically significant for forest conservation. As so called ecological theory deals with elements such as lights, darkness, temperature, change of wind direction and speed within any Pungsu ecosystem.

Chapter 7 suggests that life ideas favor stability and unchanging relationships between people and their surrounding environment. The life theory of 'Pungsu' is important for human beings, such as the wind timing direction changes by the brightness of sun. This is similar to the wave how the pattern consistently changes by 12.5 hours on the seashores. The physical rhythm effects by light, darkness, wind and temperature change. This type of sensitive scale can be reinterpreted by landscape theory, environmental theory, and life theory, which can be summarized as a modern reinterpretation of Pungsu theory.

Chapter 8 analyzes fortunes and misfortunes of human depending being in accord with rhythms of times. The times are various that are universal, earth, and human. However, 'the geomantic idea of constructing human-built hills to improve a geomantic landscape' is a suitable case for comparison with the Western idea of 'Humanity as a Modifier of the Environment (the idea of humanity as a geographic agent)' that viewed human beings as partners of God in improving His creation. The two ideas are similar in some sense, yet are markedly different in other senses.

Chapter 9 is a pioneering piece of work looking into deep interpretations. The life theory of Pungsu helps to predict the future change and the future of human beings to adjust the time structure and circumstance changes. The theory helps to overcome the irregular biological rhythm such as shift working, late night work, and flying long distance. Therefore Pungsu life can be predicted to control biological clock system, which is related to future urban renewal, new town, and environmental planning.

Chapter 10 explores Pungsu mapping by measuring precipitation, wind direction, and soil moisture, which evaluates the land and provides ecological model. The methodology is based on the ecological system, which combines land data and microclimatic data. The study suggests environmental Pungsu study that consists of microclimate modeling.

Chatper 11 suggests the Korean criteria of urban renewal by investigating eco-quartier in France and the possibility of complementary Pungsu scientific method applicable to it. The supplementary theory is one of landscape theory that makes ideal environment by artificial mountainous ranges, forests, ponds and artworks. Also the French eco-quartier gives the insights to the theories.

Chapter 12 asserts Pungsu harmonic rhythms gives an idea to block planning and architectural design, which have dynamics interactions with opened warm sunshine, fresh wind, and quiet movement. The chapter suggests experimental case studies (Dr. Chang & Dr. Kim) regarding quantification of Pungsu's principles and field applications a well as suggestions for the further studies.

참고문헌

『감룡경 · 의룡경』, 2009, 김두규 역, 비봉출판사

『손감묘결』, 2002, 고제희 평역, 자연과 삶

『인자수지』, 1999, 김동규 역, 명문당

『지리신법』, 2001, 김두규 역, 장락출판사

『지리오결』, 2008, 신평 역, 동학사

『청오경 · 금낭경』, 2004, 최창조 역, 민음사

『천문유초』, 2013, 김수길 윤상철 역, 대유학당

『택리지』, 2005, 허경진 역, 서해문집

『회남자 』상 · 하, 2015, 이준영 해역, 자유문고

강환승, 2011, 『택리지』복거총론에 대한 지리학적 연구, 전남대학교 박사학위논문

권선정, 2003, 풍수의 사회적 구성에 기초한 경관 및 장소 해석, 한국교원대학교 박사학위논문

권선정, 2003, "비보풍수와 민간신앙 : 금산의 돌탑경관을 중심으로", 지리학연구 제37권 4호, 427-441.

김기덕, 2016, "조선의 매장문화와 풍수사상", 「동아시아 풍수의 미래를 읽다」, 지오북

김경희, 2016, "제주 성읍마을의 풍수적 입지 분석", 대한풍수연구, 제2권, 19-31.

김경희, 2016, "팔괘와 형세론으로 본 당태자의 안식처", 대한풍수연구, 제2권, 71-77.

김덕동 · 천인호, 2016, "외암리 민속마을 양택의 풍수이기론적 접근", 한국민족문화, 제60권, 203-243.

김덕동, 2016, 외암리 민속마을의 풍수 입지 및 이기론적 특성, 동방문화대학원 박사학위 논문

김규순, 2013, "김지하의 생명사상과 풍수바람", 풍수보따리 18.

김규순, 2016, "고대 풍수지리학에 대한 도가사상 고찰", 한국민족문화, 제60권, 181-201.

김규순 · 옥한석, 2016, "관촉사의 정치지리적 입지와 풍수적 특성 연구", 국학연구, 제31집, 555-586

김규순, 2017, 조선시대 상경 재지 사족의 본원적 공간 형성 연구, 강원대학교 박사학위논문

김덕현, 2011, "전통적 자연관", 한국역사지리, 푸른길, 18-227.

김두규, 2000, "'국역' 조경으로서의 비보풍수연구 : 조선왕조실록과 백운산내원사 사적의 내용을 중심으로", 한국정원학회지 제18권 34호, 39-47.

김두규, 2005, 풍수학사전, 비봉출판사

김려중, 2017, 한국의 風水와 神補 地名의 연구, 선문대학교대학원 박사학위논문

김 린, 1989, "생체리듬과 정신장애", 과학세계 2, 205-213.

김상태, 2016, "장기읍성의 공간구성원리와 실제 : 풍수지리 사상을 중심으로", 동북아문화연구 제49집, 211- 237.

김상태, 2017, 전통지리 사상의 관점에서 본 조선시대 읍성 연구, 영남대학교대학원 박사학위 논문

김성우, 2004, "동서양 건축에서의 공간과 시간", 건축역사연구, 통권39호, 97-117.

김의숙, 2003, "비보풍수연구", 강원민속학 제17호, 103-144.

김지하, 2003, 생명학1 : 생명사상이란 무엇인가, 화남

김종진, 2011, 공간공감, 효형출판

김종철, 2015, "풍수향법 정음정양법의 논리 체계와 적용에 관한 연구", 한맥풍수, 창간호, 9-34.

김철수, 2012, 단지계획, 기문당

김혜정, 2008, 풍수지리학의 천문사상, 한국학술정보(주)

남오우, 2015, "지리신법의 논리체계와 문제점에 관한 연구", 한맥풍수, 창간호, 119-152.

류재백, 2015, "팔십팔향법 정음정양법의 모순과 음택적용의 한계에 관한 연구", 한맥풍수, 창간호, 35-68.

류창남 · 천인호, 2009, "전통양택의 삼요적용에 관한 연구-전라남도 문화재급 양택을 중심으로, "한국사상과 문화, 49권, 한국사상문학회

무라야마 지준, 1931, 조선의 풍수(최길성 역, 1990), 민음사

민병삼, 2015, "주역으로 논한 팔괘풍수 연구", 한맥풍수, 창간호, 95-118.

민병삼, 2015, "도선국사의 풍수사상과 풍수담론", 국학연구, 제27집, 383-417.

민병삼, 2016, 유가의 풍수원리, 명산출판사

박동원 · 손명원, 1992, 환경지리학, 서울대학교출판부

박수진, 2016, "인류 보편적 가치로서의 풍수", 「동아시아 풍수의 미래를 읽다」, 지오북, 278-309.

박정해, 2012, 조선 유교건축의 풍수적 특징에 관한 연구, 한양대학교 대학원 박사학위논문

박정해, 2016a, "사격의 역사와 풍수적 해석 : 사격측정과 관련한 이기풍수의 문제제기를 중심으로", 한국민족문화, 제58호, 519-544.

박정해, 2016b, "풍수 발복론의 역사적 전개와 한계성 비판, "한국사상과 문화 제84권, 55-69.

박종민, 2016, 프랜차이즈 상가점포의 성공을 위한 풍수요인 중요도에 대한 연구, 한국지리학회발표 논문 초록집

박수진 · 최원석 · 이도원, 2014, "풍수 사신사의 지형발달사적 해석", 문화역사지리 제26권 제3호, 1-18.

박시익, 1999, 한국의 풍수지리와 건축, 일빛

박재락, 2015, "풍수지표를 적용한 정량화 도출에 관한 연구", 동북아문화연구, 42권, 127-152.

박재락 · 정명섭, 2016, "종택마을 입향조의 주거관과 입지관에 나타난 풍수지리 사상고찰 : 영

덕군 영해지역의 종택마을을 중심으로", 대한풍수연구, 제2권, 3-18.

박종민, 2015, "풍수경관 요소 선정과 그의 평가에 의한 계량화분석", 대한풍수연구, 제1호, 3-14.

백재권, 2009, "순창군 장수마을의 풍수입지 연구", 대구한의대학교대학원 석사학위논문

백재권, 2012, 장수마을의 풍수입지 연구, 동방대학원대학교 박사학위논문

서윤길, 1976, 도선 비보사상의 연원, 불교학보 13, 동국대학교출판부

서윤길, 2006, 한국밀교사상사, 운주사

성동환, 1992, 풍수 지기론에 대한 문헌 고증학적 연구, 서울대 석사학위 논문

심혜자 · 최기엽, 1993, "전통촌락의 상징적 공간 구성", 응용지리 제16호, 성신여자대학교 한국 지리연구소, 89~135.

손기훈 · 정수영 · 김경진, 2010, "생체리듬과 신경내분비 시스템", Endocrinol Metab 25(4), 249~257.

신광근, 2014, 복잡지형하에서의 경사면 일사량을 고려한 초해상도 기상모델링 기법개발, 강원 대학교 이학석사학위논문

신평, 2015, "증혈과 정혈", "제3회풍수전문가포럼자료집 : 풍수학에 있어서 혈론의 쟁점", 65-94.

앙리 르페브르, 2013, 리듬분석 (정기헌 역), 갈무리.

양보경, 1994, "조선시대의 자연인식 체계", 한국사시민강좌 제14집, 일조각, 70-97.

양보경, 2000, "전통시대의 지리학", 한국의 지리학과 지리학자, 한울 아카데미, 15-98.

오상학, 2015, "알레고리의 지형학: 조선시대 풍수 갈형론 탐색", 문화역사지리 제27권 2호, 25-41.

옥한석, 2003a, "안동의 풍수경관 연구: 음택 명당을 중심으로", 대한지리학회지 제38권 제1 호, 70-86.

옥한석, 2003b, "북한강 유역에 있어서 경관 풍수에 의한 전원주택 후보지의 선정", 사진지리, 제13호, 한국사진지리학회, 59-72.

옥한석, 2005a, "경관풍수의 본질과 명당의 선정기준: 북한강 유역을 중심으로," 문화역사지 리, 17권 3호, 22-32.

옥한석 · 서태열, 2005b, "행정중심 복합도시 도시개념 국제공모작품: 풍수에 입각한 평화생태 도시(Peaceful Ecopolio)", 입선작품, 행정중심 복합도시 건설추진위원회, 45.

옥한석, 2007a, "서울의 기후 · 지형 요소와 경관풍수에 의한 왕궁터의 평가", 문화역사지리, 제19권 제1호, 78-90.

옥한석, 2007b, "환경적응 전략으로서의 풍수지리연구", 대한지리학회지 제42권 제5호, 761-768.

옥한석, 2011, 강원의 풍수와 인물, 집문당

옥한석 · 이한방, 2012, 안동에서 풍수의 길을 묻다, 집문당

옥한석 · 정택동 2013, "풍수지리의 현대적 재해석", 대한지리학회지, 제48권 6호, 967-977.

옥한석, 2015, "도시재생 계획에서의 비보풍수론적 적용과 그 기준 연구", 대한풍수연구, 제1권, 39-46.

옥한석, 2016, 풍수는 시간리듬을 어떻게 조절하는가 : 고전적 풍수지리와 그의 현대적 재해석, 대한풍수연구, 제3권, 3-11.

윤홍기, 1994, "풍수지리설의 본질과 기원 및 그 자연관", 한국사시민강좌 제14집, 일조각, 187-204.

윤홍기, 2001, "왜 풍수는 중요한 연구주제인가?", 대한지리학회지, 제36권 제4호, 343-355.

윤홍기, 2004, "풍수지리의 환경사상", 한국의 전통생태학 1. 사이언스북, 48-75

이기봉, 2009, "수도 한양의 조선적 국도숲 이해", 문화역사지리, 제21권 제1호, 223-242.

이도원, 2005, 전통마을 경관 요소들의 생태적 의미, 서울대학교 출판부

이도원 외, 2008, 한국의 전통생태학 1 · 2, 서울 사이언스북스

이도원 · 박수진 · 윤홍기 · 최원석, 2012, 전통생태와 풍수지리, 지오북

이몽일, 1990, 한국풍수사상의 변천과정, 경북대학교 대학원박사학위논문

이병도, 1980, 고려시대의 연구:특히 도참사상의 발전을 중심으로, 아세아문화사

이석명, 2004, 회남자-한대지식의 집대성, 사계절

이석명, 2010, 화남자에 나타난 천인합일의 자연관, 쌀 · 삶 · 문명연구 제4호, 31-40

이성수, 2015, 한국 주요 사찰의 풍수론적 입지 분석 : 부석사, 봉정사, 해인사를 중심으로, 대한풍수연구 제1권, 31-38.

이성수, 2017, 여주시의 입지환경과 신청사 선정에 관한 연구, 강원대학교 박사학위논문

이승노, 2011, "전통지리학의 주택입지와 내부공간의 방위적 상징성에 관한 연구:풍수론의 양택 삼요와 민택삼요론의 비교 및 활용 가능성을 중심으로", 문화역사지리, 제23권 제2호, 181-196.

이연숙 · 이성미, 2006, 건강주택, 연세대학교 출판부

이영석 · 김동하, 2013, "프랑스 그르노블 도시지역계획 및 도시재생사업 특성 연구 : 군사시설 이전 적지의 드 본느 협의정비지구를 중심으로", 한국도시설계학회지 제14권 5호, 한국도시설계학회, 29-46.

이영진, 2010, "마을의 입지 유형별 비보풍수의 형태", 민속연구 21, 안동대학교 민속학연구소, 37-69.

이재영, 2009, 조선 왕릉의 풍수적 해석과 계량적 분석 연구, 동방대학원대학교 박사학위논문

이종범 · 권순일 · 김재철, 2008, "복잡지형하에서의 초고해상도 지면모델(HRLDAS) 모사능력 평가", 한국환경영향평가학회 학술대회 논문집

이진삼, 2015, "도선풍수 연원의 재고찰, 1-34", 인류 보편적 가치 풍수의 공동 보전을 위한 세계풍수 학술대회 자료집, 한국전통풍수세계화추진위원회,

이진삼 · 조성제, "불교사찰에 적용된 비보풍수 사례연구"

이학동, 2000, "오대산 적멸보궁의 입지 형세와 풍수지리적 해석", 실학사상연구 제14집, 913-979.

이학동, 2003, "전통마을의 분석과 풍수지리이론을 통해본 주거환경 조성원리의 탐색", 거주환경 제1권 제1호, 131-168.

이형윤 · 성동환. 2010, "소녕원 산도의 지형표현 연구 : 숙빈 최씨 『묘소도형여산론』의 분석을 중심으로", 문화역사지리, 제22권 제3호, 20-39.

장동국 · 김수인, 2016, 친환경 건축 · 도시계획론으로서의 풍수지리, 대한풍수연구, 제3권, 13-29.

장회익, 2014, 생명을 어떻게 이해할까?, 한울아카데미

재키 크레이븐, 2008, (엄영근 역), 건강주택, (주)미디어우드

전미혜 · 박영선 · 김동철, 2009, "천계와 생체리듬의 주기성에 관한 고찰:생체시계이론 및 호르몬 상관성을 중심으로", 동서의학, 제34권 제3호, 47-54.

장동국, 2016, "친환경 건축 · 도시계획론으로서의 풍수지리", 대한풍수연구, 제3권, 13-29.

정경연, 2016, "지리오결로 본 주자 시조묘", 대한풍수연구, 제2권, 53-62.

정기헌, 리듬분석, 2013, (정기헌 역), 갈무리

정성현 · 김성우, 211-212.

조태운, 2013, "세종특별자치시의 풍수지리학적 분석 및 보완방법 고찰", 부동산학연구, 제19권 4호, 173-193.

조운연, 2008, 조선 왕릉의 능역 복원에 관한 연구, 상명대학교 대학원 박사학위논문

조인철, 2011, 우리시대의 풍수, 민속원.

조인철, 2011, "풍수고전 『장경』에 나타난 풍수이기론에 관한 연구 : 사세팔용법을 중심으로", 건축역사연구, 제20권 제1호, 117-134.

조인철, 2016, "황제택경과 우리 시대의 풍수", 한맥풍수 제2집, 5-51.

종의명 · 최명우, 2015, 「현공풍수고전 비성부 주해」, 상원문화사

지종학, 2010, 풍수지리 형세론, 다사랑

지종학, 2014, "하륜의 풍수와 신도안 입지의 비판적 검토", 한국민족문화, 53권, 181-204.

지종학 · 이종범 · 옥한석 · 정귀준, 2015, "환경 풍수의 연구 방법론 시론", 대한풍수연구 제1권, 65-73.

지종학, 2016, "하남 장용득의 풍수사상에 관한 소고", 한국사진지리학회지 제26권 제1호, 67-82.

지종학, 2016, "주자학의 거두 주희를 탄생시킨 와혈지", 대한풍수연구, 63-70.

천인호, 2012, 풍수지리학연구, 한국학술정보(주)

천인호, 2016, "한국풍수의 비보와 일본 풍수의 귀문회피", 「동아시아 풍수의 미래를 읽다」, 지오북, 346-383

최민아, 2009, "지속가능성 발전을 위한 프랑스 도시계획제도 변화에 관한 연구 : 도시연대", 한국도시행정학회 추계학술대회 자료집, 77-93.

최명우, 2017, "현공풍수이론을 적용한 음양택 길흉사례", 대한건축학회 건축명리연구회 2017년 전반기 풍수대토론회 발표자료집, 3 -16.

최원석, 1992, 풍수의 입장에서 본 한민족의 산개념, 서울대 석사학위논문

최원석, 2002, "한국의 비보풍수론", 대한지리학회지, 제37권 제2호, 161-176.

최원석, 2004, 한국의 풍수와 비보, 민속원

최원석, 2009, "최한기의 기학적 지리학과 지리연구 방법론", 한국지역지리학회지, 제15권 제1호, 86-98.

최원석, 2012, "조선후기의 주거관과 이상적 거주환경 논의 : 건강 장수도시의 한국적 원형 탐구를 위한 문헌 고찰", 국토연구, 제73권, 3-27.

최창조, 1984, 한국의 풍수사상, 민음사

최희만, 2005, "GIS를 이용한 전통취락의 지형적 주거입지 적합성 분석", 지리학연구, 제24권, 300-319.

틸 뢰네베르크, 2010, 시간을 빼앗긴 사람들 (유영미 역), 추수밭

편은범, 2015, "현공풍수의 이론적 체계에 관한 연구", 한맥풍수, 창간호, 69-94.

편은범, 2006, 조선왕릉의 좌향에 관한 연구, 대구한의대 사회개발대학원 석사학위논문

한동환 · 성동환 · 최원석, 1994, 자연을 읽는 지혜 : 우리 땅 풍수 기행, 푸른나무

한지형 · 김용현, 2013, "프랑스 Eco-quartier 테마와 기준을 통해 본 근린지구 차원의 지속가능성평가 도구 체계 및 특성 비교 : 4개의 주요 국제 인정을 중심으로", 대한건축학회 논문집 제29권 1호, 대한건축학회, 197-207.

홍순완 · 이몽일, 1989, "한국 풍수지리에 대한 이해의 쟁점", 경북대학교 논문집 제2호, 경북대학교, 93-115.

Pramod Kumar Singa, 2009, Domestic Vastu, Journal of All India Federation of Astrologers Society,

Terjung, W.H., 1966, Physiologic climates of the conterminous United States: A bioclimatic classification based on man, Annales of the Assocation of American Geographeres, 56(1), 141- 179.

Terjung, W.H., 1968, World Patterns of the distribution of the monthly comfort index, International Journal of Biometeorology, 12(2), 119-151.

Hong-Key, Yoon, 2017, P'ungsu A Study of Geomancy in Korea, SUNY press

옥한석의 연구실적(1982~2017)

논문

1 옥한석 외 1명, "관촉사의 정치지리적 입지와 풍수적 특성 연구", 국학연구, 한국국학진흥원, 2016-12, 제31집, 20~31

2 옥한석, "풍수는 시간리듬을 어떻게 조절하는가", 대한풍수연구, 동북아평화와한반도통일연구원, 2016-12, 제3권, 1~9

3 옥한석, "힘과 질서를 상징하는 물형론", 대한풍수연구, 동북아평화와한반도통일연구원, 2016-12, 제3권, 56~60

4 옥한석 외 2명, "Siting, Orientationand Layouts of Traditional Upper-class Housing Pungsu", 대한풍수연구, 동북아평화와한반도통일연구원, 2015-12, 제1권, 제1호, 47~55

5 옥한석, "도시재생계획에서의 비보풍수론적 적용과 그 기준", 대한풍수연구, 동북아평화와한반도통일연구원, 2015-12, 제1권, 제1호

6 옥한석, "수변신도시의 포스트모던경관연구-동런던의 카나리와프를 중심으로-", 한국사진지리학회지, 한국사진지리학회, 2015-12, 제25권, 제4호, 1~13

7 옥한석, "개신교감리교의 강화도 전래와 문화 변동", 대한지리학회지, 대한지리학회, 2014-10, 제49권, 제5호, 705~715

8 옥한석, "풍수지리의 현대적 재해석", 대한지리학회지, 대한지리학회, 2013-12, 제48권, 제6호, 967~977

9 옥한석, "스토리텔링에 입각한 남원음악도시의 가능성에 관한 연구-잘츠부르크와의 비교-", 한국사진지리학회지, 한국사진지리학회, 2012-12, 제22권, 제4호, 43~52

10 옥한석, "파리여행의 지리학적 기술", 한국사진지리학회지, 한국사진지리학회, 2011-12, 제21권, 제4호, 69~78

11 옥한석, "공감을 위한 지리와 스토리텔링 : 합강문화제와 영춘하안단구 시나리오 작성 사례를 중심으로", 문화역사지리, 한국문화역사지리학회, 2011-08, 제23권, 제2호, 63~78

12 옥한석, "대중화와 전문화에 더욱 다가가기 위한 교양과 지리경영으로의 지리학 방향전환에 관한 연구", 대한지리학회지, 대한지리학회, 2010-12, 제45권, 제6호, 735~747

13 옥한석, "사진미디어에 의한 장소성의 재현-서울 천호동(1939-1975)을 중심으로", 로컬리티인문학, 부산대학교한국민족문화연구소, 2010-10, 제4권, 247~264

14 옥한석, "인터넷 여행기 분석에 의한 대중의 지리적 관심 연구", 한국지리환경교육학회지,

한국지리환경교육학회, 2010-08, 제18권, 제2호, 185~197

15 옥한석, "사진에 의한 지지기술의 가능성과 의의 : 「광주향토사진첩」을 중심으로", 한국사
진지리학회지, 한국사진지리학회지, 2010-03, 제20권, 제1호, 89~98

16 옥한석, "사진지리학에 의한 부도심의 연구 : 서울시 천호동의 경우", 한국사진지리학회지,
한국사진지리학회지, 2009-06, 제19권, 제2호, 83~94

17 옥한석, "사진 예술작품을 통한 지리경관 읽기", 한국사진지리학회지, 한국사진지리학회
지, 2008-12, 제18권, 제4호, 39~49

18 옥한석, "환경적응전략으로서의 풍수지리연구", 대한지리학회지, 대한지리학회, 강원대학
교, 2007-12, 제42권, 제5호, 761~768

19 옥한석, "서울의 기후지형 요소와 경관 풍수에 의한 왕궁터의 평가", 문화역사지리, 한국
문화역사지리학회, 2007-04, 제19권, 제1호, 78~90

20 옥한석, "한국의 포도재배와 와인테마마을 조성 가능성에 관한 연구-영월군을 중심으
로", 한국지역지리학회지, 한국지역지리학회, 2006-12, 제12권, 제6호, 720~747

21 옥한석, "경관풍수의 본질과 명당의 선정 기준 : 북한강 유역을 중심으로 하여", 문화역사
지리, 한국문화역사지리학회, 2005-12, 제17권, 제3호, 22~32

22 옥한석 외 1명, "Planning the New City Basedon the Geomancy : A Caseof the
Design of the New Multi-functional Administative City (NMAC)", 대한지리학회
지, 대한지리학회, 2005-12, 제40권, 제5호, 491~513

23 옥한석 외 1명, "생활중심 교수학습 모형의 설계와 적용 : '인구 이동과 인구 변화" 단원을
중심으로", 한국지역지리학회지, 한국지역지리학회, 2005-08, 제11권, 제4호, 523~535

24 옥한석, "강동구의 산업화와 지속가능한 발전 방안", 강원문화연구, 강원문화연구소,
2004-09, 제23집, 71~90

25 옥한석 외 1명, "현장조사에서 고해상도 영상의 활용", 사진지리, 한국사진지리학회,
2004-02, 제14권, 제1호, 94~100

26 옥한석, "북한강 유역에 있어서 경관풍수에 의한 전원주택후보지의 선정", 사진지리, 한국
사진지리학회, 삼성물산(주), 2003-06, 제13권, 59~72

27 옥한석 외 1명, "학생의 일상적 개념을 활용한 지리학습 동기유발 방안 연구-중학교 세계
지리단원을 사례로", 한국지리환경교육학회지, 한국지리환경교육학회, 2003-04, 제0집,
제11권, 제1호, 43~52

28 옥한석, "안동의 풍수경관 연구 : 음택명당을 중심으로", 대한지리학회지, 대한지리학회,
강원대학교, 2002-03, 제0집, 제38권, 제1호, 70~86

29 옥한석, "서울 대도시 지역에 있어서 근교 과수원 예촌락의 특성과 그 발전 방향에 관한 연구", 강원지리, 강원대학교 사범대학 지리교육과, 2002-02, 제19호, 367~380

30 옥한석, "대학에서의 지리교양과목 운영실태와 그 개선방향에 관한 연구 : 강원대학교를 중심으로", 강원지리, 강원대학교 사범대학 지리교육과, 2001-08, 제18호, 62~69

31 옥한석, "채소류의 재배와 고산지농업지대에 관한 연구", 강원농업생명환경연구, 강원대학교농업과학연구소, 2001-06, 제5권, 143~152

32 옥한석, "춘천의 풍수", 춘주문화, 춘천문화원, 2000-12, 123~140

33 옥한석, "서울 부근의 인구이동과 토지이용 변화에 관한 연구 : 하남시를 사례로", 강원문화연구, 강원문화연구소, 2000-10, 제19집, 149~165

34 옥한석 외 1명, "An Urban GISDatabase Design foranIntegrated Landand Building Property Management", 2000-08, 제32권, 제4호, 421~439

35 옥한석, "일제시대 한반도에서의 일본인 거주와 그 영향에 관한 연구 : 1925-1940", 지리 · 환경교육, 지리 · 환경교육학회, 1999-12, 제7권, 제2호, 849~879

36 옥한석, "객체지향 접근방식을 기반으로한 도시지리 정보시스템의 데이터베이스 설계에 관한 연구", 한국지리정보학회지, 한국지리정보학회, 1998-12, 제1권, 제2호, 56~66

37 옥한석, "원주의 인구변동과 취락 발달", 강원문화연구, 강원문화연구소, 1998-09, 제17집, 89~105

38 옥한석, "지리정보시스템을 위한 3단계 데이터베이스 설계", 산업기술연구, The Institute of Industrial Technology Kangwon National University, 1998-06, 제18집, 제0권, 제0호, 343~353

39 옥한석, "도시행정의 효율성 제고를 위한 지리정보 데이터베이스의 개발에 관한 연구", 성곡논총, 성곡학술문화재단, 1998-01, 제29집, 제3권, 587~614

40 옥한석, "강원지역의 역사와 발전의 잠재력 : 역사지리적 접근", 문화역사지리, 한국문화역사지리학회, 1997-09, 제9호, 15~26

41 옥한석, "미국대학에서의 사회과 교육과정과 그 운영에 관한 연구", 사회과학연구, 강원대사회과학연구소, 1996-12, 제35집, 243~255

42 옥한석, "영동해안지방에서의 취락발달과 문화 연구 : 간성 부근을 중심으로", 지리환경교육, 한국지리환경교육학회, 1995-12, 제3권, 제11호, 45~57

43 옥한석, "해방 후 강원도의 역사지리 연구", 강원문화연구, 강원문화연구소, 1995-09, 제14호, 73~82

44 옥한석, "일제시대 강원도의 역사지리 연구", 강원문화연구, 강원문화연구소, 1994-08,

제13호, 75~88

45 옥한석, "풍수지리에서의 사진 이용", 사진지리, 한국사진지리학회, 1994-01, 제2호, 31~38

46 옥한석, "관동지방의 문화연구와 역사지리적 접근 방법", 강원문화연구, 강원문화연구소, 1992-08, 제11집, 119~126

47 옥한석, "춘천 부근 주요 씨족에 의한 촌락 형성과 통혼관계 연구", 강원문화연구, 강원문화연구소, 1992-08, 제11집, 59~71

48 옥한석, "태백산지와 적응과정 연구", 지리학연구, 한국지리교육학회, 1991-08, 제18집, 제0권, 제0호, 75~100

49 옥한석, "환경교육과 문화적 적응 연구", 교사교육논집, 강원대학교교사교육원, 1990-12, 제4집, 57~66

50 옥한석, "강원도의 역로와 시장분포 연구", 강원문화연구, 강원문화연구소, 1989-12, 제9집, 47~57

51 옥한석, "강원도의 성지분포와 산세고", 강원문화연구, 강원문화연구소, 1987-12, 제7집, 61~70

52 옥한석, "고려·조선시대 씨족의 이주지역 연구", 지리학논총, 대한지리학회, 1987-12, 제14호, 91~104

53 옥한석, "영서태백 산지에 있어서 씨족의 이동와 촌락의 형성에 관한 연구", 대한지리학회지, 대한지리학회, 1986-12, 제34호, 30~46

54 옥한석, "18세기 강원도의 면별 인구분포 연구", 강원문화연구, 강원문화연구소, 1986-12, 제6집, 113~126

55 옥한석, "산촌 연구의 동향과 방법론", 대한지리학회지, 대한지리학회, 1985-12, 제32호, 111~127

56 옥한석, "조선후기 이전 강원도 세거씨족의 분포변화에 관한 연구", 강원문화연구, 강원문화연구소, 1985-12, 제5집, 71~90

57 옥한석, "한국의 화전농업에 관한 연구", 지리학연구, 한국지리교육학회, 1985-12, 제10집, 153~178

58 옥한석, "조선시대 농업수리의 입지에 관하여 : 경상도를 중심으로", 1983-01, 5석찬 이찬 박사 회갑기념 논문집, 59~567

59 옥한석, "마산시 경관의 형성과정에 관한 연구", 대한지리학회지, 대한지리학회, 1982-12, 제26호, 15~51

단행본

60 옥한석 외 3명, "횡성태기왕은 누구인가", 강원도민일보, 2016-07-15, [국내]일반 · 교양

61 배선학, 김원동, 김창환, 옥한석, 유기억, 이의한, 정성훈 외 2명, "한국지리지 강원도", 강원도청, 2015-01-19, [국내]전공

62 옥한석, "미래 한국지리 읽기", 한울, 2013-10-07, [국내]전공

63 옥한석, "세계화 시대의 세계지리 읽기", 한울아카데미, 2013-10-07, [국내]전공

64 옥한석 외 1명, "안동에서 풍수의 길을 묻다", 집문당, 2012-06-05, [국내]전문학술

65 옥한석, 배재홍, 최장순 외 2명, "삼척 준경묘 영경묘 역사문화 가치조명과 활용", 강원도민일보출판국, 2011-12-01, [국내]전공

66 옥한석 외 2명, "세계화 시대의 세계지리 읽기", 한울출판사, 2011-09-05, [국내]전문학술

67 소만섭, 권찬호, 김희성, 남상욱, 박찬원, 오상집, 옥한석, 윤영두, 한건수, "2010학년도 수업방법개선연구과제연구보고서집", 강원대학교교수학습개발원, 2011-02-21, [국내]전문학술

68 김창환, 배선학, 옥한석, 이의한, 정성훈, "생활과 지리", 강원대학교출판부, 2011-02-20, [국내]대학교재

69 이의한, 김창환, 박수인, 배선학, 옥한석, 우경식, 우종춘, 정성훈, 주진호 외 10명, "강원도사1-자연인문환경-", 강원도사편찬위원회, 2010-06-30, [국내]전공

70 옥한석 외 1명, "세계시대의 한국지리 읽기", 한울, 2009-08-31, [국내]전공

71 옥한석 외 18명, "한국지명유래집", 국토해양부국토지리정보원, 2008-12-30, [국내]전문학술

72 옥한석, "AWalk : 뉴잉글랜드의 빛", 명원미술, 2008-06-23, [국내]기타

73 옥한석 외 8명, "한국지리지-강원편-", 건설교통부국토지리정보원, 건설교통부, 2006-12-30, [국내]전문학술

74 옥한석, 권오길 외 48명, "가평군지1-터전과 자랑-", 가평군사편찬위원회, 가평군청, 2006-02-28, [국내]전문학술

75 옥한석 외 3명, "세계화 시대의 세계지리 읽기", 한울아카데미, 2005-09-05, [국내]대학교재

76 옥한석, 전상국 외 12명, "강원문화의 이해", 한울아카데미, 2005-03-15, [국내]전공

77 옥한석, "지리와 한국인의 생활", 강원대학교출판부, 2005-03-02, [국내]대학교재

78 옥한석 외 19명, "오늘의 우리 이론 어디로 가는가", 생각의나무, 2003-10-17, [국내]전공

79 이경희, 고종태, 김경량, 김기성, 김종화, 박상규, 박철호, 신해식, 신효중, 옥한석, 장노순, 전운성, 정천순, 최인화, 홍석균 외 2명, "지방분권과농촌개발", 강원대학교출판부, 2003-07-30, [국내]기타

80 옥한석 외 2명, "지방분권과 농촌 개발 : 지속발전 가능한 농촌사회를 위하여", 강원대학 교출판부, 2003-07-30, [국내]전공

81 옥한석, "강원의 풍수와 인물", 집문당, 2003-07-30, [국내]전공

82 옥한석 외 6명, "한국지리", 대한교과서, 2003-03-01, [국내]초·중등교과서

83 옥한석 외 4명, "세계지리", 대한교과서, 2003-03-01, [국내]전공

84 옥한석 외 2명, "The Ordinary Life and Cultural Land sacpe of Korea", Korea Educational Development In stitute, 2003-02-08, [국제]전공

85 옥한석 외 12명, "백두대간의 자연과 인간", 산악문화, 2002-12-20, [국내]전공

86 옥한석 외 7명, "세계화와 사회변동", 강원대학교출판부, 2002-11-30, [국내]전공

87 옥한석 외 1명, "세계화 시대의 세계지리 읽기", 한울, 2002-09-10, [국내]전공

88 옥한석 외 16명, "북강원의 이해와 남북공동체의 회복", 강원대학교출판부, 2002-08-03, [국내]전공

89 옥한석 외 11명, "강원경제의 이해", 한울아카데미, 2002-07-10, [국내]전공

90 옥한석 외 20명, "환경도시 하남", 하남시사편찬위원회, 2001-08-25, [국내]전공

91 옥한석 외 4명, "인간 사회와 환경", 대한교과서(주), 2001-07-26, [국내]전공

92 옥한석 외 35명, "강원교육과인재양성:현실과방향", 한울아카데미, 2001-06-15, [국내]전공

93 옥한석, "통일과농촌사회", 강원대학교출판부, 2001-05-25, [국내]전공

94 옥한석 외 15명, "속초시 거주 피난민 정착사", 속초문화원, 2000-12-31, [국내]전공

95 옥한석 외 20명, "분단강원의 이해", 한울, 2000-08-14, [국내]전공

96 옥한석 외 21명, "KOREA : THE LAND AND PEOPLE", Kyohaksa, 2000-08-14, [국내]전공

97 옥한석 외 21명, "한국지리", 교학사, 2000-08-14, [국내]전공

98 옥한석 외 6명, "강원관광의 이해", 한울, 2000-05-25, [국내]전공

99 옥한석 외 17명, "정보화시대의 국토와 환경", 법문사, 2000-02-01, [국내]전공

100 옥한석, "세계화시대의세계지리읽기", 한울, 1999-08-31, [국내]전공

101 옥한석 외 15명, "지리학의 본질Ⅰ·Ⅱ", 민음사, 1998-09-30, [국내]전공

102 옥한석 외 17명, "강원환경의 이해", 한울, 1998-06-09, [국내]전공

103 옥한석 외 7명, "중학교 사회과부도", 천재교육, 1998-03-01, [국내]전공

104 옥한석 외 3명, "고등학교 세계지리", 천재교육, 1998-03-01, [국내]전공

105 옥한석 외 3명, "고등학교 지리부도", 천재교육, 1998-03-01, [국내]전공

106 옥한석 외 3명, "고등학교 한국지리", 천재교육, 1998-03-01, [국내]전공

107 옥한석 외 28명, "도시의 이해 : 도시지리학적 접근", 박영사, 1998-01-27, [국내]전공

108 옥한석 외 17명, "강원사회의 이해", 강원사회연구회, 1997-06-25, [국내]전공

109 옥한석, "한국사회와 교육", 강대출판부, 1996-09-05, [국내]전공

110 옥한석, "지리와 인간생활", 강원대출판부, 1996-03-02, [국내]전공

111 옥한석 외 20명, "숲, 사람과문화", 탐구당, 1994-11-05, [국내]전공

112 옥한석 외 17명, "현대지리학의 이론가들", 한국지리연구회, 대우재단, 1993-09-25, [국내]전공

113 옥한석 외 14명, "현대인문지리학 사전", 한국지리연구회, 1992-03-30, [국내]전공

학술대회 발표 · 기타

114 "한국지역지리학회", 한국의 지역지리구분 시론(단독), 한국지역지리학회, 2008-08-22~2008-08-23

115 "한국지리환경교육학회", 고등학교 신교육과정상의 '세계지리' 내용 체계의 변화에 따른 도전(단독), 한국지리환경교육학회, 2008-06-06

116 "2005 대한지리학회춘계학술대회", 행정중심복합도시예정지의경관풍수적평가(단독), 대한지리학회, 2005-05-12

117 "2005년도 한국지리환경교육학회 춘계학술대회", 공통사회교과서에 나타난 지리개념과 교수활동에 관한 연구(단독), The Korean Association of Geographicand Environmental Education, 2005-05-28

118 "2006 대한지리학회 연례학술대회", 경관풍수에 입각한 묘지 후보지의 선정 : 대지공원 묘지를 중심으로 하여(단독), 대한지리학회, 2006-06-08

119 "2006 년한국지역지리학회 하계학술대회", 한양 궁궐터의 경관풍수지리적인 평가(단독), 한국지역지리학회, 2006-07-07

120 "2006년 한국지역지리학회 하계학술대회", 강원권의 권역별 새로운 비전과 전략(단독), 한국지역지리학회, 2006-07-07

121 "2006년 한국지역지리학회 하계학술대회", 영월군의 와인테마마을 조성 가능성에 관한 연구(단독), 한국지역지리학회, 2006-07-07

122 "2006년 한국지역지리학회 통계학술대회", 도시와 농촌의 삶의 질향상과 상생발전을 위한 강원지역의 새로운 비전 및 전략(단독), 한국지역지리학회, 2006-02-03

123 "한국지역지리학회지", 경관풍수의 본질과 명당의 선정기준 : 북한강 유역을 중심으로(단

독), 한국지역지리학회, 2005-07-22

124 "양구군공무원 GIS교육", 양구군 공무원을 위한 도시지리정보 특강, 2000-12-21

125 "강릉대농수산연구원 특강", 풍수지리, 2001-10-26

126 "강원대농업 최고경영자과정", 춘천의 풍수, 강원대학교, 2003-04-04

127 "강원지리교육연구회 정기세미나", 구성주의와지역지리교수학습법, 2000-07-27

128 "제9회 강원도민의날기념 강원학 세미나", 역사지리적 측면에서 본 강원도의 문화적 정체
성, 강원발전연구원, 2003-07-01

129 "백두대간의 개념복원과 관리방향 모색을 위한 심포지엄", 백두대간의 농산촌 실태와 문
제점, 국토연구원, 1999-04-14

130 "강원발전연구원 정기포럼", 강원관광의 국제화, 2000-11-03

131 "강원발전연구원 정기포럼", 화해협력시대 남북강원도 교류협력, 2001-04-10

132 "중원문화연구소학술회의", 중원문화권의 위상 정립과 개발의 차별화 전략, 2001-10-19

133 "지방분권과 지역발전 학술심포지엄", 지방분권과 지역발전, 2001-10-26

134 "화천군 정군100주년 행사", 화천문화의 정체성과 계승화 방안, 2001-10-26

135 "대한지리학회특별세미나「국토정중앙과 지리교육」심포지엄", 국토 중앙점과 새로운 교육
과정(지정토론자), 국토정중앙개발추진위원회, 대한지리학회, 2006-12-01

136 "『지명의지리학』 한국 지명의 역사와 문화(한국문화역사지리학회 2006 심포지움)", 『지
명의지리학』 한국지명의 역사와 문화(토론자), 한국문화역사지리학회, 한국지리연구소,
2006-10-27

137 "지리과 선택교육과 정학회 공동세미나", 토론, 한국교육과정평가원, 2006-09-16

138 "살기좋은 지역만들기 토론회", 살기좋은 강원지역 사회만들기, 전국시군구지역혁신연구
회, 전국지역혁신연구회, 2006-11-08

139 "태평양지역학회학술회의", Outdoor Environmental Education in America(단독), 한
국지역학회, 1999-01

140 "Association of American Geographers 95th Annual Meeting", Development
of a UGIS Database for EfficientLand Information Management(단독),
Association of American Geographers, 1999-03

141 "The Association of American Geographers 96th Annual Meeting", An
Understanding of Fengsui Landscapein Korea(단독), The Association of
American Geographers, 2000-04-06

142 "대한지리학회춘계학술대회", 한국의 화전농업과 산지 개척(단독), 대한지리학회, 2002-01

143 "대한지리학회춘계학술대회", 안동지역에서의 풍수경관연구(단독), 대한지리학회, 2002-01

144 "산의해기념학술심포지엄", 백두대간의 이용과 보전(단독), 대한지리학회, 2002-05-21

145 "대한지리학회 2002년도 춘계학술대회", 한국 화전농업의 발달과 산지촌락의 형성(단독), 대한지리학회, 2002-05-21

146 "NESTVALmeeting, New Haven", Planning the New City basedon the Geomancy : a Caseof the Design of the NMAC(공저자), Association of Geographers of NESTVAL, 2007-11-02

147 "UN산 의해 기념 산지의 이용과 보전에 관한 국제학술세미나", Slashand Burn Farming and Mountain Settlements in Korea(단독), 대한지리학회, 2002-10-25

148 "2003년도 대한지리학회 춘계학술대회", 경관풍수에 의한 전원주택의 입지 선정 : 북한강 유역을 중심으로(주저자(제1저자)), 대한지리학회, 2003-05-31

149 "2003년도 대한지리학회 춘계학술대회", 한국인의주거양식에의한지역구분시론(주저자(제1저자)), 대한지리학회, 2003-05-31

150 "5th EAST ASIANREGIONALCONFERENCEINALTERNATIVEGEOGRAPHIES-제5차 동아시아대안지리학대회-", Globalization and Christianity in Korea(단독), 대한지리학회, 2008-12-13~2008-12-16

151 "2009년 한국지형학회 동계학술대회", 풍수지리의 자연지리적 접근:명당의 쾌적성(comfort)을 중심으로(단독), 한국지형학회, 2009-02-06~2009-02-08

152 "2008년 전국지리학대회", 사진 예술작품을 통한 지리경관 연구:뉴잉글랜드지역을 중심으로하여(단독), 대한지리학회, 2008-12-05

153 "대한지리학회 연례학술대회", 대중과 지리적 소통의 탐색:인터넷 여행기를 중심으로(주저자(교신저자)), 대한지리학회, 2010-05-28

154 "아시아경제포럼", 인간의 지리적 본성과 지리개념 및 경영에 관한 연구(1)(단독), 한국경제지리학회, 2010-11-07

155 "대한지리학회 연례학술대회", 조망과 소통을 내용으로 한 문화지리 교육체계의 개편방향에 관한 연구(단독), 대한지리학회, 2011-05-26~2011-05-27

156 "한국지리환경교육학회 하계학술대회", 공감의 문화지리 내용구성에 관한 시론(단독), 한국지리환경교육학회, 2011-06-11

157 "6th KOREA-CHINA-JAPAN JOINT CONFERENCE ON GEOGRAPHY"New Horizon of East Asia Cooperation", True Geographical Value of Royal Tombs in Chosun Dynasty(단독), 대한지리학회, 2011-11-06~2011-11-09

158 "한국사진지리학회 2013년 정기학술대회", 한국사진지리학회, 2013-12-06~2013-12-07

159 "2014년 지리학대회", 고전풍수와 현대생활풍수 : 풍수는 미래의 생활을 어떻게 예측하
게 하는가(단독), 2014년 지리학대회 조직위원회, 2014-06-20~2014-06-21

160 "한국풍수의 현재와 미래", 환경풍수학의 연구주제와 쟁점(환경풍수학의 필요성과 연구범위
및 쟁점)(단독), 서울대학교 아시아연구소 환경협력프로그램, 2015-01-27~2015-01-28

161 "The 2nd International Symposium an Asian Geomancy Studies Towards
Harmony among Natural Environment and Human Culture", Pungsu scientifi
capproach to adaptive dynamics(단독), Center for Biodiverisity and Cultural
Diversity Conservation, Yunnan, China, 2014-12-05~2014-12-07

162 "2014년 영남대환경보건대학원 제10회 풍수지리심포지엄 도시계획과 풍수", 도시환경 · 경
관에서의 비보풍수론적 접근(단독), 영남대학교환경보건대학원, 2014-11-15

163 "2015 지리학대회", Seoul, megacity and megachurch ; a cultural
geographical approach(단독), 지리학대회조직위원회, 2015-11-06

164 "동아시아건축역사학대회", Siting, Orientationand Layoutsof Traditional Housing
Pungsu(공저자), 건축역사학회, 2015-11-13

165 "2015년 한국사진지리학회 추계학술대회", 수변 신도시의 포스트모던 경관 연구(단독),
한국사진지리학회, 2015-12-19

166 "한중일지리학대회", Seoul, megacity and megachurch(단독), 한중일지리학대회조직
위원회, 2015-10-10

167 "추계한국사진지리학회학술대회", 논산 관촉사 창건 설화에 대한 지리적 요인, 한국사진
지리학회, 2016-12-03

168 "지리학대회", 지리적 위치와 이동으로 본태기왕전설의 역사적 사건연구(단독), 대한지리
학회, 2016-06-24

169 "한국지리학회정기학술대회", 사진으로 본 도시관광경관의 이해(공저자), 한국지리학회,
2016-11-19

옥한석의 지도 논문

박사

정택동, 「지형적 공간 형태가 주택가격에 미치는 영향:한남동을 중심으로」, 2015.
이성수, 「여주시의 입지 환경과 신시청사 선정에 관한 연구」, 2017.
김규순, 「조선시대 상경 재지 사족의 본원적 공간 형성 연구」, 2017.

석사

김향숙, 1990, 강원도의 겹집 유형과 그 분포
최원식, 1991, 강원도 취락의 기능별 유형연구
홍옥희, 1991, 시멘트공업이 지역환경에 미치는 영향 : 영월군 서면지역을 사례로
김혜숙, 1993, 촌락형성과 거주지 확대에 관한 연구 : 강릉 부근의 주요 민족을 중심으로
이지연, 1995, 춘천시의 거주지 공간분화에 관한 연구
전춘광, 1996, 영서고원의 토지이용과 중심취락의 기능변화에 대한 연구 : 횡계 · 창촌을 중심으로
김혜숙 1998, 일제시대의 산업별 인구분포와 공간구조에 관한 연구
김수정, 1998, 한반도에 있어서 일본인의 분포유형에 관한 연구, 1925~1940년을 중심으로
전흥균, 1999, 공통사회(하) 한국지리 교과서 분석 : 국토의 이해 단원을 중심으로
이상규, 2001, GIS를 이용한 3차원 지도 제작과 그 활용 방안에 관한 연구
김창화, 2002, 원주의 인구이동과 토지이용의 변화에 관한 연구
차옥이, 2003, 학생의 일상적 개념을 활용한 지리학습 동기 유방 방안 연구
장현숙, 2004, 생활중심 모두 학습 모형의 설계와 적용 : 인구 이동과 인구 변화 단원을 중심으로
신동휘, 2004, 지적 중심의 분석형 토지 정보시스템 구축 연구
박동화, 2004, GIS를 이용한 동해안 석호의 수질 분석
안주영, 2005, GIS를 이용한 통일 수 북한 지적제도구축방안에 관한 연구
김인혜, 2005, 주문진의 어촌 경관 변화에 관한 연구
황태중, 2006, 지리정보시스템을 이용한 표준지의 선정과 그 적정성에 관한 연구 : 서울특별시 강동구를 중심으로
지미숙, 2010, 생활중신 지리교육과정의 재구성과 학생 선호도에 관한 연구 : 세계로 떠나는 여행 단원을 중심으로

찾아보기(주제어)

찾아보기(인명)

풍수 시간리듬의 과학

고전적 풍수지리와 그의 현대적 재해석

펴낸날　초판 1쇄 2017년 12월 30일

지은이　옥한석
펴낸이　서용순
펴낸곳　이지출판

출판등록　1997년 9월 10일 제300-2005-156호
주　소　03131 서울시 종로구 율곡로6길 36 월드오피스텔 903호
대표전화　02-743-7661　**팩스**　02-743-7621
이메일　easy7661@naver.com
디자인　박성현
인　쇄　(주)꽃피는청춘

값 25,000원

ISBN 979-11-5555-084-7　93180

※ 잘못 만들어진 책은 바꿔 드립니다.

이 도서의 국립중앙도서관 출판예정도서목록(CIP)은 서지정보유통지원시스템 홈페이지(http://seoji.nl.go.kr)와
국가자료공동목록시스템(http://www.nl.go.kr/kolisnet)에서 이용하실 수 있습니다.(CIP제어번호: CIP2017033256)

＊ 이 연구는 2014년도 정부(교육부)의 재원으로 한국연구재단의 지원을 받아 연구되었음
　(과제번호 NRF-2014S1A6A4A02024340)

풍수 시간리듬의 과학

고전적 풍수지리와 그의 현대적 재해석

Pungsu : Science of Temporal Rhythms

Classical Pungsu and Contemporary Reinterpretation